国家哲学社会科学基金项目（BTY07009）
上海体育学院体育赛事研究中心资助

体育赛事事前评估

张　林　黄海燕　著

人民体育出版社

前 言

体育赛事评估是一个新兴的研究领域，目前还没有完整的理论架构和体系，而体育赛事事前评估则是体育赛事评估中最为重要的环节，是体育赛事评估理论的核心。为了构建较为科学、完整的体育赛事事前评估理论与方法体系，本书以项目评估理论为基础，综合运用文献资料法、专家访谈法、问卷调查法、内容分析法、德尔菲法、数理统计法等科研方法，首先从体育赛事的本质入手，对体育赛事的定义、分类、特征等问题进行深入研究；再重点阐述体育赛事事前评估的概念与特征，体育赛事事前评估的系统以及体育赛事事前评估的内容与标准，构建了一套较为科学、合理的体育赛事事前评估理论体系；在此基础上，从体育赛事的运行环境、财务、经济影响、社会影响和环境影响5个子系统出发，系统阐述了体育赛事事前评估中各个子系统的指标和评估方法；最后，进一步探讨体育赛事事前综合评估的模型与方法。在此基础上，通过对2009年上海ATP1000网球大师赛事前评估的实证分析，验证了本书所构建的体育赛事事前评估理论和方法应用的可行性。

本书的主要学术观点如下：第一，体育赛事是指以体育竞技为主题的、一次性或不经常发生的且具有一定期限的集众性活动。它起源于祭祀活动，萌芽于体育游戏，并从运动竞赛的传统表现形式发展成为现代的一种提供竞赛产品和相关服务产品的特殊事件。体育赛事具有聚集性、体验性、外部性和综合性等特征，而且还是一个较为复杂和系统的项目，牵涉的利益相关主体较多，故对体育赛事进行事前评估难度较大。第二，体育赛事事前评估是一个较为复杂的系统，它由体育赛事事前评估主体系统、评估客体、评估目标和评估标准4个相互联系的基本要素构成。其基本内容包括体育赛事运行环境评估、体育赛事财务评估、体育赛事经济影响评估、体育赛事社会影响评估和体育赛事环境影响评估5个部分。第三，体育赛事运行环境评估是体育赛事可行性评估的重要内容，它由体育赛事宏观环境条件评估、体育赛事资源条件评估、体育赛事市场条件评估以及体育赛事竞争环境评估4个部分组成。第四，体育赛事财务评估指标体系包括全部投资利润率、资本金利润率、自有资金收益率和全部投资收益率4个指标。对体育赛事现金流量的估算是体育赛事财务评估的关键环节。第五，体育赛事经济影响评估是体育赛事必要性评估的重要组成部分，该指标体系共包括给举办地带来的新

资金流入、对宏观经济指标的积极影响、对赛事相关产业的拉动、提升城市知名度和城市形象、赛事运作的经济风险5个二级指标和11个三级指标。“投入—产出法”是当前体育赛事经济影响评估中的一种有效方法。第六，体育赛事社会影响评估指标体系包括增加居民的自豪感、提高居民生活质量、扰乱居民的正常生活、安全隐患及恐怖活动4个二级指标和10个三级指标。条件价值评估法是对赛事社会影响进行评估的一种有效方法。第七，体育赛事环境影响评估目前还是一个较为前沿的研究领域，指标体系包括改善环境、环境污染与破坏、资源消耗3个二级指标和7个三级指标，评估方法以定性和定量结合为主。第八，通过对2009年上海ATP1000网球大师赛的实证分析证明，体育赛事事前评估理论与方法体系是可操作的，模糊综合评判法是适合体育赛事事前评估的一种可行方法。

本书的创新之处体现在：第一，目前国内学者对体育赛事事前评估的研究还处于起步阶段，相关理论很不成熟，通过本书的研究，形成了一套较为科学的体育赛事事前评估理论框架，填补了国内空白；第二，现阶段，我国赛事管理实践领域对体育赛事事前评估是一种感性的、局部的、定性的评估，本书从体育赛事的运行环境、财务、经济影响、社会影响和环境影响5个方面，针对体育赛事运营的必要性和可行性进行评估，建立了一套科学、全面的体育赛事事前评估指标体系，有助于人们上升为一种理性的、全面的、定量与定性相结合的体育赛事事前评估实践活动。

本书是在国家社科基金项目《我国体育赛事事前评估理论与方法体系研究》的基础上进一步研究深化和修改完成的，在此对国家社科基金项目的资助表示衷心的感谢！另外，本书的出版得到了人民体育出版社、上海体育学院、上海体育学院体育赛事研究中心、上海久事国际赛事管理有限公司的大力支持，在此一并表示感谢！此外，本书参考了大量国内外图书文献，吸收了参考文献中的大量营养成分，丰富的营养是本书健康诞生所不可或缺的，在此对所有参考文献的作者也表示衷心感谢！

本书可作为从事体育赛事管理研究与实务操作人员的专业参考书，也可作为高等院校从事体育赛事管理研究者的辅助阅读材料。

体育赛事管理是一个新的研究领域，对它的研究尚处于初级阶段。我们希望通过自己辛勤的劳动，为体育赛事管理的理论研究作一点儿贡献。但由于水平有限，书中难免存在缺点和不足，敬请广大读者和同行给予批评指正！

作者

2010年12月

目 录

第一章 绪论

本章首先从城市营销时代的到来、体育赛事产业的迅速发展、政府决策的科学化趋向论述了本书的研究背景，从理论和现实两个角度分析了本书的研究意义。此外，本章还对全书的框架结构及主要内容进行了阐述。

第一节 背景与意义

一、背 景

(一) 城市营销时代的到来

20 世纪 90 年代以来，科学技术日新月异，经济全球化突飞猛进，人类开始进入一个全球化竞争的新时代。竞争不仅停留在企业层次，还扩大到城市层次。随着全球竞争、经济转型、技术变化和政府权力转移等因素的变化，很多城市面临经济发展速度减缓、失业率上升、城市特色丧失等危机，人口外迁、投资减少、收入下降等现象逐渐显现。例如，美国三分之二的州和四分之三的城市都在遭遇财政危机，这种收支上的失衡导致了城市经济的衰退。欧洲作为现代工业文明的起源，其城市问题更具普遍性，英格兰北部、法国西部、意大利南部的很多城市都出现了危机，面临着整个区域的经济衰退。发展中国家的城市同样遇到类似问题，它们不仅面临"黎明前的黑暗"，难以突破既有的发展瓶颈，同时还受到"不进则退"的威胁 [1]。

在这样的背景下，营销思想被引入城市经济理论，"场所营销（Place Marketing）"和"城市营销（City Marketing）"理论被提出，并逐步成形。此后，菲利普·科特勒等人系统地提出了城市营销理论，城市营销理论步入了蓬勃发展阶段 [2]。

在这种理论的指导下，城市营销的实践也在众多城市如火如荼地开展，现在已经有越来越多的城市运用城市营销的理论来指导城市建设。世界各国的城市，

一方面要迎接外部环境变化所提出的挑战，另一方面作为城市内部也因经济内容的不断丰富和经济活动的演化而在规划、建设和管理等诸多方面作出了相应的调整。这使得城市的发展格局和增长方式正在从根本上发生改变。

（二）体育赛事产业的迅速发展

从世界范围看，近年来体育赛事产业发展极其迅速，美国、加拿大、澳大利亚和英国等西方发达国家出现了很多国际知名的体育赛事之都，例如美国的纽约和印第安纳州的波利斯、英国的伦敦和曼彻斯特、澳大利亚的悉尼和墨尔本等。除了上述发达国家外，包括中国、南非在内的发展中国家的体育赛事产业也开始迅速崛起。2008 年的北京奥运会和 2010 年南非足球世界杯赛就是发展中国家体育赛事产业发展的一个缩影。目前，北京、上海、广州已经成为我国体育赛事产业发展较为迅速的地区，这些地区的体育赛事活动日趋活跃，数量、规模大幅上升，高水平、有影响的国际赛事日益频繁，北京奥运会、亚运会、F1 中国大奖赛、女足世界杯赛、网球大师杯赛、中国网球公开赛等一批有影响的国际体育赛事纷纷进入中国，在未来几年内，以中国和南非领衔的发展中国家必将成为世界上体育赛事产业发展最迅速的国家。

（三）我国政府决策科学化的趋向

决策科学化是指决策过程中理论导向、方法和程序要始终坚持科学精神，以减小决策的风险，降低决策成本，提高政府决策质量[3]。近年来，党和政府对决策科学化问题非常重视，2003 年 10 月，党的十六届三中全会提出增强透明度和公众参与度的决策制度建设新要求："完善政府重大经济社会问题的科学化、民主化、规范化决策程序，充分利用社会智力资源和现代信息技术，增强透明度和公众参与度。"[4] 2004 年 3 月，温家宝总理在人大十届二次会议所作的《政府工作报告》指出："要进一步完善公众参与、专家论证和政府决策相结合的决策机制，保证决策的科学性和正确性。加快建立和完善重大问题集体决策制度、专家咨询制度、社会公示和社会听证制度、决策责任制度。"[5] 科学决策的主要标志是在决策过程中广泛应用先进的科学思想、理论和技术，尊重事物的客观规律。政府决策科学与否，直接关系到政府行为的成败。提高政府决策科学化水平，是提高政府决策准确性、有效性，降低决策失误概率的前提；提高和加强政府决策科学化建设，是进一步深化行政管理体制改革，提高政府执政能力和效率的要求。

总而言之，政府决策的科学化已成为一个必然趋势。这对于体育赛事来说，为提高赛事申办、运作决策的科学性和合理性，政府在赛事运营过程中，必将要

求对赛事项目进行理性、全面、综合的评估。

二、意 义

(一) 理论意义

纵观国内外对体育赛事评估的理论研究，可以发现，相关的研究工作或是突出体育赛事经济影响的评估、或是关注对体育赛事的事后评估、或是注重对某一具体赛事实证的研究和分析，带有比较明显的局限性。全面、系统地认识体育赛事，并对体育赛事评估理论体系的构建、体育赛事事前评估指标体系的建立、体育赛事事前综合评估方法的研究工作还很少见，而系统的体育赛事事前评估理论与方法的研究则更近乎空白。显然，体育赛事事前评估理论体系还远没有完善。本书旨在构建一套较为科学、全面的体育赛事事前评估理论与方法体系，这对于发展体育赛事评估理论，并进一步完善体育赛事组织和管理理论具有重要意义。

(二) 现实意义

由于体育赛事具有吸引外地游客、增加城市曝光度、提升城市品牌、促进城市产业结构转型等功能，当前很多国家和地区，尤其是发达国家和地区，已经将举办体育赛事纳入到了城市营销和发展战略中。2002 年，澳大利亚维多利亚州旅游局（Tourism Victoria）就提出了举办体育赛事、促进城市发展的战略。[1] 总之，随着国家和城市之间竞争的逐渐加剧，举办体育赛事已经成为推进城市发展的重要手段。从另一方面来讲，并不是所有体育赛事都适合举办地，也并不是所有赛事都会给举办地的城市发展带来积极影响。因此，在申办体育赛事之前，对赛事进行事前评估就显得尤为重要。但就目前而言，虽然我国地方政府在申办、运作体育赛事之前对赛事也进行了评估，可是由于缺乏科学、合理、全面的评估理论与方法指导，其评估十分简单，加之缺乏必要的信息，最终对体育赛事也是一种很感性的认识，难免出现许多无效率的决策行为。因此，加强对体育赛事事前评估理论与方法的研究，有利于提高体育赛事申办和运作决策的科学性和合理性。

[1] 资料来源：http://www.tourismvictoria.com/.

第二节　国内外体育赛事产业的发展

一、国外体育赛事产业的发展

(一) 美　国

美国是世界上体育赛事产业最为发达的国家，尤其是职业体育，最著名的是美国四大职业体育联赛。当然，美国还有很多其他职业体育赛事，这些赛事都拥有大量的现场观众和电视观众（表 1-1、表 1-2）。据美国体育用品联合会的统计，2005 年美国职业体育赛事现场观众人数排在前 5 位的分别是美国职业棒球大联盟赛事（74,385,100 人次）、美国职业篮球联盟赛事（21,369,078 人次）、美国冰球职业联盟赛事（19,854,841 人次）、美国橄榄球职业联盟赛事（17,011,986 人次）、职业棒球小联盟赛事（15,636,000 人次）；境内电视观众人数排在前 5 位的分别是美国橄榄球职业联盟赛事（105,874,000 人次）、美国职业棒球大联盟赛事（76,744,000 人次）、美国职业篮球联盟赛事（60,877,000 人次）、国际赛车联合会温斯顿杯系列赛（45,588,000 人次）、职业高尔夫球联赛（37,899,000 人次）。除了职业体育赛事之外，美国的大学生体育赛事也非常受欢迎，2005 年美国大学生橄榄球联赛与美国大学生男子篮球联赛的现场观众人数分别达到了 43,486,574 人次和 30,586,645 人次，位居美国所有体育赛事现场观众人数的第二、第三位。美国还积极举办各种大型的、一次性的体育赛事，20 世纪 80 年代以来，美国先后于 1984 和 1996 年举办了两届夏季奥运会，2002 年在盐湖城举办了第 19 届冬季奥运会。美国还每年举办美国网球公开赛、F1 汽车大奖赛、芝加哥马拉松赛、波士顿马拉松赛等一大批国际知名赛事。另外，美国体育赛事的运作是与娱乐、商业、传媒互成一体的。它将体育和娱乐传媒紧密地联系起来，通过发达的电视传媒充分展示体育的魅力，如福克斯体育电视网、华纳兄弟电影公司、ABC 电视台娱乐频道和 HBO 频道，这些公司创作了大量精彩的体育赛事节目，进一步增强了体育赛事的互动性。

表 1-1 美国职业体育赛事现场观众人数一览表（2005 年）❶

体育赛事名称	观众总数（人次）
美国职业棒球大联盟赛事（Major League Baseball）	74,385,100
美国职业篮球联盟赛事（National Basketball Association）	21,369,078
美国冰球职业联盟赛事（National Hockey League）	19,854,841
美国橄榄球职业联盟赛事（National Football League）	17,011,986
职业棒球小联盟赛事（Minor League Baseball）	15,636,000
国际赛车联合会温斯顿杯系列赛（NASCAR Winston Cup Series）	6,300,000
职业冰球小联盟赛事（Minor League Hockey）	6,179,000
赛马（Horse Racing）	5,979,000
职业牛仔竞技联合会赛事（Professional Rodeo）	5,429,000
国际赛车联合会“Busch”系列赛（NASCAR Busch Series）	3,911,000
职业高尔夫球联赛（Professional Golfers Association）	3,200,000
竞技场橄榄球联盟赛事（Arena Football League）	2,939,000
职业足球联盟赛事（Major League Soccer）	2,900,715
职业篮球小联盟赛事（Minor League Basketball）	2,625,000
职业网球（Professional Tennis）	1,970,000
职业拳击（Professional Boxing）	1,931,000
印地赛车（IndyCar Racing）	1,914,000
美国短道直线加速赛（National Hot Rod Association）	1,835,000
国际赛车联合会卡车系列赛（NASCAR Truck Series）	1,708,000
冠军方程式赛车（Champ Car racing）	1,490,000
职业保龄球赛事（Professional Bowling Association）	1,310,000
美国女子职业篮球联赛（Women’s National Basketball Association）	1,087,000
职业曲棍球赛事（Professional Lacrosse）	1,019,000
室内足球联赛（Major Indoor Soccer League）	992,000

表 1-2 美国职业体育赛事境内电视观众人数一览表（2005 年）❷

体育赛事名称	观众总数（人次）
美国橄榄球职业联盟赛事（National Football League）	105,874,000
美国职业棒球大联盟赛事（Major League Baseball）	76,744,000
美国职业篮球联盟赛事（National Basketball Association）	60,877,000
国际赛车联合会温斯顿杯系列赛（NASCAR Winston Cup Series）	45,588,000
职业高尔夫球联赛（Professional Golfers Association）	37,899,000

❶ 资料来源：National Sporting Goods Association, http://www.nsga.org/public/pages/index.cfm?pageid=864.

❷ 资料来源：National Sporting Goods Association, http://www.nsga.org/public/pages/index.cfm?pageid=864.

（续表）

体育赛事名称	观众总数（人次）
国际赛车联合会“Busch”系列赛（NASCAR Busch Series）	27,981,000
职业网球赛事（Professional Tennis）	26,187,000
赛马比赛（Horse Racing）	21,560,000
印地赛车(IndyCar Racing)	19,366,000
职业牛仔竞技联合会赛事（Professional Rodeo）	18,862,000
职业拳击赛事(Professional Boxing)	18,094,000
竞技场橄榄球联盟赛事（Arena Football League）	17,094,000
美国冰球职业联盟赛事（National Hockey League）	13,870,000
职业保龄球赛事（Professional Bowling Association）	13,470,000
美国女子职业篮球联赛（Women's National Basketball Association）	12,220,000
国际赛车联合会卡车系列赛（NASCAR Truck Series）	12,073,000
职业足球联盟赛事（Major League Soccer）	10,010,000
职业棒球小联盟赛事（Minor League Baseball）	9,668,000
美国短道直线加速赛（National Hot Rod Association）	7,900,000
职业篮球小联盟赛事（Minor League Basketball）	7,126,000
冠军方程式赛车（Champ Car racing）	6,678,000
职业冰球小联盟赛事（Minor League Hockey）	3,315,000
职业曲棍球赛事（Professional Lacrosse）	3,103,000
室内足球联赛（Major Indoor Soccer League）	2,338,000

与之相对应的是各类提供体育赛事相关服务的专业化公司相继涌现，其中最负盛名的当数 IEG 和 IMG 这两家公司。IEG 全称是“The International Events Group”，成立于 20 世纪 80 年代，始终致力将赞助建立成为除广告、促销和公关活动之外的第四条营销渠道。经过二十多年的研究，IEG 创造了一套赞助价值评估的方法，它初创的关于对无法测量的媒体价值的分析方法已经成为了当前估算赞助价值所采用的主要方法。IMG，又称国际管理集团，是全世界最大、业务范围最广和一心一意为体育和娱乐事业工作的营销和管理公司，其优势业务主要集中在体育赛事运作及经营、运动员培训、体育电视节目和纪录片制作及销售、中介代理及品牌营销、赞助咨询及分销、品牌授权等方面，以及与世界领先的市场营销和媒体网络进行的合作等。自从 1960 年由 Mark McCormack 以及高尔夫传奇 Arnold Palmer 成立IMG 以来，尤其是在 2004 年 Ted Forstmann 担任其 CEO 后，公司发展势头迅猛，目前已经是全球领先的跨国体育赛事服务提供商之一。可以毫不夸张地说，美国已经成为全球名副其实的体育赛事之国。

（二）澳大利亚

澳大利亚体育赛事产业的发展也很迅速。澳大利亚自成功举办2000年奥运会之后，体育赛事就成为澳大利亚城市发展的重要助推器，出现了墨尔本、悉尼等世界著名的体育赛事城市。2007年，英国伦敦的一家著名国际体育咨询机构Arksports的一项最新研究结果表明，墨尔本和悉尼在“世界都市举办大型体育赛事指数评选”中分别居于第一位和第二位。此外，体育赛事已经成为澳大利亚诸多城市发展战略的重要组成部分，各州政府纷纷成立非营利性的活动事件运作公司，如西澳大利亚州的事件公司Event scorp、昆士兰的事件公司QEC、维多利亚州的墨尔本大事件公司、新南威尔士州的特殊事件有限公司、南澳大利亚州的澳大利亚大事件公司AME等，这些政府控股的公司直接负责各种体育赛事的引进和营运操作，这对澳大利亚体育赛事产业的发展起到了极大的推动作用。而与赛事产业紧密相关的体育场地设施建设不断升级，已成为澳大利亚各级政府的重要议程，如墨尔本市建设的体育中心，既有10万人座位的足球场，又有体育馆、橄榄球场和50多块室内外网球场等，条件十分优越。

澳大利亚曾举办过很多大型体育赛事，尤其是国际性赛事，比如悉尼奥运会、英联邦运动会、世界一级方程式赛车大赛澳大利亚站、澳大利亚网球公开赛、世界游泳锦标赛、友好运动会、澳大利亚拉力赛、澳大利亚V8超级房车赛、澳大利亚PGA锦标赛等。悉尼奥运会上，澳大利亚以其良好的赛事运行组织和市场销售成绩，获得了世界的称赞，给全世界观众留下了深刻印象。除了举办大量的国际性赛事外，澳大利亚国内还有很多颇具当地特色的体育赛事，比如赛马比赛。这也是澳大利亚第三大特色运动，拥有140多年的社会和文化历史。在2002—2003年期间，澳大利亚有大约200万坐席和379个赛马场。赛马除了是特色赛事之外，它更是一项产业，全澳洲大约有30万人直接拥有或作为参股，在澳洲投资3.1万匹赛马用以训练，同时还为澳洲提供了7.7万个岗位，帮助了25万全职或半职就业人口工作。

不仅如此，澳大利亚还将众多体育赛事同促进旅游紧密结合。每年的澳大利亚网球公开赛会吸引来自世界各地的网球好手，在为期两周的赛事中有超过55万观众前来观看，是澳大利亚年度体育活动中观众人数最多的。澳大利亚世界一级方程式赛车大赛在维多利亚风景如画的亚伯特公园举行，大赛期间，观众既可以欣赏5.3公里长的赛车道上展现的一级惊险和刺激，又有机会观赏精美的时装，品尝美味佳肴，参加各种欢庆活动，吸引了世界各地的众多游客。

(三) 英 国

英国的体育赛事产业在世界上一直久负盛名，很多的世界顶级赛事都与英国有着渊源。英国除了著名的足球职业联赛外，还有温布尔顿网球公开赛、伦敦马拉松赛、F1 英国大奖赛以及高尔夫球英国公开赛等世界著名的体育赛事。体育赛事的举办还带动了相关产业的发展，随着赛车运动的中心转移到了英国，在以牛津郡为中心的地带渐渐形成赛车产业集群，也被称为“赛车业的硅谷”。这个聚集着成百上千的与赛车有关的公司和组织的赛车谷，现在已经俨然成为了赛车产业的“杰出技术中心”“赛车制造中心”和“人才中心”。此外，为了促进英国体育赛事产业的发展，英国政府还制定了一份《世界级体育赛事计划》，这份计划试图通过利用发行彩票所获得的公益金对符合该计划要求的体育赛事进行资助，从而达到英国体育赛事产业可持续发展的目标。目前英国的很多城市，如伯明翰、谢菲尔德、曼彻斯特等，为了实现城市的产业结构转型，纷纷制定了相关体育政策，以期实现城市再造的目的，体育赛事扮演着日益重要的角色。值得英国人骄傲的是，在“世界都市举办大型体育赛事指数评选”中位列第四的伦敦，还成为了2012 年夏季奥运会的举办城市，这将对英国体育赛事产业的发展起到积极的推动作用。

(四) 加拿大

加拿大对体育赛事产业十分重视，每年除了举办橄榄球职业联赛、冰球职业联赛以及加拿大站 F1 汽车大奖赛等常规赛事外，还积极申办各类国际体育赛事。由于认识到举办体育赛事不仅能够促进本国体育事业发展，而且还可以带来巨大的经济和社会效益，加拿大政府有关部门制定了一份名为《国际体育赛事申办战略》的计划，对加拿大赛事产业进行专门规划，支持地方政府和各类体育组织的申办工作。在这一战略计划的驱动下，加拿大已经成功举办了美国运通杯高尔夫球锦标赛、菲斯曼杯滑雪世界杯赛、第 6 届世界游泳锦标赛、世界青年举重锦标赛、北美土著居民运动会、U-20 青年足球世界杯赛、世界青年篮球锦标赛、第 21 届冬奥会等数十项国际体育赛事。

二、国内体育赛事产业的发展

(一) 北 京

早在 2003 年，北京市为适应建设现代化国际大都市的发展要求，就提出了建设国际化体育中心城市的目标，而举办各类体育赛事，发展体育赛事产业就是

其中的一个重要举措。近年来，北京市以第29届奥林匹克运动会为契机，举办了一系列国际级的大型体育品牌赛事，如世界斯诺克中国公开赛、中国网球公开赛、北京国际马拉松赛、NBA季前赛、意大利超级杯赛、国际场地自行车邀请赛、国际铁人三项联盟世界杯等。2007年，北京市专门出台了《促进体育产业发展的若干意见》，对体育产业发展进行政策引导。《意见》中提出，北京市要加强与国际职业体育组织的合作，加大政策和资金的扶持力度，积极申办、培育国际级的大型体育品牌赛事。此外，为了促进体育产业发展，北京市还设立每年5亿元的体育产业专项资金，扶持符合政府重点支持方向的体育产业项目、体育产品服务项目和企业，其中体育赛事就是重要的扶持对象。2009年11月，为了推动体育赛事经济、提升赛事品牌魅力、深挖赛事整体形象，北京市在第3届北京体育产业展期间，举办了顶级体育品牌赛事推介会，其推介的赛事包括2010年首届世界武搏运动会、中国网球公开赛、世界斯诺克中国公开赛、欧洲－亚洲全明星乒乓球对抗赛、国际自行车联盟场地世界杯赛（北京站）、2010年北京世界车王争霸赛、2010年皇马中国行、北京国际长跑节等世界顶级赛事。另外，北京奥运会的举办，为北京市体育赛事产业的发展提供了良好的场馆设施和城市基础设施条件。可以预见的是，未来北京市的体育赛事将更加精彩。

伴随着北京众多高级别的体育赛事的举办，为体育赛事服务的体育经纪公司也如雨后春笋般兴起，IMG、瑞士盈方、八方环球等国际知名的体育经纪公司纷纷落户北京，众辉、雷诺等一批国内知名体育经纪公司也悄然崛起。总之，体育赛事产业已经成为北京市未来体育产业中最重要的亮点，也将成为推动北京市经济发展的一大动力。

（二）上 海

上海是国内除了北京之外的又一大体育赛事中心城市，近年来举办了一系列具有影响力的大型单项体育赛事，如第48届世界乒乓球锦标赛、摩托GP锦标赛、短池世界游泳锦标赛、NBA季前赛、上海网球大师杯赛、一级方程式汽车大奖赛、世界沙滩排球锦标赛、A1中国大奖赛等，体育赛事已经成为上海市重要的名片。上海体育场馆设施条件也是国际领先，拥有上海体育场、上海体育馆、上海虹口体育场、上海源深体育中心、佘山高尔夫球俱乐部、卢湾体育馆、上海国际赛车场、上海旗忠森林国际网球中心等一大批具有承办国际赛事能力的体育场馆。另外，还有一批具有丰富赛事运作经验的公司及团队，如上海久事国际赛事管理有限公司、东亚体育文化发展有限公司、上海国际田径黄金大奖赛有限公司、IMG、英国先行公司等，这为上海赛事产业的发展奠定了良好的基础。据初步统计，2008年在上海举办的国际、国内体育赛事共有79项，其中国际性赛事

29项，全国性赛事50项。上海已基本形成了上海ATP1000大师赛、一级方程式汽车大奖赛、国际田径黄金大奖赛、汇丰国际高尔夫球锦标赛、世界斯诺克锦标赛和上海国际马拉松6大品牌赛事。除此之外，上海的各区县体育局也纷纷打造“一区一品”的体育赛事项目，如金山区承办的世界沙排巡回赛上海金山公开赛，崇明县的环崇明岛男子、女子国际公路自行车赛，长宁区的体操健美国际大赛，静安区的国际剑联男女花剑世界杯赛，杨浦区的亚洲极限运动锦标赛，宝山区的国际篮球邀请赛，徐汇区的国际飞镖锦标赛、卢湾区的国际体育舞蹈公开赛等赛事，形成了上海一道道亮丽的风景线。未来几年内，上海必将成为我国乃至世界举办重大体育赛事最多的城市之一。

(三) 广 州

广州是国内除北京、上海之外的第三大体育赛事中心城市，也是2010年亚运会的举办城市。广州体育人口的数量庞大，且消费能力很强，为广州市体育赛事产业的良好发展打下了坚实的群众基础和市场基础。曾经在广州举行的美国NBA季前赛，其一等票价高达3000多元，最高的票价甚至卖到1万元一张，但仍然有很多人购票前往观看，让美国本土NBA俱乐部老板惊讶不已。2003年在广州举办的中国—巴西足球对抗赛靠赞助、广告和门票收入，整个资金来源达到了2200万元。最终，仅这一场中巴足球对抗赛就实现了270万元的税后赢利，而向政府缴纳的税款高达530万元。随后，英超的曼联、切尔西、查尔顿、NBA梦七队等，也纷纷应邀前来比赛。广州还相继成功拿到了如世界摔跤锦标赛、世界乒乓球锦标赛、亚洲体操锦标赛、苏迪曼杯羽毛球混合团体锦标赛、亚洲男篮锦标赛、广州国际网球公开赛等一些国际大型赛事的主办权。凭借灵活的市场运作机制，大型体育赛事为广州增利不少。以2007年曼联亚洲之旅广州站国际足球友谊赛为例，总成本要1400多万元，广州不但成功承办，而且实现了70余万元的赢利；2007年斯坦科维奇杯洲际篮球赛，在政府未予拨款的情况下，实现赢利50多万元。经过多年的积累，目前广州已经探索出了一套商业办赛的运作模式和经验，这为广州赛事产业的发展建立了很好的前提。

近期，广州市体育局还颁布了《广州市体育竞赛表演市场管理办法》，该办法实行“分级准入”制度，放宽了对举办体育赛事市场准入方面的限制，只要符合“具有举办体育竞赛表演活动职能或者经营范围与举办体育竞赛表演活动相适应的组织机构、专业技术和管理人员”等条件，无论是国有企业、民营企业还是个人，都可以在广州举办体育赛事。这一办法的出台将对广州市的体育赛事产业发展起到一定的促进作用。随着2010年广州亚运会的举办，广州市的体育赛事产业将会迎来更加美好的未来。

第三节 框架结构与主要内容

一、目的任务

主要目的是紧密结合体育赛事项目的特点和评估的实际需求，总结体育赛事评估的基本理论，以系统理论、项目评估理论和产业经济学理论为基础，运用科学、合理的方法和手段，构建一套适合我国国情的、全面可行的体育赛事事前评估理论与方法体系。

具体的任务包括：

第一，从赛事起源与发展、赛事定义与分类、赛事特征和赛事利益相关者等多角度分析和阐述体育赛事的一些基本理论问题，为后续研究奠定基础。

第二，在对体育赛事基本理论研究的基础上，从赛事运营的可行性和必要性两个角度出发，构建体育赛事事前评估的理论体系。

第三，根据构建的赛事事前评估理论体系，分别就体育赛事的运行环境、财务、经济影响、社会影响、环境影响 5 个子系统进行深入研究，分析各个子系统的评估指标和评估方法。

第四，在体育赛事事前评估 5 个子系统的基础上，探讨体育赛事事前综合评估的模型与方法。

二、基本思路与框架结构

体育赛事事前评估是一个新兴的研究领域，目前还没有完整的理论架构和体系，为了构建较为科学、完整的体育赛事事前评估理论与方法体系，本书首先从体育赛事的本质入手，对体育赛事的定义、分类、特征等问题进行了深入研究；再重点阐述体育赛事事前评估的概念与特征、体育赛事事前评估的系统以及体育赛事事前评估的内容与标准，构建了一套较为科学、合理的体育赛事事前评估理论体系；在此基础上，从体育赛事的运行环境、财务、经济影响、社会影响和环境影响 5 个子系统出发，系统阐述了体育赛事事前评估中各个子系统的指标和评估方法；最后，进一步探讨体育赛事事前综合评估的模型与方法，并通过对具体赛事事前评估的实证分析，验证了该理论与方法应用的可行性。

具体的框架结构如图 1–1 所示：

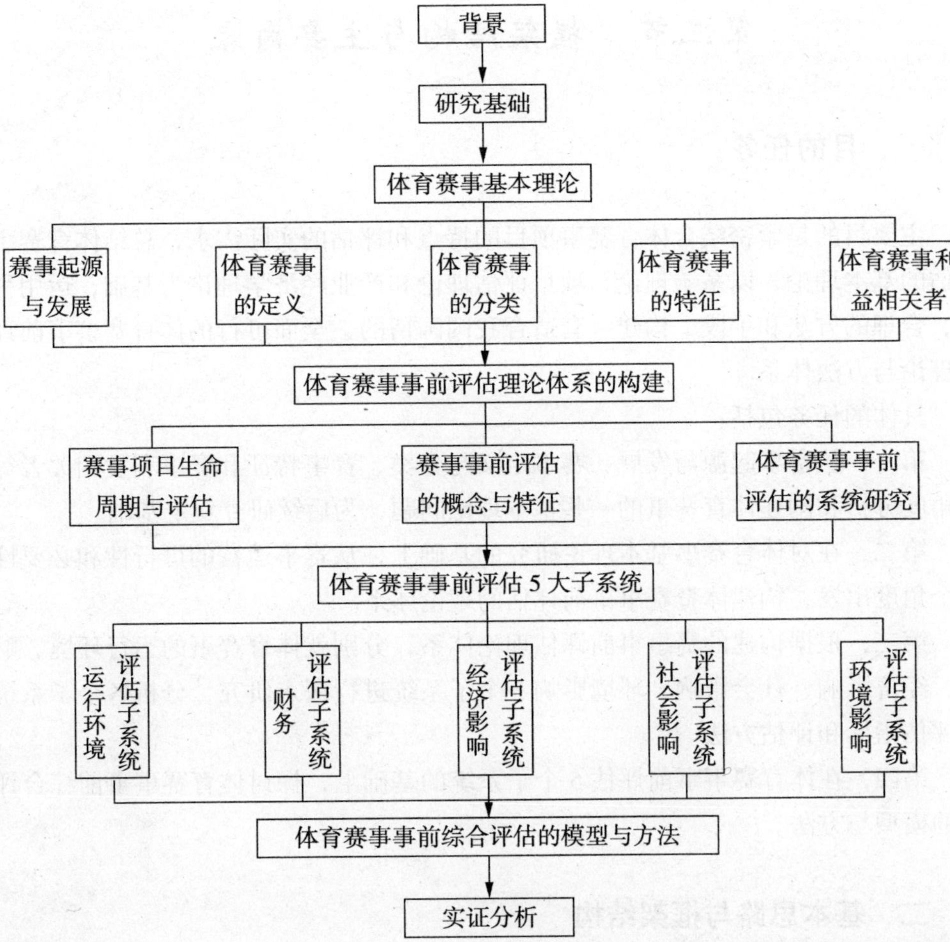

图 1-1　框架结构图

三、主要内容

本书共分为10章，各章的主要内容简介如下：

第一章为本书的绪论部分，系统地阐述了本书的研究背景、研究意义、国内外体育赛事产业发展概况、本书框架结构以及主要内容等，对后续章节起到提纲挈领的作用。

第二章为本书的理论基础部分，从项目评估理论与方法、体育赛事理论与赛事评估理论三个方面，对本书的理论基础以及国内相关研究进行了系统阐述和分析，为后续有关体育赛事事前评估理论与方法体系的研究提供了前提。

第三章为体育赛事基本理论研究部分，主要包括对体育赛事的起源与发展、体育赛事的定义、体育赛事的分类、体育赛事的特征、体育赛事的利益相关者等赛事基本理论问题的分析，为后续体育赛事事前评估问题的研究提供支撑。

第四章为体育赛事事前评估理论体系的构建部分，通过对体育赛事项目生命周期与赛事评估的关系；体育赛事事前评估的概念与特征；体育赛事事前评估的系统，包括体育赛事事前评估的主体与客体、体育赛事事前评估的主要内容以及体育赛事事前评估的标准等内容的分析和研究，构建了一套较为科学、全面的体育赛事事前评估理论体系。

第五章为体育赛事运行环境评估部分，是体育赛事事前评估第一大子系统。从体育赛事的宏观环境条件、资源条件、市场条件以及竞争环境 4 个方面建立了体育赛事项目运行环境评估的指标体系，并在此基础上对每一个指标的评估方法进行了分析和论述。

第六章为体育赛事财务评估部分，是体育赛事事前评估的第二大子系统，从体育赛事财务评估的目的、方法和步骤、体育赛事的现金流量，以及体育赛事的财务评估指标等方面对体育赛事财务评估进行了深入阐述，并以 2008 年北京奥运会财务评估为例进行了实证分析。

第七章为体育赛事经济影响评估部分，是体育赛事事前评估的第三大子系统，从体育赛事经济影响的机理、体育赛事给举办地带来的新资金流入、体育赛事经济影响的评估指标，以及体育赛事经济影响评估的模型与方法等方面，对体育赛事经济影响评估的理论问题进行了详细分析，并以 2009 年上海 ATP1000 网球大师赛经济影响为例进行了实证分析。

第八章为体育赛事社会影响评估部分，是体育赛事事前评估的第四大子系统，从体育赛事社会影响的评估指标、体育赛事社会影响的评估方法等角度对赛事社会影响评估问题进行了论述。此外，本章还以 2009 年上海 ATP1000 网球大师赛为例，运用条件价值评估法，对该赛事的居民自豪感价值量的评估进行了实证研究。

第九章为体育赛事环境影响评估部分，是体育赛事事前评估的第五大子系统，从体育赛事的环境影响、环境影响评估的概念、环境影响评估的指标和方法等方面系统地分析了赛事环境影响评估问题。此外，本章还针对 2009 年上海 ATP1000 网球大师赛的环境影响评估进行了实证分析。

第十章为体育赛事事前综合评估部分，对体育赛事项目的多指标评估方法进行了分析，构建了科学、可行的体育赛事项目事前多指标评估模型，并通过对 2009 年上海 ATP1000 网球大师赛的实证分析，验证了所构建的体育赛事事前评估理论与方法体系在实践应用中的可行性。

第二章　体育赛事评估理论基础

本章从项目评估理论与方法、体育赛事相关研究以及体育赛事评估相关研究3个方面，对项目评估的现有理论与方法以及国内外相关研究进行回顾、总结和归纳，为后续研究提供理论指导和借鉴。

第一节　项目评估理论与方法

一、项目评估理论

（一）相关概念界定

1. 项目

在研究项目评估之前，首先要讨论清楚项目的概念，即对项目的内涵和特征进行相应的界定。

关于项目的定义，现有很多种观点，较有代表性的观点如下：

（1）美国的项目管理权威机构——项目管理协会（Project Management Institute，PMI）认为，项目是一种被承办的旨在创造某种独特产品或服务的临时性努力[6]。

（2）德国国家标准DIN69901认为，项目是指在总体上符合如下条件的唯一性任务：具有预定的目标；具有时间、财务、人力和其他限制条件；具有专门的组织[7]5。

（3）Haroldherzner博士认为，项目是具有以下条件的任何活动和任务的序列：有一个将根据某种技术规格完成的特定的目标；有确定的开始和结束日期；有经费限制；消耗资源（如资金、人员、设备）[8]2-3。

（4）R.J. 格雷厄姆认为，项目是为了达到特定目标而调集到一起的资源组合，它与常规任务之间关键的区别是，项目通常只做一次；项目是一项独特的工作努力，即按某种规范及应用标准导入或生产某种新产品或某项新服务。这种工作努力应当在限定的时间、成本费用、人力资源及资财等项目参数内完成[9]5。

(5) Joan Knutson& Ira Bits 认为，项目是为达到某项目标而精心组织的某项过程，该目标起初只有抽象的开始、抽象的结束、抽象的移交物[9] 5。

(6) J.R. Meredith & S.J. Mantal Jr 认为，项目是具有以下特性的、必须完成的特殊的有限任务：目的性；相互依赖性；独特性；冲突性；寿命周期[10] 32-35。

(7) R. K Wysocki、R. Beck、Jr 和 D. B. Crane 认为，项目是由一些独特的、复杂的和相关的活动所组成的一个序列，它有一个必须在特定时间内、在预算之内及根据规范完成的目的或目标。[10] 32-35

总的来看，以上项目定义都揭示了项目概念的本质特征。项目的概念包括以下几个要素：(1) 项目的总体属性。从根本上说，项目实质上是一系列的工作。尽管项目是有组织地进行的，但它并不就是组织本身；尽管项目的结果可能是某种产品，但项目也并不就是产品本身；(2) 项目的过程。项目是必须完成的、临时性的、一次性的、有限的任务，这是项目过程区别于其他常规“活动和任务”的基本标志，也是识别项目的主要依据；(3) 项目的结果。项目都有一个特定的目标，或称独特的产品或服务；(4) 项目的共性。项目也像其他任务一样，有资金、时间、资源等许多约束条件，项目只能在一定的约束条件下进行。

2. 项目评估

项目评估 (Project Assessment) 作为一种专门对现代项目进行论证与评估的程序和方法，是在 20 世纪 70 年代末期伴随着项目可行性研究等方法引进我国的。国内外对项目评估有许多不同的名称和说法，如项目评价 (Project Evaluation)、项目评审 (Project Appraisal)、项目审查 (Project Review)、项目可行性研究 (Project Feasibility Study) 等。但这些都是从某个角度出发或强调某个方面的项目评估的叫法。

项目评估的概念有狭义和广义之分。狭义的项目评估是指对于一个项目经济特性的评价和审定，即按照给定的项目目标去权衡项目的经济得失并给出相应结论的一种工作。广义的项目评估是指在项目决策与实施活动过程中所开展的一系列分析与评价活动，包括项目决策阶段对其必要性、技术可行性、经济合理性、环境可行性和运行条件的可行性等方面进行的全面系统的分析与论证工作，即事前评估，目的是为项目决策提供依据；在项目实施过程中对项目实施情况和未来发展所进行的跟踪评估，即项目中评估，目的是对项目实际进展进行监督和跟踪检查；在项目完成以后一段时间里对项目进行的项目后评估，目的是检查项目前期决策和调整未来项目决策标准和政策[8] 18-23。

事前评估是全部项目评估中最重要的一个部分。目前，我国多数有关项目评估的书中所讲的项目评估实际上指的就是事前评估。本书所要研究的也是体育赛事事前评估问题。

(二) 项目评估的内容

项目评估的基本内容有两种分类，即涉及事前评估、中评估和后评估的分类，项目评估中的单项评估和综合评估的分类[7]55-58。前者是按照项目的时间进度划分的在项目不同的阶段进行的项目评估，后者是按照项目涉及的主要条件和制约因素划分的对于不同项目条件和项目情况所作的评估。本书中主要研究的是体育赛事的事前评估，故作者在此重点阐述与本书直接相关的部分，即事前评估、项目单项评估以及项目综合评估的主要内容。

1. 项目事前评估的主要内容

项目定义与决策阶段的评估工作被称为事前评估，也有人简单地称其为项目可行性分析，它是在项目尚未实施之前对项目及其备选方案所进行的综合论证与评估[8]18-23。事前评估的根本任务是对项目的必要性和可行性进行分析研究和论证评估，最终目标是分析并确认项目的必要性和可行性。事前评估的关键工作是对项目的经济、技术、运行支持和环境影响等方面进行全面的分析和研究。

事前评估中对于项目本身的评估主要内容包括[11]：

(1) 组织发展战略评估

项目是为组织发展战略服务的，是为实现组织的发展战略而设的具体手段。事前评估的首要任务是从整体上评估组织的发展战略本身的内容和科学性。这一分析要能明确组织的发展战略与组织的使命、远景、宗旨和目标是否一致，同时要评估组织发展战略是否能够使组织得到发展。

(2) 项目的机遇研究

项目是为实现组织目标服务的，但是项目只有在适当的环境条件和有利机遇时才能够开展。因此，事前评估的第二项内容是研究项目的机遇情况，即项目上马的各种社会、经济、市场、技术等条件是否具备和是否有利，这是事前评估的一项重要内容和一个重要阶段。

(3) 项目的必要性研究

在研究了组织的发展战略和项目的机遇以后，必须对项目的必要性进行深入研究和评估。这方面的主要工作是分析项目是否能够为实现既定的战略目标服务。要实现战略目标，一定要看该项目是否有替代的解决方案等。这方面的研究是决定项目是否可以进一步展开的前提。

(4) 项目的可行性研究

在确认项目十分必要以后，必须对项目的可行性进行深入研究，包括对于项目各个方面的专项可行性研究和对于项目总体可行性的研究。其中，专项的可行性研究主要包括技术可行性、经济可行性、运行可行性和社会影响。

2. 项目单项评估

项目单项评估包括的内容很多，最主要的有5个方面[8]37-58：

(1) 项目经济评估

项目经济评估是指对于项目各种经济特性的分析和评价，可以分为财务评价和国民经济评价两个方面。其中财务评价是以国家现行财税制度为依据，从企业的经济效益出发所作的项目经济特性的评价。这一评价中所使用的主要指标包括项目投资利润率、项目投资回收期、项目财务净现值和项目内部收益率等。项目财务评价的根本目的是分析和确认项目在企业财务和成本效益方面的必要性和可行性。

项目经济评估中的国民经济评价是从国家和整个社会的角度出发，对项目的国民经济方面的成本效益进行的全面评价。由于这种评估是从国民经济全局出发所作的项目评估，所以用的数据都是以影子价格为基础的各种实际和预测数据。这一评估的根本作用在于防止出现对企业有利而有损国家和全社会利益的项目，确保全社会投入的项目能够达到对国家和企业的经济效益都好的目标。这一评价中所使用的主要指标包括项目投资利税率、项目经济投资回报率、项目经济净现值和项目经济内部收益率等。

(2) 项目技术评估

项目的技术评估也是项目论证和评估中的一项重要的专项评估。主要的评估内容是对于项目本身生产运营技术的可行性和先进性的评估，这种评估会涉及对于各种不同的生产工艺技术方案的科学性、可行性和先进性的评估与确认，在很多时候这一评估是整个项目各项评估的基础和首要任务，因为选用不同的生产运营技术项目的投资和效益都是不同的。

(3) 项目运行条件评估

项目运行条件主要是指在项目投入运营之后所面临的各种运行环境和支持条件，以及项目在实施过程中的外部支持环境条件等。由于这些项目运行环境条件对于项目的经济效益和技术运行等都有很重要的影响，所以这方面的项目评估同样是十分重要的。项目运行条件的评估主要内容包括：项目运行的各种资源供应条件的评估，这是对项目运行的各种输入条件的评估；项目运行产出所面对的市场条件的评估，这是对项目运行的各种输出条件的评估；项目运行宏观条件的评估，这是对项目运行所涉及的支持条件的评估。项目运行条件的评估主要是对于项目投入运营之后所面临的各种环境条件的全面评估，这是从项目运营支持条件出发进行的项目可行性分析与研究。

(4) 项目环境影响评估

项目环境影响评估是指对项目实施和运营给自然环境和社会环境所造成的各

种影响的全面评估。其中项目对于自然环境的影响包括项目对于生态、大气、水、海洋、土地、森林、草原等方面的影响，而项目对于社会环境的影响包括项目对于社会文化、文化遗迹、少数民族文化风俗、风景名胜区等方面的影响。项目对于自然环境的影响评估主要是分析和评估由于项目实施和运营而向自然环境排放的各种有害废弃物对于环境所造成的破坏和污染，如废水、废气、固体废弃物和噪音等。项目对于社会环境的影响评估主要是分析和评价由于项目的实施和运营造成的社会文化风气的恶化、文化遗产的损失等。

(5) 项目风险评估

项目风险评估是对于项目的不确定性及可能带来的损失的一种全面评估，这也是项目评估的一个重要组成部分。由于任何项目的实施和运营过程中都存在各种各样的不确定性事件，这些不确定性事件最终可能带来收益，也可能带来损失，为了达到趋利避害的目的，就必须对项目的所有风险进行全面的评估。

3. 项目综合评估

项目单项评估是从某个侧面对项目的科学性、可行性和必要性的评估，还必须设法综合上述几个方面的项目专项评估结果，从而给出对于一个项目的综合评估结果，因此，任何项目都必须有项目的综合评估。

项目综合评估是对项目各方面专项评估内容所作的汇总性和综合性的全面评价，这种评估可以采用相应的方法，如连加法和连乘性权重法、层次分析法、模糊综合评判法、数据包络分析法、人工神经网络评价法和灰色综合评价法等，使用最多的是前 4 种。其中连加法和连乘性权重法是一种将项目单项评估指标得分乘上权重系数然后连加或连乘从而得到项目综合评判结果的方法，只是在连乘性权重法中存在着某些项目评估指标具有对于项目可行性的一票否决权，而连加性权重法没有这种一票否决权。层次分析法是将项目评估的定性和定量指标集中在一个模型中进行项目综合评估的方法，它是用两两对照的比较矩阵法去获得项目指标的量化及权重的量化，最终获得项目综合评估结果。模糊综合评判是以模糊数学为基础，应用模糊关系合成的原理，将一些边界不清、不易定量的因素定量化，从多个因素对被评价事物隶属登记状况进行综合性评价的一种方法。

二、项目综合评估方法[12]15-22

(一) 层次分析法

层次分析法（analytic hierarchy process，AHP）是美国著名的运筹学家 T.L. Satty 等人在 20 世纪 70 年代提出的一种定性与定量分析相结合的多准则决策方

法。这一方法的特点，是在对复杂决策问题的本质、影响因素以及内在关系等进行深入分析之后，构建一个层次结构模型，然后利用较少的定量信息，把决策的思维过程数学化，从而为求解多目标、多准则或无结构特性的复杂决策问题，提供一种简便的决策方法。具体地说，它是指将决策问题的有关元素分解成目标、准则、方案等层次，用一定标度对人的主观判断进行客观量化，在此基础上进行定性分析和定量分析的一种决策方法。它把人的思维过程层次化、数量化，并用数学为分析、决策、预报或控制提供定量的依据。它尤其适合于人的定性判断起重要作用的、对决策结果难于直接准确计量的场合。

（二）模糊综合评判法

在客观世界中，存在着大量的模糊概念和模糊现象。模糊性是事物本身状态的不确定性，或者说是指某些事物或者概念的边界不清楚，这种边界不清楚，不是由于人的主观认识达不到客观实际所造成的，而是事物的一种客观属性，是事物的差异之间存在着中间过渡过程的结果。

模糊数学就是试图利用数学工具解决模糊事物方面的问题，它着重研究“认知不确定”类的问题，其研究对象具有“内涵明确，外延不明确”的特点。模糊数学的产生把数学的应用范围，从精确现象扩大到模糊现象的领域，去处理复杂的系统问题。

模糊综合评判是借助模糊数学的一些概念，对实际的综合评价问题提供一些评价的方法。具体地说，模糊综合评判就是以模糊数学为基础，应用模糊关系合成的原理，将一些边界不清、不易定量的因素定量化，从多个因素对被评价事物隶属等级状况进行综合性评价的一种方法。

应用模糊集合论方法对决策活动所涉及的人、物、事、方案等进行多因素、多目标的评价和判断，就是模糊综合评判。模糊综合评判作为模糊数学的一种具体应用方法，最早是由我国学者汪培庄提出的。其基本原理是：首先确定被评判对象的因素（指标）集和评价（等级）集；再分别确定各个因素的权重及它们的隶属度向量，获得模糊评判矩阵；最后把模糊评判矩阵与因素的权向量进行模糊运算并进行归一化，得到模糊评价综合结果。

模糊综合评判法虽然利用了模糊数学理论，但并不高深，也不复杂，容易为人们所掌握和使用，因此，这一方法在很多领域都得到了使用。

（三）数据包络分析法

数据包络分析（data envelopment analysis，DEA）是著名运筹学家 A.Charnes 和 W.W.Copper 等学者以“相对效率”概念为基础，根据多指标投入和多指标产

出对相同类型的单位（部门）进行相对有效性或效益评价的一种新的系统分析方法。它是处理多目标决策问题的好方法。它应用数学规划模型计算比较决策单位之间的相对效率，对评价对象作出评价。

通常应用是对一组给定的决策单元，选定一组输入、输出的评价指标，求所关心的特定决策单元的有效性系数，以此来评价决策单元的优劣，即被评价单元相对于给定的那组决策单元中的相对有效性。也就是说，通过输入和输出数据的综合分析，数据包络分析可以得出每个决策单元综合效率的数量指标。据此将各决策单元定级排队，确定有效的决策单元，并可给出其他决策单元非有效的原因和程度。即它不仅可以对同一类型各决策单元的相对有效性作出评价与排序，而且还可以进一步分析各决策单元非数据包络分析有效的原因及改进方向，从而为决策者提供重要的管理决策信息。

数据包络分析最突出的优点是无须任何权重假设，每一输入输出的权重不是根据评价者的主观认定，而是由决策单元的实际数据求得的最优权重。因此，数据包络分析方法排除了很多主观因素，具有很强的客观性。

数据包络分析是以相对效率概念为基础，以凸分析和线性规划为工具的一种评价方法。这种方法结构简单，使用比较方便。自从 1978 年提出第一个数据包络分析模型——C^2R 模型并用于评价部门间的相对有效性以来，不断得到完善并在实际中被广泛应用。

（四）人工神经网络评价法

人工神经网络主要由大量与自然神经细胞类似的人工神经元互联而成的网络。人工神经网络的工作和方法是模仿人脑的。大脑是一个神秘的世界，虽然到目前为止人们还不能完全解释大脑思维、意识和精神活动，但已能从神经结构、细胞体构成的水平上初步探明大脑的组织特征，并通过实验证明大脑的许多认识机理。各种实验与研究表明：人类的大脑中存在着由巨量神经元细胞结合而成的神经网络，而且神经元之间以某种形式相互联系。人工神经网络的工作原理大致模拟人脑的工作原理，即首先要以一定的学习准则进行学习，然后才能进行判断评价等工作。它主要根据所提供的数据，通过学习和训练，找出输入与输出之间的内在联系，从而求取问题的解。人工神经网络反映了人脑功能的基本特性，但并不是生物神经系统的逼真描述，只是一定层次和程度上的模仿和简化。强调大量神经元之间的协同作用和通过学习的方法解决问题是人工神经网络的重要特征。

人工神经网络是模仿生物神经网络功能的一种经验模型，输入和输出之间的变换关系一般是非线性的。首先根据输入的信息建立神经元，通过学习规则或自

组织等过程建立相应的非线性数学模型，并不断进行修正，使输出结果与实际值之间差距不断缩小。人工神经网络通过样本的“学习和培训”，可记忆客观事物在空间、时间方面比较复杂的关系。由于人工神经网络本身具有非线性特点，且在应用中只需对神经网络进行专门问题的样本训练，它就能够把问题的特征反映在神经元之间相互联系的权值中，所以，把实际问题特征参数输入后，神经网络输出端就能给出解决问题的结果。

神经网络的特点是将信息或知识分布储存在大量的神经元或整个系统中。它具有全息联想的特征，具有高速运算的能力，具有很强的适应能力，具有自学习、自组织的潜力。另外，它有较强的容错能力，能够处理那些有噪音或不完全的数据。鉴于人工神经网络具有上述特征，所以可建立基于人工神经网络的多指标综合评价方法。它解决有关经济等方案评价方面问题的方式与层次分析和模糊理论分析法完全不同。它是模拟人脑的思维，把大量的神经元连成一个复杂的网络，利用已知样本对网络进行训练，即类似于人脑的学习，让网络存储变量间的非线性关系，即类似于人脑的记忆功能，然后利用存储的网络信息对未知样本进行评价，即类似于人脑的联想功能。

由于实际综合评价往往是非常复杂的，各个因素之间互相影响，呈现出复杂的非线性关系，所以人工神经网络为处理这类非线性问题提供了强有力的工具。它是一种智能化的数据处理方法，其处理具有非线性关系数据的能力，是目前其他方法所无法比拟的。与其他综合评价方法相比，基于人工神经网络的综合评价方法已越来越显示出它的优越性。

基于人工神经网络的多指标综合评价方法通过神经网络的自学习、自适应能力和强容错性，可以建立更加接近人类思维模式的定性和定量相结合的综合评价模型。训练好的神经网络把专家的评价思想以连接权的方式赋予网络上，这样该网络不仅可以模拟专家进行定量评价，而且避免了评价过程中的人为失误。由于模型的权值是通过实例学习得到的，这就避免了人为计取权重和相关系数的主观影响和不确定性。

其中，反向传播（BP）神经网络是由 Rumelhart 等人于 1985 年提出的一种很有影响的神经元模型，它是一种多层次反馈型网络，所使用的是有“导师”的学习算法。基于反向传播人工神经网络的综合评价方法具有运算速度快、问题求解效率高、自学习能力强、适应面广等优点，较好地模拟了评价专家进行综合评价的过程，因而具有广阔的应用前景。

（五）灰色综合评价法

1982 年，中国学者邓聚龙教授创立了灰色系统理论，它是一种研究少数据、

贫信息不确定性问题的新方法。灰色系统理论以“部分信息已知，部分信息未知”的“小样本”和“贫信息”不确定性系统为研究对象，主要通过对“部分”已知信息的生成、开发，提取有价值的信息，实现对系统运行行为、演化规律的正确描述和有效监控。

灰色综合评价法是基于灰色系统指导下的灰色关联度分析的综合评价方法。灰色关联度分析法是根据因素之间发展态势的相似或相异程度来衡量因素间关联程度的方法。由于关联度分析方法是按发展趋势作分析，因此对样本量的多少没有要求，也不需要有典型的分布规律，计算量小，即使是多于10个变量（序列）的情况也可用手算，且不至于出现关联度的量化结果与定性分析不一致的情况。换句话说，关联度分析方法的最大优点是，它对数据量没有太高的要求，即数据多与少都可以分析。它的数学方法是非统计方法，在系统数据资料较少和条件不满足统计要求的情况下，更具有实用性。

概括地说，由于人们对评判对象的某些因素不完全了解，致使评判根据不足；或者由于事物不断发展变化，人们的认识落后于实际，使评判对象已经成为“过去”；或者由于人们受事物伪信息和反信息的干扰，导致判断发生偏差等，所有这些情况归结为一点，就是信息不完全，即“灰”。灰色系统理论是从信息的非完备性出发研究和处理复杂系统的理论，它不是从系统内部特殊的规律出发去讨论，而是通过对系统某一层次的观测资料加以数学处理，达到在更高层次上了解系统内部变化趋势、相互关系等机制。其中，灰色关联度分析是灰色系统理论应用的主要方面之一。基于灰色关联度的灰色综合评价法是利用各方案与最优方案之间关联度的大小对评价对象进行比较、排序。由于灰色综合评价法计算简单，通俗易懂，因此，现在也越来越多地被应用于社会、经济、管理的评价问题。

从以上关于项目评估理论与方法的综述看，目前，一般项目评估的理论与方法已经较为成熟，基本形成了一套系统、完善的方法体系，这为体育赛事项目评估提供了一个良好的理论基础。

第二节　体育赛事与评估文献

一、体育赛事相关文献

(一) 体育赛事的定义

体育赛事的概念是从“运动竞赛”演变而来的，因此，要对体育赛事进行定

义，首先需要弄清“运动竞赛”的概念。田麦久教授认为，运动竞赛是指“在裁判员主持下，按统一的规则要求，组织与实施的运动员个体或运动队之间的竞技较量”[13]；原国家体委训练竞赛综合司在《运动竞赛学》中指出：“运动竞赛是在裁判员主持下，依据统一的规则而组织与实施的运动员个体或运动队之间的竞技较量”[14]；台湾学者许树渊认为：“在运动上，凡是以运动精神、运动道德为准则，用对等的方式，公定的规则，作各种个人或团队的竞技活动，以供众览，所以比较优劣胜负，以提倡推展运动之用，成为运动竞赛”[15]。还有学者提出：“运动竞赛是人类的一种实践活动，它是一个特殊的过程，有明确的目的性，有鲜明的竞技特征，有完善的规则和一整套竞赛办法及决定竞赛胜负的‘法律依据’。”[16]

从以上几个运动竞赛的定义看，前三个定义实际是对运动竞赛的狭义解释，并没有体现体育运动竞赛所涉及的场外因素。最后一个定义虽然指出了运动竞赛是一个过程，有特殊性，是人类的一种实践活动，但还是未能超出赛场的范围，并未能对体育运动竞赛所涉及的众多因素进行概括。由此看出，以上的定义还只是停留在竞技体育比赛的层面，未能反映出当今体育运动竞赛的时代特征。

事实上，随着 1984 年美国洛杉矶奥运会开创市场营销赢利纪录以来，对体育竞赛进行商业营销，成为了运作管理极其重要的内容。体育竞赛活动的内涵和外延发生了巨大变化，原有“运动竞赛”的概念被打破。体育运动竞赛再也不是纯粹由运动员、裁判员参与的活动，观众、媒体、赞助商等其他主体纷纷加入到体育竞赛活动中，成为市场经济条件下体育竞赛活动的重要组成部分。这时体育运动竞赛的项目化特征就越发明显，很多学者便从项目管理的角度对其进行定义，而且更多的称为“体育赛事”。如台湾学者曹有培认为：“体育赛事指由特定的组织团体，透过有计划的筹备、营造、管理，在特定的时间、地点集合个人或团队，以达成预期目标和宗旨，并借一项或以上的运动，依循各种运动规则，举行比赛，各种单项的运动比赛和综合性运动会皆涵盖其中”[17] 12–18；程绍同认为：“体育赛事是特定的组织团体依其本身举办之目的，透过科学化的管理与筹备过程，在特定的时间与地点下，召集运动竞技活动的相关人员（运动员、裁判、工作人员和观众等）及团体（运动组织、运动器材供应商、媒体、赞助商等）共同参与所形成的综合性集会。”[17] 12–18

国外学者对体育赛事的认识与国内学者有所不同，他们普遍将体育赛事纳入特殊事件的范畴，并从特殊事件的视角认识体育赛事。特殊事件范围广泛，包括了宗教典礼、传统仪式、体育赛事、文艺表演、宴会、展览会等各种形式的活动，而体育赛事则是其中一种很重要的形式。国外学者对特殊事件的研究起步较早，目前该领域的研究已经基本趋于成熟，并有专门的学科理论体系，即事件管

理理论（Event Management）。国际上还有专门的事件管理科学协会和互联网站，如国际节日和事件协会（International Festival and Events Association）。在实践领域，人们也已经开始高度重视对特殊事件的深入认识，并运用科学理论来指导。不少学者对特殊事件的概念进行了系统研究，如 Damd C.Watt 将特殊事件描述为："一次性发生的事情，在任何给定时间里迎合特殊的需要。当地社区事件可以被描述为一个活动，旨在牵涉当地人口分享有利双边利益的经历"[18]2；Johnny Allen 等对特殊事件的定义表述为："术语'特殊事件'用来描述特别的仪式、表达、表演或庆典，其被有意识地计划产生以标志特殊的场合，或取得独特的社会、文化或团体的目的和目标。"[19]；Getz 在类型学研究中突破性地建议特殊事件最好从其所处的上下关系来进行定义。他提供了两个定义：一是从组织者的角度，即"特殊事件是个一次性的或很少发生的事件，不同于惯常的节目或赞助商和组织主体的活动；二是从消费者或客人的角度，即"对于消费者或客人，特殊事件是个休闲、社会或文化经历的机会，不同于惯常范围的选择，并超出了日常经历"[20]4。此外，Goldblatt 还认为："特殊事件聚结一个独特的时刻，在那时以仪式或典礼满足特殊的需要。"[18]2

上述定义基本体现了特殊事件的诸多共性特征，但由于特殊事件的领域广泛，它难以反映出所有不同类别特殊事件的个性特征。因此，在上述定义中，体育赛事的个性特征也不是很明显。基于此，在借鉴国外研究的基础上，国内部分学者对体育赛事的定义也进行了深入探讨。叶庆晖认为："体育赛事是一种提供竞赛产品和相关服务产品的特殊事件，其规模和形式受竞赛规则、传统习俗和多种因素的制约，具有项目管理特征、组织文化背景和市场潜力，能够迎合不同参与体分享经历的需求，达到多种目的与目标，对社会和文化、自然和环境、政治和经济、旅游等多个领域产生冲击影响，能够产生显著的社会效益、经济效益和综合效益。"[21]15-16；黄海燕、张林等人认为"大型单项体育赛事是指具有国际知名度、集中承办城市和国家甚至国际的注意力，受城市公共资源约束，又反过来影响城市资源的，以提供单一体育运动项目竞赛产品和相关服务的特殊事件。"[22]17-25

从现有关于体育赛事的定义看，随着人们对体育赛事认识的逐步深入，体育赛事的定义也越来越科学、合理。通过以上综述，本书作者认为在进行体育赛事定义时，要注意 3 个方面：第一，要抓住体育赛事的本质特征；第二，要充分考虑其时代背景及功能特征；第三，要为本书的研究建立基础，满足研究的需要。

（二） 体育赛事的分类

分类是划分的一种特殊形式，是根据对象的本质属性或显著特征进行的划

分，具有较大的稳定性。按照不同的原则和实际需要，可以将体育赛事进行不同的分类。

周进强、吴寿章从两个角度对我国体育赛事进行了分类。一是按照分级分类的原则，将体育赛事分为全国性比赛与地方性比赛、综合性比赛与单项比赛、在中国举行的国际比赛与国内比赛、职业性或半职业性的商业比赛、成年比赛与青少年比赛、社会比赛与业余比赛、计划内比赛与辅助性比赛等。二是按照体育赛事的市场化形式，分为 4 大类：一是带职业性质的比赛，如目前中国已有的足球、篮球、排球、乒乓球比赛等；二是以全运会为代表的全国综合性运动会的商业开发；三是全国性的单项锦标赛、杯赛、选拔赛的商业开发；四是单独运作的商业比赛和其他各种大奖赛、巡回赛、明星体育赛事[23]。

张江南、唐宏贵从功能和水平的角度，将体育比赛分为群众性体育竞赛和高水平体育竞赛[24]。

陈锡尧根据国际性重大体育赛事的来源将国际性重大体育赛事分为 3 种，即大型综合性体育赛事、世界单项组织的重要赛事、跨国公司或知名的大企业操办的传统性体育赛事[25]。

姚颂平等人也从两个视角对国际体育大赛进行了类别划分。一是按照项目设置特征，将国际体育大赛分为综合性运动会和重大单项体育赛事。其中综合性运动会是指由多个单项组成的大型国际性体育赛事（如奥运会、亚运会、世界大学生运动会等），这种赛事一般 2 ~ 4 年举办一次，具有参赛国家和地区众多、设置的项目类型丰富、影响范围较广等特点；重大单项体育赛事是指国际单项体育组织主办的高等级的大型国际性体育赛事。二是按照赛事组织形式的特征，重大单项体育赛事又可分为 3 个亚类：第一亚类是“赛会制”赛事，主要指每隔 2 ~ 4 年举办一次的重大单项赛事，如世界杯足球赛、世界田径锦标赛、世界游泳锦标赛等；第二亚类是“分站累积制”赛事，如 F1、网球大师杯等；第三亚类是“主客场制”赛事[26] 17–18。

李南筑等人根据体育赛事的市场化程度进行了分类。第一类是除信息不完全外，基本不存在市场失灵，主要依靠市场主体的自主调节进行资源配置的赛事。现实中绝大多数的商业性赛事，如皇马中国之行、英超查尔顿中国之行等都属于这一类。第二类是除信息不完全外，还涉及政府资源的指令配置的体育赛事，如上海网球大师杯赛、IAAF 上海国际田径大奖赛等。第三类是除信息不完全外，还存在多个法人拥有同一产品（共同产品），且产权难以界定，存在对抗均衡的体育赛事，如足球、篮球等的职业联赛。第四类是第二类赛事加上举办地轮换，需要大规模基本建设的体育赛事，如 2008 年的北京奥运会和我国的全运会、城运会、农运会等大型综合体育赛事[27] 22–26。

国外对体育赛事也有分类，他们的分类标准主要是以规模为依据，具体分为“Mega-events”“Hallmark Events”和“Major Events”[20] 9。国内学者叶庆晖借鉴了上述分类原则，将体育赛事分为超大型体育赛事、大型赛事和一般赛事。其中超大型体育赛事指那些影响举办城市和社区整体经济，并在全球范围和广大媒体范围产生影响的体育赛事，如全运会、亚运会、奥运会和世界杯足球赛。超大型赛事表现为赛事的规模大、水平高、参与和出席的人数众多、媒体覆盖面大、公共财经参与度高、市场目标广大、对举办城市和社区产生显著的社会、经济和综合效益，对社会、文化、政治、经济、旅游和城市设施建设等诸多方面产生深远影响。大型赛事指那些在举办城市和社区产生较大影响，能够引起众多媒体关注和产生较好经济效益的体育赛事，如世界单项锦标赛、职业联赛、城市运动会、农民运动会、少数民族运动会等。大型赛事表现为赛事的规模比较大，水平比较高，重视程度高；组织工作复杂，媒体关注度高，市场吸引力大，对举办城市的社会、经济、文化等多方面产生较大的影响。一般赛事类似较大事件，规模和水平递减，能够吸引较多观众、新闻报道和产生一定经济效益的体育赛事，如热身赛、交往性的比赛（如邀请赛）。目前许多顶级国际体育锦标赛属于大型赛事，许多国家体育组织和政府，特别是体育经纪机构热衷于这种赛事，原因在于它具有潜在的市场吸引力，这种赛事与某种文化或者公众兴趣点结合会带来很大的市场效益。一般赛事表现为体育赛事的形式规模多样，组织机动灵活，参与人员广泛，市场亲和力强，易于推广，给举办方带来较大综合性效益[21] 21-24。

从以上关于体育赛事的分类我们可以看出，体育赛事分类的标准和原则有很多，根据不同的研究需要，可以对体育赛事进行不同的分类。本书将从体育赛事的规模、赛事影响范围等角度对体育赛事进行划分。

（三）体育赛事的特征

任何事物的存在都有其内在的本质特点和外在表现形式，体育赛事也不例外。但从所掌握的文献来看，专门研究体育赛事性质和特征的文献并不多。

叶庆晖从赛事运作的角度，结合当前赛事运作的环境，对体育赛事的基本特征进行了探讨。他认为，随着社会的进步和科学技术的发展，尤其是现代媒体的传播范围日益扩展，体育赛事主要表现为6大基本特征：一是体育赛事的文化性特征，包括体育赛事的欧美文化特征、体育赛事的本土文化特征以及体育赛事项目本身具有的文化特征；二是体育赛事的项目性特征，包括体育赛事的一次性和独特性、体育赛事目标的确定性、体育赛事活动的整体性、体育赛事组织的临时性和开放性以及体育赛事成果的不可挽回性；三是体育赛事产品的多元化特征，包括体育赛事的竞赛产品、服务产品、有形产品和无形产品；四是体育赛事目的

的多元化特征，包括体育赛事主办组织、赞助商、媒体、主办社区、参与者、观众及工作团队的不同目的；五是体育赛事的风险性特征，具体表现在体育赛事的安保工作、人群控制、火灾、突发事件等方面；六是体育赛事资源的集约性和互动性特征[28]。

杨铁黎认为，体育竞赛在体育市场里被理解为产品，其特性为：体育竞赛产品的无形性、一次性、不可预测性、生产和消费的同时性、延伸性和增值性、同一体育竞赛产品质量评判的差异性[29]。

余守文认为，从产品角度，体育赛事共有 6 大特征：一是体育赛事产品是一种服务性产品；二是体育赛事产品是非生活必需品；三是体育赛事产品的非储存性和生产、交换与消费的同时性；四是体育赛事的创新性；五是体育赛事产品是准公共产品；六是体育赛事是一种特殊的节事[30]33-36。

李南筑、袁刚从体育赛事的本质特征和阶段性特征两个方面对赛事的经济特征进行了深入分析。他们认为，从产业角度看，体育赛事归属于第三产业中的体育竞赛表演业，因而自然有服务业和表演业的特征，即具有服务的无形性和不可触摸性、生产和消费的不可分割性、时效性和积累性、较大的需求弹性、结果的不确定性等特征；从产品角度看，体育赛事产生的不仅只有一种产品，而是一个产品包，而且赛事一旦确定，赛事中大多数类别产品的供给数量是确定的；从投入角度看，体育赛事是以人力资源为主的知识密集型行业，而且赛事的成本支出比例与产品的销售收入比例是非对称的；从交易角度看，体育赛事属于复杂交易，交易所需信息量大[27]32-35。

黄海燕、张林等人在论述大型体育赛事运营中政府作用的合理性问题上，认为在目前的体育赛事运营中，存在着市场失灵的现象，主要表现在体育赛事具有混合产品性质、正外部性和市场垄断的特征等[22]17-25。

李南筑、黄海燕等人从公共产品的定义与判断标准出发，对体育赛事的性质进行了深入研究。他们认为，体育赛事是一种既具有公共产品性质，又具有私人产品性质的混合产品，而且不同类型的体育赛事在不同地区、不同阶段，其公共产品的程度不同[31]。

当然，也有学者质疑体育赛事的公共产品性质。Dennis Coates & David Gearhart 从实证分析的角度，通过对 1993—2005 年 140 多个纳斯卡汽车赛举办地房屋租金的对比（在此期间，有新建赛道举办纳斯卡汽车赛的，也有关闭原有赛道放弃举办纳斯卡汽车赛的）来论证纳斯卡汽车赛对居民所在社区的影响。结果显示，纳斯卡汽车赛并没有给举办城市和社区带来实质性的好处。因此，文章进一步认为，纳斯卡汽车赛并不具有公共产品的性质。

从体育赛事的特征可以看出，体育赛事与其他项目存在较大差异，这也使得

对体育赛事进行事前评估的难度加大。

(四) 体育赛事的功能和价值

当前体育赛事已经受到全世界的高度关注，成为世界各地政府纷纷竞逐的对象。不仅美国、澳大利亚、加拿大、英国等西方发达国家对此相当重视，就连中国、南非等发展中国家近年来也积极申办和引进各类体育赛事。之所以这样，是因为随着世界各国经济结构的转型以及人们生活水平的提高，体育赛事的功能和价值逐渐引起了世界的重视。

就体育赛事的功能而言，现有的研究非常之多。谢菲尔德海兰姆大学（2001）在对英国波士顿举行的国际田联半程马拉松的评估报告中认为，体育赛事的功能包括促进其他相关产业的发展、提升城市品牌和知名度、增强居民和游客对城市的满意度[32]；Jordan Rappaport and Chad Wilkerson（2001）认为，体育赛事具有促进城市就业、增加政府税收以及提高城市居民的生活质量等功能[33]；Roland Scherer（2003）等人认为，包括体育赛事在内的大型活动的功能分为有形和无形两种，其中有形的功能包括网络影响、能力影响和结构影响 3 个方面，无形的功能包括印象影响及对相关产业的影响[34]；加拿大 Nova Scotia 省政府（2005）在大型体育赛事的申办支持政策（Major Events Hosting/Support Policy）中认为，大型体育赛事不仅具有增加就业、产生更多的商业和投资机会、改善城市基础设施建设、促进旅游等相关产业、增加税收等功能，而且还能够提升城市的品牌、文化、能力、信心和居民的自豪感等[35]。

国内学者的此类研究也较多，姚颂平等人认为："体育赛事具有促进城市发展的功能，具体表现在对城市经济发展的影响、文化发展的影响以及社会环境发展的影响 3 个方面"[26] 72–113；易建东从政治、经济和社会角度对体育赛事的功能进行了阐述[36]。叶庆晖认为，体育赛事的功能包括：促进人类和平、更新传统观念、发展人际关系、参与政治活动、丰富文化生活和推动经济发展。他认为体育赛事可以为地区经济发展提供稳定的社会经济发展环境，在地区经济发展上起到辐射作用和集聚作用，成为地区经济发展的增长点，是地区经济持续发展和解决经济问题的很好途径。但他同时也认为，体育赛事对于社会和文化、自然和环境、政治以及旅游和经济也都具有一定程度的消极作用[21] 17–18。

当然，从国内外的赛事研究看，目前学者们最为关注的主要是体育赛事对城市旅游业的促进功能、对城市再造的功能以及对城市品牌的营销功能等，相关研究较多，这里不赘述。

体育赛事的价值与功能是有很大关联的，目前国内外尚无关于体育赛事价值的统一分类体系，但不少学者已经对体育赛事价值进行了深入的研究，归纳起

来，主要有两种关于体育赛事价值分类的体系：第一种是从体育赛事举办地的角度进行划分，主要分为体育赛事对举办地的政治、经济、社会、文化等方面的价值，这种分类方法在国内学者中使用较多。第二种是从体育赛事功能的角度进行划分，主要分为对举办城市居民生活质量、旅游等相关产业、城市知名度、城市再造等方面的价值，这种分类方法在国内外学者中都有人使用，如国外的 Kang、Perdue、Jeong、Faulkner、Deccio、Goeldner、Long 等。

以上两种关于体育赛事价值的分类体系各有千秋。第一种分类体系基本上穷尽了体育赛事的所有价值，而且分类较为清晰，不容易产生交叉现象，但它适合所有物品或服务的价值分类，不能体现体育赛事的本质特点；第二种分类体系能够体现体育赛事的本质功能，但容易产生遗漏或交叉现象。

近年来，国外一些学者也对体育赛事的价值问题进行了研究，Douglass Shaw、Judy Rogers、Gerald Owen 等人在充分借鉴环境经济学有关价值分类方法的基础上，将体育赛事的价值分为体育赛事的利用价值和非利用价值两大类。Douglass Shaw & Judy Rogers 认为，体育赛事的非利用价值主要包括赛事举办城市居民自豪感的价值以及对没有观看比赛的居民教育、文化等方面的价值等[37] 11-28。与利用价值形成鲜明对照的是，非利用价值并不涉及对体育赛事的任何参与，无论是直接利用还是间接利用。

从对体育赛事价值进行评估的角度看，在以上体育赛事价值分类框架的基础上，很难对体育赛事的价值进行合理、有效的评估，这也是现有分类框架存在的最主要的缺陷。

黄海燕等人在国外体育赛事利用价值和非利用价值分类的基础上，将体育赛事的价值分为市场价值和非市场价值两个类别。其中，体育赛事的市场价值是指市场条件下体育赛事价值的统称，即体育赛事的这些价值都进入了市场，并能够在市场经济中得以体现。他们认为，现阶段除消费者剩余之外，体育赛事的直接利用价值几乎都属于市场价值，间接利用价值中的对举办城市相关产业的带动价值、对城市的宣传价值也属于市场价值的范畴，而且随着收费电视的兴起，体育赛事对电视观众的价值也能够通过市场有所反映[38]。体育赛事的非市场价值又称为市场价值以外的价值，由于体育赛事具有很强的外部性及公共产品性质，因此，其非市场价值尤为明显，如体育赛事给城市居民带来的自豪感、愉悦感，对城市居民身体和精神健康的积极影响，对城市社会和文化的积极影响，对城市组织运作大型活动能力的积极影响等。Douglass Shaw 也认为“体育赛事的非市场价值要比其市场价值大得多，因此要对体育赛事价值进行全面、合理的评估就必须充分考虑其非市场价值”[37] 11-28。

从表面上看，体育赛事的非市场价值只是定性的描述，并没有市场价格。例

如，虽然一场精彩的体育赛事能够给观众，甚至没有观看比赛的居民带来愉悦感、自豪感，对于这些受体来说，这种愉悦感、自豪感确实存在价值，但是这种价值没有一个明显的价格尺度，很难量化。

近年来，经济学家开始意识到很多社会关注的物品或服务都没有市场，其价值在市场经济中难以反映，大大影响了市场机制的运行以及社会或政府的行为决策，因此，他们对如何评估没有市场的物品或服务的价值这一问题展开了深入研究，也取得了实质性进展。当前在经济学领域中已经存在着一些评估诸如愉悦感、自豪感等没有市场价格，且不能通过消费者的直接支付反映出来的物品或服务价值的方法，其中具有代表性的方法有条件价值评估法（Contingent Value Method，CVM）、旅游成本法（Travel Cost Method，TCM）和资产价值法（Hedonic Price Method，HPM）。但 HPM 及 TCM 与 CVM 方法相比较，属事后评估方法，即只有在消费者已经消费了被评估物品的情况下运用，因此仅能推估体育赛事利用价值中的非市场价值部分，赛事的其他非市场价值难以包括其中。为此，衡量体育赛事较为完整的非市场价值，CVM 是唯一可行的评估方法，也是目前应用最广泛、最成熟的方法。

以上体育赛事功能和价值的相关文献虽然还不够系统，但对本书中体育赛事事前评估所包含的内容以及评价方法等都有一定的借鉴和启发。

二、体育赛事评估相关文献

（一）体育赛事事前评估框架

就目前所掌握的文献资料看，国内外尚无一套较为科学、完整的赛事事前评估框架，但有很多研究已经涉及到相关内容。

姚颂平等人认为，以我国目前的经济、社会发展水平，在选择承办国际体育大赛时应遵循以下原则：第一，符合城市的基本特征。即所选体育赛事的规模、登记及参赛的著名运动员等符合城市的规模特征和大城市居民的心理需求特征；所选体育赛事类型与城市文化特征相符合；所选体育赛事的类型符合城市的自然地理特征。第二，举办的可能性和适宜性。其中，可能性是指申办城市自身是否具备承办该项体育赛事的基本条件和体育赛事拥有者是否有委托该项赛事的愿望等；适宜性是指体育赛事落户的时间因素等。第三，通过市场化运作平衡经费收支的可能性。他认为其可能性主要取决于 3 个方面：一是举办地第三产业的发达程度；二是举办城市的体育产业环境；三是比赛环境以及对赛事的宣传力度。第四，比赛场馆设施方面的可能性。即选择国际体育大赛必须具备与所要承办的赛事类型相匹配的体育场馆条件；选择国际体育大赛需要考虑比赛场馆的数量；选

择国际体育大赛的场馆要具有一定的规模和便利的交通条件。第五，政府部门的支持程度。第六，媒体的关注程度和民众的欢迎程度。第七，避免外交争端和安全事故等[26] 78-82。

刘江南等人对政府在进行国际大型体育赛事的选择过程中的制约因素进行了探讨，文章认为，政府在选择国际大型体育赛事时受到城市文化、自然环境、经济条件、政治条件等宏观环境的制约，同时还受到体育赛事的影响力、可观赏性、分布态势、前景、国际大型体育组织对承办城市的认可度等赛事本身发展状况的制约[39]。

孙海燕提出影响大型赛事与城市经济发展耦合性的因素包括经济规模、城市发达程度、文化传统、民众支持度、消费水平和相关产业链的发展水平[40]。

Alan Clarke 认为，在体育赛事选择中首要标准包括：

第一，体育赛事对举办地直接的经济影响，包括额外消费、税收收入及对商业的促进。评估机构可以通过对历史数据的研究，并建立一种赛事直接经济影响的评估方法。

第二，体育赛事举办的时间。赛事最好在举办地旅游的淡季进行，这样就能够使得举办地有足够的接待能力，也能够使得替代效应达到最小。

第三，赛事运作自身的财务状况。举办的赛事最好能够通过门票、电视转播权及赞助等收入能够达到自给自足，并从中获得利润。此外，还要充分考虑这一赛事是否能够得到政府部门的财政资助。在赛事评估中，一个完整的赛事运作收支预测非常必要。

第四，赛事的申办者具有组织、运作赛事的能力，能够建立一个赛事组织委员会，并招募和培训当地的志愿者。

次要标准包括：

第一，是否与其他相关活动冲突，导致观众、赞助、媒体、志愿者等资源分流。

第二，体育赛事对举办地的媒体传播效应。

第三，赛事提升城市生活质量的能力，具体包括如下几个方面：

a. 赛事在促进举办地领导、赛事组织者及志愿者共同合作的能力；

b. 赛事是否有利于青少年的参与；

c. 赛事是否会对慈善机构进行捐赠或友好访问；

d. 赛事是否会有教育的元素，如运动员走进校园、进行相关专题的论坛等[41]。

澳大利亚的 EventsCorp 公司认为，赛事公司投资和选择赛事的标准主要包括两个方面：第一是体育赛事对举办地的经济影响；第二是体育赛事对城市的宣

传价值。这里需要说明的是，EventsCorp 公司是澳大利亚政府为了发展该国节事产业而成立的公司，因此，选择赛事时一般是从政府角度出发，并不是从纯粹的企业角度考虑的。

Juneyong Park 系统研究了赛事组委会对举办城市选择标准，他认为，在举办城市选择过程中应包括 3 个层次的分析：一是定量分析（Quantitative Analysis），主要包括对城市特征的分析（地理、经济和人口）以及对赛事市场状况的分析（球迷基础、观众和赛事设施）；二是潜在收益的分析，包括财务上的潜在收益、社会文化的潜在收益以及旅游业的潜在收益 3 方面；三是政治现实。此外，该文还结合 1994 年美国世界杯的举办城市选择问题对第一个层次的大部分因素进行了深入研究[42]。

Jack Carlsen、Donald Getz 等人对体育赛事事前评估涉及的内容进行了研究，这是目前关于体育赛事事前评估框架研究最为深入的一篇文章。该文运用德尔斐法，通过 3 个轮次的访谈和问卷调查全球体育赛事管理领域的 55 位专家，对 24 个可能在体育赛事事前评估中涉及的因素进行了仔细分析，24 个因素为：政府的潜在风险、成功举办的可能性、现有场馆的兼容性、现有场馆的能力、现有场馆的合适性、体育赛事举办的时间、所需要的财政援助、体育赛事的成长性、地方政府的支持程度、体育赛事的运作能力、举办地居民潜在的利益、对举办地声望的提升能力、潜在的社会效益、对体育发展的益处、潜在的环境影响、外地旅游者人数、潜在的经济影响、潜在的就业影响、与城市品牌和精神的吻合度、潜在的赞助商、潜在的媒体影响、对城市基础设施建设的推动、对其他赛事活动的潜在关联、是否在本地区定期举办。研究结果表明：体育赛事事前评估必须考虑的因素有：政府的潜在风险、成功举办的可能性、现有场馆的兼容性、体育赛事的运作能力、潜在的社会效益、潜在的环境影响、外地旅游者人数、与城市品牌和精神的吻合度等。因重要性程度不高而可以不考虑的因素包括：现有场馆的能力、体育赛事举办的时间、提高举办地的声望、对体育发展的益处、对城市基础设施建设的推动、与其他体育赛事的关联度、是否在本地区定期举办[43] 247-257。

通过综述发现，虽然国内外学者和实务界都很重视对体育赛事事前评估的研究，但到目前为止还没有一套体育赛事事前评估的框架体系，以上相关研究还不够系统、全面，还没有从项目评估理论出发构建体育赛事事前评估框架体系，因此，在本书的研究中，课题组将以现有的研究为基础，力求以项目评估理论为指导，构建一套较为全面、完整的体育赛事事前评估框架体系。

（二）体育赛事项目单项评估

从国内外现有资料看，在体育赛事项目单项评估中，对经济影响评估的研究

最多，对其他方面评估的研究也有所涉及，但非常之少，因此，本书作者从体育赛事经济影响评估和体育赛事其他方面评估两个角度进行综述。

1. 体育赛事经济影响评估

从 20 世纪 80 年代起，国外就有学者对体育赛事经济影响的评估进行了研究，随后，在 Hall、Getz、Carlsen 等人的共同努力下，这一研究逐渐深入。目前体育赛事的经济影响评估已经形成一套相对成熟的理论体系，而且这一理论体系已经在加拿大、英国等发达国家实际运用，并成为政府申办和资助体育赛事之前必须做的重要工作之一。

从现有的相关成果看，体育赛事经济影响的研究主要集中在以下两个方面：

第一，怎样准确合理地搜集到由于体育赛事而给举办地带来的新的资金流入。为了保证体育赛事经济影响评估的质量，准确地搜集体育赛事给举办地带来的新的资金流入非常重要。如果在这一环节存在较大误差，这一误差将会在对“二次影响”评估中进一步扩大。国外学者对这一方面的研究非常重视，其研究涉及搜集信息的渠道与方法问题、挤出效应和替代效应的处理问题等。

Ruiz 指出，在对体育赛事经济影响评估时，不仅要收集旅游者消费额、旅游目的以及在举办地停留的时间等信息，而且还需要收集举办地的商业部门的相关信息，这些都需要通过在比赛期间对观众和商业部门的随机抽样调查获得，因此，抽样调查的样本一定要具有代表性[43] 247–257。

Dennis R.Howard & John L.Crompton 提出了保证经济影响研究正确性的 5 个基本原则：第一，不能包括外地观众；第二，不能包括改期来访者和暂居人员；第三，衡量经济影响的指标是收入而不是销售额；第四，用乘数系数概念而不是乘数概念；第五，解释就业指标时要谨慎。他们认为，经济影响研究的失真一般都表现在对这 5 条基本原则中的一条或几条的误用上[44] 113–114。

Dwyer & Forsyth 明确指出，目前许多政府部门所采取的体育赛事经济影响评估方法存在 3 个主要缺点：第一，由于评估技术存在偏差，事件的经济影响被过高估计了，这导致了那些并不能给地方经济和就业带来预期效应的活动仍然得以举办；第二，不能把事件对经济产出和就业的影响与事件的净收益区别开；第三，因为一个地区的收益往往以对其他地区的负面影响为代价，所以那些并不能给全国经济带来净收益的活动也可能得到支持[45]。

第二，利用什么评估模型对体育赛事经济影响进行评估。由于不同国家和地区经济结构不同，体育赛事带来的新的资金流到赛事举办地之后产生的经济影响也不尽相同，不同的评估模型会得到不同的评估结果。因此，评估模型的应用很关键。

Hotchkiss 等人采用标准的 DD（Differences-in-Differences，差分中的差分）

分析技术以及经修正的DD分析技术分析了1996年亚特兰大奥运会对于佐治亚州就业率和工资水平的影响。分析结果表明，1996年夏季奥运会使得在比赛期间以及赛后一段时间，佐治亚州的赛区以及临近赛区的总体就业水平比非赛区高17%，而且北部人口密集赛区的就业水平要比南部类似地区高出11%，这显示出奥运会对于比赛地区就业的促进作用并不是简单地因为它是大都市的缘故。另外，通过随机增长评估模型证实，奥运会前后赛区和非赛区在就业方面的差异并不是由于这两类地区之间的系统差异造成的，即奥运会对于赛区的就业水平具有明显的促进作用；采用经修正的DD分析技术计算显示，奥运会对于主办地区就业率的增长也有促进作用，举办1996年夏季奥运会使得佐治亚州的赛区同非赛区相比，就业率每季度要增加0.2%左右。但是采用DD分析技术就奥运会对于佐治亚州工资水平的影响所作的分析则没有明确的结论，原因在于得出的分析结果通不过随机增长评估模型的检验[46]。

Kurscheidt总结了历届足球世界杯的经济表现，并利用成本—收益法对2006德国足球世界杯的经济效益进行了深入分析。研究结果表明，尽管从足球世界杯的发展历史来看，德国足球世界杯的经济收入呈现出令人乐观的趋势，但仍然要比活动组织者所预想的收入水平低很多[47]。

投入产出模型作为一种常用的多部门整体经济分析模型也被应用到了体育赛事的经济影响分析。在美国就有学者以美国商务部的地区投入产出模型系统RIMS（Regional Input-Output Modeling System）作为分析工具来定量分析在美国举办奥运会对于主办地区的经济影响。如Humphreys & Plummer分析了1996年亚特兰大奥运会对于佐治亚州的经济影响，他们将奥运会的经济影响分为短期影响和长期效益。短期影响指1991—1997年间由于奥运会所导致的大量新增资金的注入给佐治亚州所带来的经济影响；长期效益则包括所建造的世界级设施、由于媒体的大量宣传所带来的亚特兰大市和佐治亚州影响力的提升，以及包括创造就业机会和促进文化、教育项目等在内的社会效益。在对短期经济影响的分析中，他们利用已有数据并结合RIMS分析了奥运会对佐治亚州的直接、间接、连锁和总的经济影响。分析结果显示，举办1996年夏季奥运会将使佐治亚州增加19亿美元的经济收入，新增7.7万个全职和兼职的就业机会，并使佐治亚州的政府部门增加1.76亿美元的税收。而Ference Weicker & Company[48]就2012夏季奥运会如果在纽约召开将对该地区产生何种经济影响作了预测。该研究将奥运会的经济影响分为奥运会前的影响（2005—2011）、奥运会期间的影响（2012）以及奥运会后的影响（2013—2022），并将分析集中在如下几类影响：组委会为筹办奥运会的投资及各项开支、到纽约参加或参观奥运会者的花费、间接的和诱发的影响——“乘数效应”、诱发的旅游、诱发的对商品和服务的消费、其他业余

体育运动的影响、诱发的投资、对生产力的影响以及对临近地区发展的影响。该研究采用 RIMS 分析了 2012 年奥运会对纽约地区的间接和诱发影响即“乘数效应”。分析结果显示，2012 年奥运会将大大促进纽约市以及新泽西地区的总产出、工资和就业水平，2012 年奥运会对于就业的促进作用主要在于奥运会期间，虽然它对奥运会前后的就业水平也有一定的促进作用，但相比奥运会期间要少很多[49]。InterVISTAS 咨询公司在《2010 年冬奥会的经济影响分析报告》中，也利用投入产出模型对 2010 年的直接、间接和引致影响进行了预测，并对投入产出模型的局限性进行了说明[50]。

Patrick Rishe 运用 IMPLAN 模型对 2005 年全美大学生体育协会男子篮球锦标赛四分之一决赛对圣路易斯地区的经济影响进行了评估。结果显示，该赛事对举办地 GDP 的贡献为 4120 万美元，对居民收入的影响为 2645 万美元，对政府收入的影响为 483 万美元[51]。同样，Bernthal & Regan 也运用该模型对 2004 年 NASCAR 的各种赛事的经济影响进行了评估。结果指出，两个 NASCAR 周末（包括 7 个分赛事）对南卡罗莱纳州达灵顿地区的经济影响为 46,220,057 美元，其中 29,672,352 美元是直接经济影响，16,547,705 美元是间接影响[52]。

加拿大体育旅游联盟在 2003 年采用体育旅游经济影响评估模型（Sport Tourism Economic Assessment Model）对 2002 年“万事达”加拿大世界滑冰比赛的经济影响进行了评估，结果显示，该赛事为举办地带来了巨大的经济效益[53]。此外，该联盟还在 2003 年采用 STEAM 模型对 2003 加拿大冬季运动会的经济影响进行了评估，结果显示，2003 年加拿大冬季运动会对巴瑟斯特—坎贝尔地区产生了巨大的经济影响，运营支出和游客消费合计为 38,700,000 美元，这使该省总计产生了 70,400,000 美元收益，其中 57,600,000 美元发生在巴瑟斯特—坎贝尔地区[54]。

虽然投入产出模型在当今的体育赛事经济影响评估中成为主流，但也有学者对这一模型提出了一些不同的看法。Dwyer & Forsyth 明确指出，利用投入产出模型进行体育赛事经济影响分析的缺点有：第一，因为忽略赛事的消极作用和资源约束，投入产出模型夸大了体育赛事对举办地内外部的影响；第二，投入产出模型忽视了非旅游行业的反馈效应；第三，投入产出模型不能为政策制定者提供正确的依据。他们认为，可计算一般 CGE（Computable General Equilibrium Model，均衡模型）更适用于对体育赛事经济影响进行评估。因此，Dwyer、Forsyth、Spurt 等人利用 CEG 模型对一个赛事案例的经济影响进行了估算，然后将其与利用传统的投入—产出分析方法得到的评估值进行比较，进而得出了明确的结论：由于具有更强的综合性，CGE 模型在重大事件影响的评估方面有更广阔的使用空间[55]。澳大利亚的 Madden 等人利用澳大利亚 Monash 大学开发的多区

域 CGE 模型分析了悉尼奥运会的经济影响。

在该研究中，奥运会被分为 3 个阶段：奥运会前的筹备与建设阶段（1994/1995—1999/2000）、奥运会年（2000/2001）和后奥运会阶段（2001/2002—2005/2006），并将悉尼奥运会的经济影响分为 3 类：奥运会场馆和基础设施建设以及国际旅游人数增加所带来的直接经济影响、对新南威尔士州和澳大利亚继发的经济影响以及更广泛的经济影响。研究所采用的模型是一个包含新南威尔士州以及澳大利亚的两区域 CGE 模型，模型以悉尼奥运会的直接经济影响作为模型的输入，然后由模型计算得出悉尼奥运会的其他经济影响。该模型通过对一些在评估奥运会的经济影响时具有重要影响的因素（包括直接的经济影响、劳动力市场的条件、联邦政府的宏观经济政策、奥运会财政来源、奥运会对生产力的影响以及奥运会在增加对澳大利亚产品需求方面的影响）采取不同的假设而设定了 3 种情景，即中心情景、弹性供给情景以及受限供给情景，并采取比较静态分析的方法分析了在不同情景下悉尼奥运会对经济的整体影响，对总投资、出口、消费者价格指数的影响，以及对各产业部门的影响。分析结果显示：在中心情景下，奥运会的影响主要集中在 12 年中的前 7 年（即奥运会前的筹备与建设阶段和奥运会年），而后奥运会阶段尽管假设有由于奥运会导致的显著的旅游人数增加，以及制造业产品出口和由于奥运会导致的劳动生产率的轻微提高，然而奥运会带来的经济影响并不是十分显著，早期阶段收益更显著的主要原因简单来说在于前奥运会的筹备与建设阶段在增加就业方面更为成功。

分析同时指出：悉尼奥运会的经济利益不是自然而然地产生的，需要澳大利亚政府和新南威尔士州政府以及工商界作出努力。该项研究以 CGE 模型的分析为基础提出了如下一些有益的政策建议：第一，必须解决奥运会带来的成本压力，包括有关产业的投资建设及劳动力市场等，以达到产出和就业水平的最大化；第二，为了使奥运会带来尽可能长远的收益，应充分利用奥运会带来的改进技术和提高人力资本的机会；第三，劳动力市场的流动性越大，则奥运会可能带来的收益越大；第四，充分利用国外投资，这将带来可观的回报，因为奥运会使国外消费者对澳大利亚产品产生偏好；第五，针对奥运会进行的国内投资可以为部分经济部门带来收益，但从全局看，由于导致了在其他一些部门的投资减少，所以总体而言收益不大；第六，商业运作的周期也将影响到奥运会经济的收益大小，尤其是在举办奥运会的当年，如果恰逢周期的峰值，则奥运会的收益较小；第七，政府可以采取一些预防性措施使某些特殊的产业部门避免受到压力，而让资本市场来决定其投资运作的风险；第八，如果从与奥运会相关的出口项目中获得的收益越多，包括电视转播、图片、海外主办等，则净经济利益越大；第九，使奥运会对海外游客的门票、纪念品收入达到最大；第十，如果使奥运会在国内

居民中的门票收入达到最大，则将使新南威尔士政府的财政投资降到最小，从而可以使奥运会对其他部门的投资的制约最小；第十一，在奥运会结束后对有关设施的利用程度越高，则其回报越大，经济效益越大[56]。

国内也已有学者对体育赛事的经济影响开展了研究，尤其是对 2008 年北京奥运会的研究，他们主要是针对 2008 年奥运会将对北京经济发展和就业水平产生何种影响作出预测。

顾海兵等人采用 GDP 模型法、消费模型法以及投入产出模型法研究了奥运会直接投资对北京经济的拉动作用。分析结果显示奥运会直接投资将对北京市经济产生巨大的拉动作用：奥运会直接投资将拉动北京市 GDP 总增长 1783 亿元、财政收入总增长 410 亿元、就业总增长 143 万个，人均 GDP 总增长 12898 元。奥运会直接投资拉动北京市 GDP 的环比增长率情况是：2003 年和 2004 年的北京市 GDP 分别多增加近 4 和 4.5 个百分点，2005 年多增加近 6 个百分点，2006 年和 2007 年分别多增加 5.3 和 4.3 个百分点，2008 年多增加 9.2 个百分点，2009 年多增加 2.2 个百分点。在这 7 年间，奥运会直接投资平均每年拉动北京市GDP 增长 5%，财政收入增长 7%，就业增长 0.87%，人均 GDP 增长 5%。这一拉动作用主要集中在 2005—2008 年，在 2008 年最大[57]。

魏小真等人运用投入产出模型法分析了奥运会发展规划对北京市经济发展的影响，结果显示：奥运会将使北京市国民经济出现“三个速度”加快，即经济发展速度加快、实现人均 GDP6000 美元目标的速度加快，以及第三产业比重提升的速度加快；同时奥运会将影响北京市的经济结构，促进产业升级。该项研究以投入–产出模型的分析为基础，提出了如下建议：第一，正确区分奥运会总投资与奥运会投资对北京总体经济的影响；第二，正确处理举办奥运会辐射全国与影响北京的关系；第三，正确处理人口增长与经济增长的关系；第四，正确处理经济全面发展与重点行业优先发展的关系[58]。

黄荣清等人利用投入产出模型分析了奥运会对北京市就业水平的影响。分析结果显示：2003—2008 年的 6 年间，场馆及相关设施建设、运行费用筹资以及旅游所产生的劳动力需求共计 88.3 万人，每年新增劳动力需求为 14.71 万人。对就业拉动最大的年份是奥运会举办当年，即 2008 年，估计可增加 23 万个工作岗位[59]。

廖明球等人结合具体分析和应用的需要，设计了一套较为全面、完整的北京奥运会经济投入产出模型。该模型的设计从能研究奥运会经济对北京乃至全国国民今年国际的整体影响、能把奥运会经济作为区域经济和部门经济的结合点、能突出北京奥运会的主题与特色、能具体分析北京奥运会对北京及全国经济的拉动力和推动力 4 个方面，采用了将地区模型与部门模型有机结合，将经济模型与资

源、环境模型有机结合，将北京模型与全国模型有机结合，将投入产出模型和其他模型有机结合的方法，最终设计了一套包括经济模块、资源模块和环境模块的北京奥运会经济投入产出模型（图 2–1）[60] 67–69。

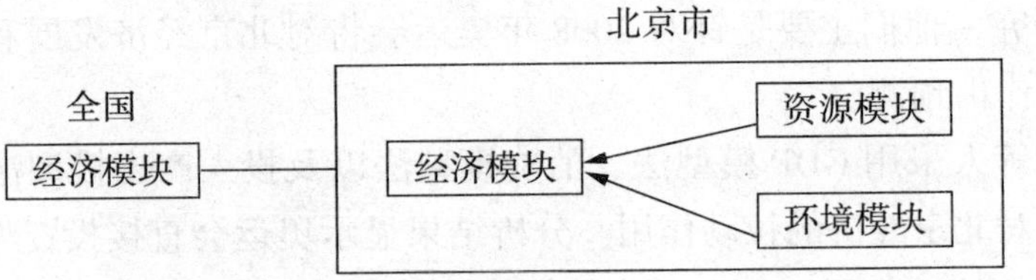

图 2–1　北京奥运会经济投入产出模型框图

庞军利用可计算的一般均衡模型对 2008 年奥运会投资对北京市的经济影响进行了研究，结果显示：奥运会投资将对北京市的经济发展起到积极作用，2002—2007 年，奥运会直接投资将拉动北京市实际 GDP 平均每年增加约 2.6 个百分点，奥运会总投资则将拉动北京市实际 GDP 平均每年增加约 5.5 个百分点；奥运会投资会增加北京市的就业岗位，2002—2007 年奥运会直接投资将导致北京市新增就业岗位 1,267,055 个，奥运总投资将导致北京市新增就业岗位 2,825,336 个，两者对北京市就业岗位增加的促进作用均在 2006 年达到最大，分别增加277,451 个和 629,970 个 [61] 25–74。

当然，也有学者对体育赛事经济影响评估的客观性存在疑虑，如 Matheson、Baade 和 Dunnavant 等人。他们认为，赛事组织者为了说服政府未来继续资助赛事，必然会夸大赛事产生的经济影响。而现实情况是，国外现有的很多关于体育赛事经济影响评估的研究，其目的并非为了全面评估赛事真实的经济影响，而是用一些赛事经济影响的数据证明政府资助该赛事的合理性。他们认为，通常体育赛事经济影响评估研究是由相对中立的第三方完成的，因为如果由赛事组织方组织这一研究，则在评估过程中很有可能带有偏见，其结果也就势必会引起外界的怀疑。但是，由于赛事的评估费用一般是由赛事组织方支付的，故实施评估的第三方也很难做到中立，他们也会通过各种办法尽量取得赛事组织者所期望的结果。毫无疑问，赛事组织者期望的结果就是赛事能够给举办地带来巨大的经济影响。他们还指出，体育赛事经济影响评估目前还是一个非常不精确的科学，他们声称，如果 5 个不同的机构对同一赛事的经济影响进行评估，那么肯定会得出五种不同的结果。产生这种状况的原因是：第一，体育赛事经济影响评估研究可以建立在不同的假设前提下，假设前提不同，结果肯定不同；第二，对体育赛事经济影响概念的理解也存在差异，这直接导致评估工作的程序不同，致使最终结果不同；第三，一些研究故意利用不合理的评估手段和方法，从而获得比真实数值

大的结果[62]。

总而言之，有关体育赛事经济影响评估的文章很多，内容涉及赛事经济影响评估的各个方面。从以上这些文献中可以看出，体育赛事经济影响评估研究是一个非常复杂的领域，目前尚未形成一套较为统一的体系，许多领域和问题值得进一步深入探讨。

2. 体育赛事其他方面的评估

体育赛事其他方面的评估包括的范围很广，如社会影响、环境影响等。但相对于体育赛事的经济影响评估研究，体育赛事其他方面评估的研究就更不成熟，研究的成果也很少。

Essex & Chalkley 对夏季奥运会和冬季奥运会的研究，从奥运会历史的视角，着重研究了奥运会对城市变迁、城市发展和区域政策及国际地位等方面的影响。研究指出，奥运会在体育和城市之间架起了一座桥梁。偌大的现代奥运会产生的经济影响、明确时间界限的政治压力和世界媒体的广泛关注促进了城市的快速发展[63]。

Ritchie & Lyons 对 1988 年加拿大卡尔加里第 15 届冬季奥运会结束后当地居民的反映进行了研究，结果表明，奥运会不仅给当地带来了财政收益，而且给卡尔加里市带来了其他方面的正面影响，如扩大了城市的国际知名度、增加了居民的自豪感[64]。

Ritchie & Smith 为了研究 1988 年加拿大卡尔加里第 15 届冬季奥运会的影响，选择了美国和欧洲的 20 个城市，收集了受访者在 1986—1989 年期间每一年度对加拿大形象、卡尔加里和加拿大其他城市的知晓程度，并进行了时间和空间上的对比。他们的研究表明，奥运会显著提高了卡尔加里市的知名度，对城市形象有着持续的影响[65]。

Mihalik & Simonetta 围绕乔治亚州居民对 1996 年亚特兰大奥运会的感知问题进行了长期跟踪研究。最终得出了中期评估结论：从 1992 年起，乔治亚州居民的支持热情一直很高涨；参与反对活动的居民人数大量减少；相比经济影响而言，居民更加注重无形利益；居民们提出的主要消极影响通过法律等手段逐步得到了解决[66] 52-60。

Kim、Gursoy & Lee 就 2002 年足球世界杯比赛前后对韩国居民认识的影响进行了研究，并得出了非常有趣的结论：在文化交流、自然资源开发和文化发展方面，居民所感知到的实际利益比预期的明显要小；而居民们所担心的一些负面影响，如交通拥挤、污染、物价上涨以及社会问题等，并不像想象中的那么差[67] 86-96。

2001 年，美国犹他州政府组织了大批研究人员对 2002 年盐湖城冬奥会对该

州的经济影响、形象影响及后续发展的影响进行了研究，值得注意的这份研究报告不仅分析了产业影响、就业影响等问题，还首次专门通过问卷调查了大型节事活动对目的地形象识别与形象认知的影响，并作了相关分析[67] 86-96。

May 对 1992 年法国阿尔贝维尔冬奥会对自然环境的影响进行了评估。文章认为：1992 年冬奥会对举办地的自然环境既有积极的影响，如改善了河水的质量、对社区废物进行了处理、种植了大量的植物等，也有一定的消极影响，如破坏了河流和湿地等动物的栖息地、影响了动物季节迁徙的线路、由于修建机场跑道而使森林面积减少等。但 May 也指出，由于体育赛事对举办地自然环境影响的周期较长，而且速率也难以把握，因此要具体衡量上述影响非常困难[68]。

Waitt 运用社会交换理论（Social exchange theory）分析了 2000 年悉尼奥运会对当地居民的社会影响；Deccio 和 Baloglu 也利用该理论研究了非举办地居民对2002 年冬奥会溢出效应的观点，这些可感知效应的前期表现以及随之而来的对奥运会的支持行为，他们发现那些对环境敏感的居民不赞成申办奥运会，而在经济上依赖旅游业或从事户外工作的人总体上讲支持奥运会[66] 52-60。

纵观现有的研究成果，本书作者认为，国外对体育赛事其他方面评估的研究尚处于探索阶段，目前还没有形成一套成熟的理论，在很多问题上还存在争议，如体育赛事社会影响的概念本身就是模糊的，它包含的内容很难界定清楚等。因此，要构建一套全面的体育赛事评估体系任重而道远。

（三）体育赛事事前评估数据的获取

体育赛事事前评估资料和数据的获取是事前评估的基础，从国内外现有的研究看，在进行体育赛事事前评估中所使用的基础数据主要有以下几个途径：第一，使用国家统计局等权威部门公布的数据，如 Juneyong Park 在关于城市特征和市场状况的定量分析中基本上运用了公开的权威数据[42] 14-38；第二，使用申办报告中的数据。很多赛事，如奥运会、足球世界杯等在申办时都有申办报告，报告中有很多赛事相关的数据，历届关于奥运会、世界杯等经济影响的评估，有关组委会的支出都是运用了申办报告的数据。第三，运用统计方法对相关数据进行预测。如历届关于奥运会、世界杯观众人数和消费相关数据都是以前几届赛事事后评估数据为基础进行预测，Larry Dwyer 等人运用以前体育赛事经济影响事后评估的数据建立了数据库，并在此基础上对预测体育赛事经济影响的方法进行了研究[69] 73-82。第四，运用已有的研究成果。在现有的很多研究中，由于无法获取相关数据，不得不用已有研究的相关数据代替，如运用旅游局公布的外国游客的消费数据来替代国外赛事观众的消费数据等。当然，这只是一种不得已的办法。

体育赛事事前评估的数据获取是我国体育赛事事前评估的一个重要瓶颈，目

前于我国赛事发展处于起步阶段，赛事相关的基础数据十分缺乏，因此，这一问题就更为明显。本书的作者在研究过程中充分考虑了这一因素，在设计评估框架和指标时，尽量顾及数据获取的可能性，对于现阶段难以获取，但对赛事事前评估重要的数据，本书是先提出搜集和整理相关数据的方法和途径，为未来赛事事前评估打下基础。

第三章　体育赛事基本理论

本章重点分析体育赛事的一些基本理论问题，包括体育赛事的起源与发展、体育赛事的定义、体育赛事的分类、体育赛事的特征、体育赛事的利益相关者等，为体育赛事事前评估理论体系的建立打下基础。

第一节　体育赛事的起源与发展

体育赛事是随着社会生产力的发展而形成并发展起来的。在漫长的发展过程中，由于受社会、政治和经济发展的影响，体育赛事的内容、形式、功能以及赛事运作方式等方面都在不断地变化。从形式上看，体育赛事最早起源于祭祀活动；到了 1984 年洛杉矶奥运会，尤伯罗斯成功地将商业行为引入奥运会，体育赛事的内涵和形式发生了重大改变；此后，各种形式的体育赛事在世界范围内蓬勃发展，并随着电视转播、信息技术和网络技术的飞速发展而不断创新，对全球经济、社会、文化等各个领域的发展产生了积极影响。

一、体育赛事的起源——祭祀活动

体育赛事伴随着人类的文明进步而不断发展。早在远古时代，人类就已经制定了一些比赛活动的规则。中国在公元前 2700 年时已有徒手武术，埃及、亚述、克里特岛等地也有弓箭、跳远和球类比赛，但这时期的一些活动通常只是宗教仪式的一部分。到了古希腊时代，由于希腊人注重身体健康，一些活动受到重视，甚至成为一种崇高的活动。希腊诗人荷马在公元前 8 世纪的文学作品《伊利亚特》史诗中曾说到，阿奇里斯为了纪念在特洛伊战争中死亡的朋友巴托勒，特别举行了一场体育竞赛，这是有关运动比赛最早的记载[70]121-123。

古代奥运会的产生则是体育赛事起源的一个重要标志。古代奥运会具体起源于何时，传说不一，大多数学者认为起源于公元前 776 年，每四年在夏天召开一次。根据古希腊传说，大约在公元前 8 世纪时，艾立德国的国王赫克力斯为了平

息城邦间的冲突，向女祭司黛芙问卦。女祭司建议他以颂扬宙斯为名，举办运动会，使各城邦和平相处。于是，赫克力斯选择在奥林匹亚这个地方举行了第1届奥林匹克运动会。

古代奥运会的产生与希腊当时社会的政治、经济、文化和宗教有着密切的关系。古希腊人信奉多神教，每逢重大的祭祀节日，各城邦都举行盛大的宗教集会，以唱歌、舞蹈和竞技等方式来表达对诸神的敬意。古希腊认为宙斯是众神之首，所以对他格外崇敬，对他的祭祀也格外隆重，由此促进了奥运会的产生。古希腊人民厌恶连年不断的城邦战争，渴望和平，希望在奥运会举办期间，以神的名义实行休战，以达到减少战争、摆脱灾难的目的。由此可见，体育赛事是在战争背景和祭祀形式中产生的，但它又表达了人民对和平的美好愿望，这种互相矛盾又互相制约的关系，使体育赛事产生并延续下去。

二、体育赛事的萌芽——体育游戏

随着人类社会、经济的发展，很多运动项目不断产生，最初都以体育游戏的形式出现。如现今被称为世界头号体育运动的足球项目，汉代时就在我国盛行，称为“蹴鞠”。当时的蹴鞠有两种形式：一种是娱乐表演性质的花法蹴鞠，踢时不受场地的限制，表演者以自己的技巧踢出各种花样；一种是在军队中开展的，按照一定规则在球场上进行的对抗性游戏。这种游戏可以在宫苑中专门建造的“鞠城”中进行，也可以在野外比较简陋的球场上进行。关于汉代足球比赛是怎样进行的，由于缺乏足够的史料，还有许多疑问。例如比赛的双方各有几个球门、裁判员是一个还是两个、比赛时有多少参赛者上场、球场是什么式样等，人们对这些问题有不同的看法。东汉的李尤曾经写了一首关于足球的诗《鞠城铭》，对足球比赛是这样描述的：“圆鞠方墙，仿象阴阳，法月冲对，二六相当；建长立平，其例有常，不以亲疏，不有阿私，端心平意，莫怨其非，鞠政犹然，况乎执机。”其大意是：蹴鞠球圆而鞠城墙呈方形，是依照自然界天圆地方的阴阳规律而设计的，鞠的两端有月形的球门，两两相对，一边六个；比赛设有裁判员，按照一定的规则公平执法，不因亲疏远近而有所偏袒，大家也就没有什么可埋怨的。李尤的描写使我们大致知道汉代的足球对抗性游戏采用两军对垒的踢法，争夺十分激烈，以攻入对方鞠室中的球数多少决定胜负[71]。再如，风靡全球的篮球项目，是1891年由美国马萨诸塞州斯普林菲尔德市基督教青年会训练学校体育教师詹姆士·奈史密斯博士发明的。当时，由于在寒冷的冬季人们缺乏室内的球类竞赛项目，奈史密斯便从工人和儿童用球向“桃子筐”投准的游戏中得到启发，设计将两只桃篮分别钉在健身房内两端看台的栏杆上，桃篮口水平向上，距

地面 10 英尺，以足球为比赛工具向篮内投掷，入篮得 1 分，按得分多少决定胜负。因为这项游戏最初使用的是桃篮和球，遂取名为“篮球”[72]。

从上面的分析可以很明显地看出，各个运动项目的产生一般都表现为体育游戏的形式。在这个阶段，各个项目的比赛规则还不完善，内容较为简单。但不可否认的是，这一阶段较前一阶段有了很大的进步，在本质上发生了明显的改变，而且这一阶段还为体育赛事的进一步演进和发展打下了坚实基础。

三、体育赛事的传统形式——体育竞赛

由于各个运动项目的游戏性和趣味性较强，有较好的健身作用，所以人们便在游戏的基础上很快充实运动内容，制定了某些限制性规则，并不断改革比赛方式，从而逐步从体育赛事的萌芽阶段——体育游戏，过渡到传统形式——体育竞赛。

体育竞赛与体育游戏的一个最大区别在于，体育竞赛与体育游戏相比，其规则和竞赛方法更加合理，已经成为人们主动安排的按一定规则进行的竞技较量活动。如王嵘海认为：体育竞赛是在规则的统一规定下，采用公平合理的竞赛方法，运用人的体能、智慧及所掌握从事该项运动的技战术能力，按特定的形式进行的比较位移速度的快与慢、投掷物体和跨越距离的远与近、越过高度的高与低、举起重量的大与小，以及在直接对抗或间接对抗的情况下比完成动作质量的优与劣、准确度的精与误、最后得分的多少等竞技活动的过程。”[73]

但是需要指出的是，传统形式的体育赛事一般由参赛活动人群、场地物质条件及比赛组织管理 3 个基本系统所组成[70]53-54它往往只关注运动员、教练员、裁判员等竞赛活动主体，对于体育竞赛所涉及的赛场之外的因素并不太关注。当然，这一点也是有客观原因的。在生产力发展低下、物质与精神生活极端贫乏、人类需要为生存而艰苦斗争的阶段，体育赛事在社会生活中的位置还是微不足道的，对政治、经济、文化所能产生的影响也极为有限。

四、体育赛事的现代形式——特殊事件

自 1984 年美国洛杉矶奥运会开创市场营销赢利纪录以来，商业营销成为体育赛事运作管理极其重要的内容。体育赛事活动的内涵和外延发生了很大变化，原有“运动竞赛”的概念被打破。体育赛事活动再也不是纯粹由运动员、裁判员参与的活动，观众、媒体、赞助商等其他主体纷纷加入到体育赛事活动中。体育赛事已经发展成为集社会、政治、经济、文化等多因素为一体的、复杂的、综合

的特殊活动。体育赛事达到的目的和目标也越来越多样化，对经济、政治、文化、科技等方面的影响力和冲击力也越来越大。由于受到经济的影响和商业利益的驱动，市场营销在体育赛事中的地位和价值也越来越突出。此时，体育赛事已经具备了以下特征：具有潜在的市场前景；共同的组织文化背景引导和联结参与者与观众；规则、习俗和传统影响着活动本身；存在着计划、组织、训练和降低风险等实施行为；提供服务产品，要求有不同水平的管理和参与者，如运作管理者、门票销售管理者、市场营销者、人事管理者、协调管理者、工程师、办公人员、媒体与公关协调员、供应商和零售商等进行团队工作。也正因为体育赛事的上述特征，国外很多学者将其纳入了特殊事件的范畴。

一言以蔽之，体育赛事在现阶段已经发展成为一种提供竞赛产品和相关服务产品的特殊事件，其规模和形式受到竞赛规则、传统习俗等多种因素的制约，具有项目管理特征，组织文化背景和市场潜力，能够迎合不同参与体分享经历的需求，达到多种目的与目标，对举办地的社会和文化、自然和环境、政治和经济、旅游等多个领域发生冲击影响。

第二节　体育赛事的定义

从对体育赛事定义的文献综述中可以看出，目前国内关于体育赛事的定义千差万别，并没有达成共识。因此，本书有必要先对体育赛事的定义进行探讨，以便建立本书研究的前提。

逻辑学中明确提出：给某一概念下定义，就是用简短明确的语句提示概念的内涵，即揭示概念所反映对象的特点或本质的一种逻辑方法，用公式表示就是被定义概念＝邻近属概念＋种差[74]。在此，本书作者运用上述下定义的方法对体育赛事的概念进行分析。

首先需要讨论的是体育赛事的邻近属概念问题。从本质上讲，体育赛事这一词汇来源于西方国家，故从体育赛事所对应的英文词汇探寻其邻近属概念更为恰当。根据相关文献显示，体育赛事对应的英文词汇为“Sports Event”，与其意思相近的词汇还有“Hallmark Event”“Major Event”“Mega-Event”等。这些词汇有一个共同之处，即都包含有“Event”，因此，本书作者初步认为，体育赛事的邻近属概念就是英文词汇“Event”。但是，Leo Kenneth Jago 进一步指出，Event 又可分为“Ordinary Event”和“Special Event”两类[75]682-708。Getz 认为，Special Event 包括“文化庆典、艺术活动、商业庆典、展览会、学术会议、体育赛事以及政治活动”等几种类型[76]4。Graham 等人也认为宗教典礼、传统仪式、

文艺表演、宴会、展览会和体育赛事等都属于“Special Event”的范畴[77]125-137。故本书作者进一步认为，体育赛事概念的属概念中，“Special Event”比“Event”更为邻近。通过上述分析，体育赛事的邻近属概念为“Special Event”，即“特殊活动”。关于特殊活动的定义，国外有很多种，这在综述部分已经详述。但本书作者认为，Leo Kenneth Jago 的定义最为完整，他认为特殊活动是指“一次性的或不经常发生的且具有一定期限的事件。它不仅可以吸引更多的旅游者到事件举办地，并提供给他们一种超越日常生活的休闲或社交的机会，还能够增强外来游客对举办城市或社区的认知度，提高举办城市或社区的品牌及形象。”同时，他还指出特殊活动的 6 大特征：吸引外地游客并推动举办地旅游业发展；具有一定的期限；一次性或不经常发生；提升举办地知名度，改善城市形象；对举办地社会经济产生影响；提供一次休闲和社交的机会[75]682-708。

在解决了邻近属概念之后，下一步需要探讨的是种差问题。所谓体育赛事概念的种差，就是体育赛事与其他同属于特殊活动范畴事物的区别。那么体育赛事与节日、政治活动、文化活动等其他特殊活动的差别到底在哪里？本书作者认为，体育赛事区别于其他特殊活动的最本质之处在于“它是以体育竞技为主题”，这一观点在李南筑的《体育赛事经济学》中也有体现[27]22-26；肖林鹏、叶庆晖也同样认为“体育赛事的核心为竞技活动”[70]53-54。故本书作者最终认为体育赛事概念的种差为“以体育竞技为主题”。

通过上面对体育赛事概念的邻近属概念和种差的分析，本书作者最终认为，体育赛事是指：以体育竞技为主题，一次性或不经常发生，且具有一定期限的活动，它不仅能够推动举办地旅游业的发展、提升举办地知名度、改善城市形象，还能够对举办地的经济、社会、环境等诸多领域产生影响。从上述定义可以看出，对于举办地来说，一项体育赛事只是一个不经常发生的活动，延续的时间很短。但由于举办一项体育赛事通常要动用举办地的众多资源，且在赛事举办期间会有大量的媒体和观众云集，因此，它将对举办城市的各个方面产生一定的冲击和影响。

第三节 体育赛事的分类

法国著名思想家 E.迪尔凯姆指出：“所谓分类是在开始研究时，用科学的方法从众多不确定的个体中抽出一部分确定的个体，作为类型的标准，然后对这些确定的标准进行观察，而不必对各个个体进行全部考查。”“分类的效用是为研究事物提供一个标准，作为观察其他事物的基础，使研究能够有条不紊地

进行"[78]。国内学者程乃胜进一步指出："类型学研究范式是对某一对象进行分类的有效工具，它对研究对象的分类具有某种主观性，并无统一的标准，不同的研究者根据自己对研究对象的把握可能有不同的分类标准。"[79]

本书对体育赛事进行分类是为了提供一个进一步认识体育赛事的框架，作者已经在文献综述部分对当前体育赛事的分类进行过分析，现有的文献已经较为详细。在此，主要是根据本书后续研究的需要进一步对体育赛事的分类问题进行探讨。

一、按体育赛事规模划分

规模是对体育赛事进行分类的重要维度。Mules & Faulkner 甚至提出"体育赛事的规模是区分不同赛事的最为重要的指标。"[80] 从规模角度看，一项体育赛事可以小到某一组织或机构的内部比赛，大到奥运会、足球世界杯等国际性体育盛会。从理论上讲，规模是一个连续性的参数，它可以分为无数个级别。但从实际来看，从规模维度上对体育赛事进行划分的难度很大，目前一般分为两类：一是大型体育赛事（Major Events），包括超大型体育赛事（Mega-Events）和标志性体育赛事（Hallmark Events）；二是规模相对较小的体育赛事（Minor Events），即除了第一类之外的其他赛事。

目前从国内外的研究看，绝大部分研究都关注于规模较大型的体育赛事，即关于"Hallmark Events"以及"Mega-Events"的研究，如 Ritchie、Hall、Mules、Roche、Witt 等人。当然也有一些学者则重点关注对一些小型体育赛事的研究，如 Getz 等人。由于本书从规模角度上只将体育赛事分为两类，在逻辑关系上处于互补关系，因此，在此只需探讨大型体育赛事（Major Events）的问题，即探讨"Mega-Events"和"Hallmark Events"两者的定义和区别即可。

（一）关于"Mega-Events"的界定问题

"Mega-Events"的认定一直受到国外学者的关注。总结起来，他们主要从两个角度对其进行探讨：一是从量化指标的角度认定"Mega-Events"。这一类文献相对较少，而且也没有达成共识。如 Travis & Croize 认为，可以从参与者的人数来定义"Mega-Events"，他们指出，当参与者的人数超过 50 万以上，那么这一体育赛事就可以称为"Mega-Events"[81]。再如 Marris 认为，可以从 3 个方面对"Mega-Events"进行界定：到访游客的规模——至少吸引 100 万到访者，货币度量——资本投入至少相当于 5 亿加拿大元、7.5 亿德国马克或 25 亿法郎，心理因素——是必看的节事[82]。另外，Spilling 的定义也有一些量化的指标，他认为

"Mega-Events"是指："能够吸引超过10万以上的人群，并需要较大投资，且为相关服务创造大量需求的事件"[83]。二是从"Mega-Events"所具有的特征角度认定"Mega-Events"。这类文献非常之多，如Rooney认为体育的"Mega-Events"应具有6大特征：具有一定的传统、具有复杂深刻的历史意义、具有神秘性或有神话般的成分在内、得益于世界各国媒体的高度关注、通常有其他文化或展览活动的补充、通常在具有某种意义的特定地方举行。同时他还指出，"Mega-Events"给举办地带来的一个重要结果就是——它可以吸引一大批非本地观众前来赛事举办地旅游，而且赛事的规模越大，对非本地观众的吸引力就越强[84]。Hall认为"Mega-Events"是指那些将目标明确指向国际旅游市场的节事。这些节事因其庞大的参加者规模、目标市场的规模、财政支出的数量、政治影响力、电视转播的范围、建成的设施规模以及对举办地的经济和社会影响而称为"Mega-Events"[85]。Getz也对"Mega-Events"作了如下定义，即"Mega-Events"是有计划的持续一段时间的事件，它对举办地在以下一个或多个方面有重大的影响：旅游者的数量；旅客的开销；知名度的提高和正面形象的树立；相关基础设施和组织部门的发展，从而充分提高目的地的承载力和吸引力[77]125-137。Getz和Hall的共同之处都是将节事的影响作为度量"Mega-Events"的一个重要指标，不同之处在于Hall是从节事对举办地的整体经济、社会、政治的影响来衡量，而Getz则更多地考虑了节事对举办地旅游业的影响。

总的来说，目前关于"Mega-Events"还没有一个标准的定义，在衡量指标的确定方面还存在分歧，在指标的量化方面也存在困难。但本书在归纳和分析前人关于"Mega-Events"定义的基础上初步认为，"Mega-Events"应该具有两个方面的特征：一方面，它是一个国际性的盛事，这一特征与Hall的定义不谋而合；另一方面，某一"Mega-Events"在一定时期内对于举办地来说是一次性的，如奥运会、足球世界杯等。

(二) 关于"Hallmark Events"的界定问题

"Hallmark Events"的界定与"Mega-Events"的界定问题一样，也受到了很多学者的高度关注。目前，人们使用最多的是Ritchie的定义，即"Hallmark Events"是指"一个大型的、具有一定期限的事件，这一事件可以是一次性的，也可以是重复举办的。它的举办可以在短期或更长一个时期内扩大举办地的知名度，并对举办地的旅游业产生积极影响。"[86] 这一定义中最主要的一个问题就是"大型"这一词汇显得过于宽泛，导致了很多学者对此产生不同的理解。从Ritchie相关文章中得知，定义中的"大型"主要是指"赛事的举办能够达到吸引全国甚至国际关注的程度"。但遗憾的是，在他的定义中，并没有对大型这一宽

泛的词汇作出进一步的解释。1991 年，Ritche & Smith 又对“Hallmark Events”概念进行了进一步阐述，即“Hallmark Events”是指那些规模较大、等级较高，并对赛事举办地产生重大影响的体育赛事[87]。Hall 基本接受了 Ritchie 的上述定义，他同时还指出“Hallmark Events”应该对举办地的经济、社会文化及相关产业产生较大影响[88]3-19。

上面的分析也许会使大家产生一种错觉，认为当前学者对于“Hallmark Events”的定义并没有太大争议，其实并非如此。早在 1987 年，Ritchie & Yangzhou 就作了一个尝试，将这两个概念结合起来，给出了一个总的定义。这一定义与 1984 年 Ritchie 的“Hallmark Events”的定义非常相似，它只是在此基础上加上了“这些赛事的成功主要是依靠其独特性、级别等因素，从而创造精彩的比赛并吸引更多的观众和媒体的关注”[89]。1990 年，Ritchie 进而声称，将“Hallmark Events”与“Mega-Events”的概念统一起来将是一件很有意义的事情。他认为，尽管“Hallmark Events”与“Mega-Events”存在着些许差异，但这种差异是很微小的，并无本质上的差别[90]。可是，Ritchie 并没有解释为什么将两者的概念统一起来是一件很有意义的事情。与上述观点相反的是，Kang & Perdue 坚持认为“Hallmark Events”与“Mega-Events”在规模上存在一定的区别，“Hallmark Events”比“Mega-Events”的规模要小[91]；Shultis，Johnston & Twynam 也认为“Hallmark Events”与“Mega-Events”这两个词汇存在一定的区别[92]。Getz 也坚持这两个概念不能相提并论，他认为“Hallmark Events”与举办地的关系更为密切，它是举办地的一个标志性事件[93]。Mount & Leroux 与 Getz 的观点不谋而合，他们认为“Hallmark Events”更加强调赛事与城市的关系，往往是某一城市会以一个“Hallmark Events”而得以出名；而“Mega-Events”则更加强调它的规模之大，并且在一段时期内对举办地来说是一次性的，例如奥运会等[94]。

从以上关于“Hallmark Events”的分析，本书作者认为，“Hallmark Events”应具备以下 4 个特征：第一，不经常发生；第二，在同一地点举办；第三，规模相对较大；第四，赛事已经成为举办地的名片。基于这 4 个特征，本书认为“Hallmark Events”的定义为：与某一特定地点紧密相连、举办频率较低且已成为举办地的重要标志的大型体育赛事。

最后需要强调的是，尽管“Hallmark Events”和“Mega-Events”都是指规模大的体育赛事，但“Hallmark Events”的“大”只是一种相对的“大”，很多区域性的比赛也可能成为“Hallmark Events”；而“Mega-Events”的“大”却是一种绝对的“大”，它就指奥运会、足球世界杯等国际性重大赛事。

二、按体育赛事影响范围划分

所谓体育赛事影响范围，是指体育赛事对赞助商、观众、媒体等利益相关群体的号召力大小。1991 年 Getz 根据体育赛事对观众的吸引力及吸引赞助的能力将体育赛事分为 4 个级别，即超大型体育赛事（Mega–Events）、地区级体育赛事（Regional Events）、地方级体育赛事（Local Events）和巡回体育赛事（Touring Events）。在这种分类中，地区级体育赛事的赞助商主要来自于举办地区，而超大型体育赛事的赞助商则主要来自于赛事举办地之外的国内其他地区甚至国外。而对于巡回体育赛事（Touring event）来说，获得赞助的机会很少，一般是哪里能够为赛事拉到赞助就在哪里举办，赛事组织者通常是确定了赛事赞助商之后才决定是否举办[95]。Hall 从赛事影响范围的视角对体育赛事进行了划分，他根据体育赛事的目标市场不同将其依次分为国际级、国家级、地区级和地方级的体育赛事[88]3–19。荷兰旅游局也根据相同的分类原则，将体育赛事分为地方级体育赛事、小型的地区级体育赛事、较为重要的地区级体育赛事、全国性体育赛事和国际性体育赛事 5 个类别[96]。

体育赛事的影响范围与赛事规模有一定的关联度，往往是一个体育赛事的规模越大，其影响范围就越广，但这两个概念并不是完全等同的关系。赛事规模强调的是体育赛事相关指标的量，而赛事影响范围则强调的是体育赛事对相关群体的吸引力。

三、其他视角的体育赛事分类

除了上述两种分类方法之外，根据本书研究的需要，我们还可以从特定的视角，根据一定的分类原则，对体育赛事进行划分：

（一）根据体育赛事包含的运动项目数量来划分

可以分为综合性体育赛事和单项体育赛事。其中综合性体育赛事包含多个运动项目；单项体育赛事只包含一个运动项目。单项体育赛事又可根据运动项目的具体类别划分为足球赛事、篮球赛事、网球赛事、田径赛事等。从组织和运作赛事的角度讲，一般情况下，同等级别的综合性体育赛事比单项体育赛事更为复杂，筹备期更长，对场馆设施的要求更高，对举办地的影响更大。

（二）根据体育赛事举办的地点划分

可以分为室内赛事和室外赛事。室内赛事一般是在体育馆内举行，如羽毛球赛事、乒乓球赛事等。室外赛事的情况则较为复杂，有的是在露天体育场内举行，如足球赛事、田径赛事、汽车赛事等；有的是借助于自然环境或公路等基础设施而举行，如滑雪、帆船、帆板、马拉松等运动项目的赛事。通常而言，气候等因素对室内赛事的影响较小，而对室外赛事的影响很大。此外，室外赛事对环境的影响也比室内赛事的影响大。

（三）根据体育赛事持续的时间划分

可以将体育赛事分为为期 1 天的赛事、为期 2～3 天的赛事以及为期 3 天以上的赛事。在其他条件相同的情况下，体育赛事持续的时间与赛事给举办地带来的新的资金流入成正相关关系，赛事持续的时间越长，给举办地带来的资金流入就越多，对城市的经济影响就越大。尤其是为期 1 天的体育赛事与为期 2～3 天的体育赛事的区别就更大，其主要原因是，对于为期 1 天的体育赛事来说，吸引外地观众观看比赛并在举办地留宿的几率与为期 2～3 天的体育赛事相比要小得多。因此，拉长赛事持续的时间是扩大体育赛事对举办地经济影响的一个有效措施。

（四）根据获得体育赛事举办权的方式划分

可以分为购置举办权的体育赛事、通过申办竞争获取举办权的体育赛事、由赛事所有权方委托举办的体育赛事以及赛事组织者自我创立的体育赛事 4 个类别。由于前两种类别的体育赛事在获取赛事举办权之前需要有巨大的投入，赛事组织者一般都需要经过精心的筹备和论证，才能决定是否需要为获取该类赛事的举办权而进行前期投入。

（五）根据在赛事筹备阶段是否需要进行体育场馆和基础设施建设划分

可以分为需要进行大规模场馆和基础设施建设的体育赛事和基本无须进行大规模场馆和基础设施建设的体育赛事。例如奥运会、足球世界杯等大型体育赛事通常都需要投入巨额资金用于体育场馆和城市基础设施建设，这类体育赛事往往可能是双刃剑：一方面，举办城市可能会通过巨额投资的基础设施建设推动举办地的经济、社会等方面的发展，从而达到城市再造的目标；另一方面，巨额的投资也可能会带来巨大的财务风险，而且赛事结束后的体育场馆利用问题可能会成为举办城市的一大难题。而对于基本无须进行大规模场馆和基础设施建设的体育

赛事来说，赛事的运营成本和风险相对较小，但赛事结束后留给举办地的遗产一般比前一种类型的要少。在本书的研究中，对体育赛事综合影响的评估不包括对体育赛事兴建场馆和基础设施给举办地所带来影响的评估，原因主要是体育场馆的建设与体育赛事项目运作本身性质有很大差异，而且体育场馆和基础设施建设的投资巨大，通常情况下都需要单独进行工程项目评估。

（六）根据体育赛事参与主体的不同进行划分

可以分为观众型体育赛事和运动员型体育赛事。其中观众型体育赛事是指以观众为主体的体育赛事，如世界杯足球赛、环法自行车赛、上海网球大师杯赛、一级方程式汽车大奖赛等，这类赛事往往是一些级别和水平较高、运动项目较为普及、赛事历史较长的体育赛事，它可以吸引大量的外地观众来举办地旅游和观看体育赛事；运动员型体育赛事是指以运动员为主体的体育赛事，如安利纽崔莱健康跑、北京国际马拉松赛以及一些观赏性不强运动项目普及性不高的体育赛事。这类体育赛事中，运动员、教练员及其亲属占到整个赛事相关人群的较大比重，观众相对较少。

（七）根据观众是否需要购买门票划分

可以分为有门票的体育赛事和无门票的体育赛事。对于有门票的体育赛事而言，体育赛事的门票收入是赛事组织者收入的一部分。而且从理论上讲，由于观众都需要购买门票才能观看比赛，因此，观众人数容易统计。相反，对于无门票的体育赛事，观众人数就很难统计，这对体育赛事经济影响的评估带来了很大的困难。

通过上述对体育赛事的分类，可以很明显地看出，体育赛事活动是一个非常复杂的项目，考虑到本书的篇幅有限，不可能对所有类型的赛事都一一进行分析，故为了研究的方便，本书对所研究的体育赛事进行了限定。本书中所研究的体育赛事具有以下几个特征：第一，具有一定规模；第二，有一定的国际影响力；第三，单项体育赛事；第四，不需要新建大量基础设施和场馆；第五，观众需要购买门票；第六，属于观众型体育赛事。根据这几个特征，本书的研究对象为不需要新建大型基础设施和体育场馆就能够举办的大型国际单项体育赛事，如一级方程式汽车大奖赛、上海网球大师杯赛、汇丰高尔夫球赛等。

第四节　体育赛事的特征

与一般的项目相比，体育赛事有很多其他项目没有的特征，而体育赛事之所

以会对举办地产生影响，与赛事的这些特征直接相关。因此，很有必要先对体育赛事的特征进行分析。本书作者认为，体育赛事主要具有以下 4 大特征：

一、体育赛事的聚集性特征

在当代，理解和掌控注意力已经成为商业成功至关重要的因素。美国学者达尔波特和贝克将这种新出现的经济形式称为“注意力经济”[97]。体育赛事项目具有高度的聚集性，从传播影响方式和观众参与的角度来看，体育赛事是一种“眼球经济”，一种“注意力产业”。在体育赛事举办期间，大量的人流、物流、信息流和资金流会在一个固定的时间和空间里聚集，形成特有的集合效应。这种集合效应主要表现在以下 3 个方面：一是大量人流的空间聚集。人流的集聚意味着对赛事举办地相关产业需求的增加，而需求的增加必然推动这些产业的发展，从而使举办地收入增加，并带来综合经济效益。二是大量信息流的时间聚集。在赛事举办期间，观众和媒体的关注点将迅速聚焦在赛事举办地，通过与各方的接触以及不同思想和价值观的交流与辐射将产生巨大的积极影响，为举办城市和国家带来巨大的无形价值。三是大量物流的空间聚集。大量人流的聚集势必会带来物流的集聚。据北京奥组委透露，2008 年北京奥运会共汇集来自 200 多个参赛国和地区的运动员、官员、记者和观众上百万人，使用器材超过 120 万件，物流经济总量超过 400 亿元人民币[98]。

体育赛事在短时期内的这种集合效应是体育赛事对举办地产生综合影响的根源。但需要指出的是，体育赛事的集合效应也有两面性，如果这种集合效应在赛事举办地所承受的限度之内，则表现为聚集经济；而如果超过了赛事举办地所承受的限度，达到了难以容纳的程度，那就会表现为聚集不经济，这时体育赛事就会给举办地带来很多负面影响。

二、体育赛事的体验性特征

体育赛事是一种“体验经济”已经成为各界的共识，经济学家派恩指出，“所谓体验就是指人们用一种从本质上说以个人化的方式来度过一段时间，并从中获得过程中呈现出来的一系列可回忆的事件”[99]。在体育赛事现场，大家不是为赛事纪念品付账，而是为自己的愉快埋单，为体验而付出。对于体育赛事的消费者来说，体育赛事消费是一种娱乐消费，是一种诉诸服务业的体验经济方式。它决定着体育赛事在总体上的服务产业性质和体验、感受等精神性、文化性乃至心理愉悦的服务方式，同时还使体育赛事有着极强的相互感染、相互交流、

相互激发印证和情感泄导的功效。

正因为体育赛事的这一特征，使得很多体育运动迷对观看高水平的体育赛事乐此不疲，这也是促进体育赛事举办地旅游业、给举办地带来新资金的关键所在。当然，体育赛事的这一特征也会对举办地的居民带来一定程度的影响。

三、体育赛事的外部性特征

所谓外部性是指一定的经济行为对外部的影响，从而造成私人（企业或个人）成本与社会成本、私人利益与社会利益之间相偏离的现象，包括正外部性和负外部性。体育赛事的外部性主要表现为正外部性，指的是赛事项目运营主体利益与社会利益之间相偏离的现象。这种正外部性体现在以下几个方面：第一，对其他相关产业的拉动效应。体育赛事作为一种经济现象，不仅能够为主办者以及体育产业带来直接的经济收益，而且可以以产业链的形式影响到其他相关产业，产生巨大的间接收益，如旅游业、餐饮业、酒店业、房地产业、新闻业、广告业等都是收益者。第二，对举办国家或城市知名度的影响。体育赛事是一种无国界限制、无种族歧视的活动，是有效提高国家或城市知名度的途径，成功举办体育赛事能够在很大程度上提高城市知名度。第三，对举办地居民的积极影响。体育赛事作为一种文化活动，极大地丰富了举办地居民的业余生活，同时，它还能够提升举办地居民运动健身的热情等，这些都是体育赛事对举办地居民正外部性的表现。当然，体育赛事所产生的负外部性也是不可忽视的，如赛事举办期间，举办地的犯罪率提高、交通堵塞、环境污染等，这一点应该引起学者和政策制定者的重视[100]。

四、体育赛事的综合性特征

现阶段，对举办地来说，体育赛事已经成为一种综合性的经济活动。通常情况下，举办一项体育赛事往往要涉及举办地的社会、经济、文化等方方面面，牵涉的关联主体非常多。体育赛事作为一种经济活动，它是人流、物流、信息流和资金流的大汇集。其中，直接服务人流的有酒店业、餐饮业、旅游业、零售业、娱乐业、交通业、安保业、医疗保健业等；直接服务物流的有交通业、储运业、邮政业、保险业和海关、商检、外运等；直接服务信息流的有咨询业、通讯业、广告业、传媒业等；直接服务资金流的有银行业、保险业、信托业等，以及会计、律师、咨询等中介机构。举办体育赛事能够调动如此多的行业和产业协同运作，说明体育赛事的综合性非常强，但这也直接决定了举办体育赛事的复杂性，

以及体育赛事对举办地影响的综合性。

此外，由于体育赛事的产业辐射和带动能力很强，它是一个城市值得发展和重视的重点产业。但体育赛事的综合性特征，又决定了举办体育赛事所需要的条件是很苛刻的，因此，发展体育赛事产业并不容易。对于举办体育赛事来说，交通、酒店、通讯、信息、传媒等硬件设施固然重要，但更重要的是能够创造适合体育赛事经济发展的软环境，形成体育赛事经济商业氛围和体育赛事文化。也只有在这样的大环境下，再通过合理的规划，才有可能实现体育赛事对举办地影响的最大化。

总而言之，体育赛事的上述4大本质特征，不仅决定了举办体育赛事项目的复杂性，而且决定了体育赛事对举办地影响的广泛性。

下面，本书将继续从体育赛事的利益相关者入手对体育赛事进行系统分析。

第五节 体育赛事的利益相关者

利益相关者（Stakeholder）是一个管理学概念，根据 Bryson & Crosby 的定义，利益相关者是“受一件事的原因或者结果影响的任何人、集团或者组织”[101]。其理论研究起步于20世纪60年代，它极大地挑战了以股东利益最大化为目标的“股东至上理念”，随后得到管理学、伦理学、法学和社会学等众多学科的关注，但企业一直是该理论的绝对研究主体。直到20世纪90年代初期以后，其研究主体开始从企业扩展到政府、社区、城市、社会团体以及相关的政治、经济和社会环境等，一些会展、旅游和工业项目也纷纷开始利用利益相关者理论分析有关问题。体育赛事是一个复杂的项目系统，它所牵涉的利益相关者很多，基于此，本书很有必要对体育赛事的利益相关者问题进行深入分析。

关于体育赛事的利益相关者问题，国内外已有一些学者作过研究。马斯特曼·G认为，在早期体育赛事的主要利益相关者常常只限定在参加比赛的运动员和裁判员，但随着体育赛事的发展，赛事的消费者逐渐成为体育赛事主要利益相关者。他还进一步列出了体育赛事的主要利益相关者，包括运动员、裁判员、随队人员、供应者、赛事管理者、工作人员、观众、媒体和贵宾（VIP）等[102]。

Getz 认为，体育赛事的主要利益相关者包括赛事组织者、赞助商和合作伙伴、消费者及贵宾、城市社区等[76] 41–72；国内学者叶庆晖进一步扩充了 Getz 关于体育赛事利益相关者的观点，他认为，体育赛事包括主办组织、主办社区、赞助商和经费支持者、供应商、媒体（电台、电视和报社）、工作团队（受雇职员和志愿者）、参与者和观众等利益相关者[21] 30–32。

上述学者对体育赛事包括哪些利益相关者这一问题进行了较为全面的分析，结合我国体育赛事运作的实际，本书作者认为，当前我国体育赛事的主要利益相关者包括赛事主办组织、赛事所有权人、举办地政府、主办社区、媒体、赞助商、赛事观众、赛事参与者（运动员、裁判员及教练员）等。结合本书的需要，下面对举办地政府、主办社区、媒体等几个与本书研究密切相关的利益相关者(图3–1）分别进行阐述。

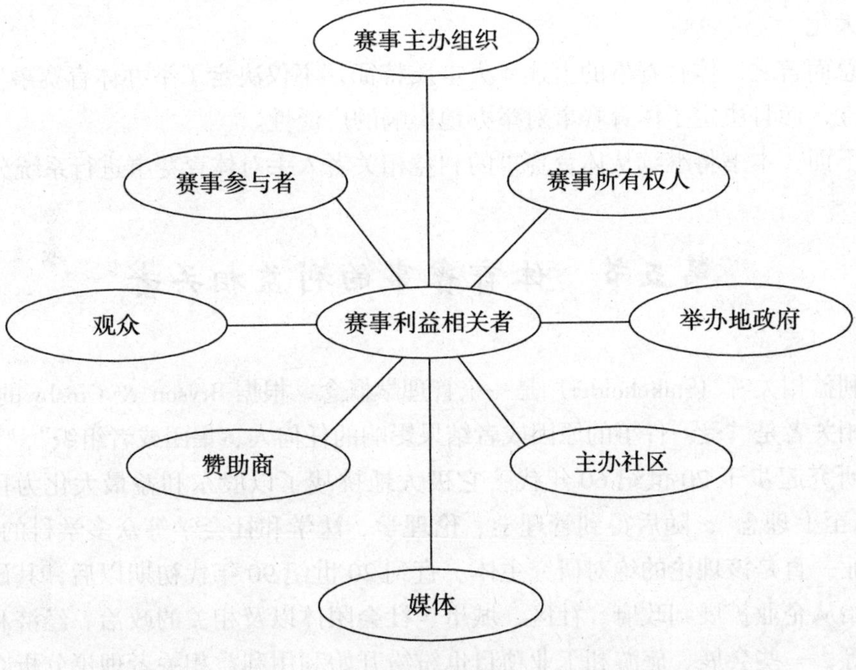

图 3–1　体育赛事利益相关者示意图

一、举办地政府

政府作为一种社会组织，有广义和狭义之分。广义上的政府是指所有的国家机构，包括立法、司法和行政机构，可视为等同于国家；狭义的政府是指国家的行政机关，包括中央政府与地方政府，多数情况下是指代表国家的中央政府[103]。本书所指的政府是狭义的概念，是中央政府与地方政府的统称。

在我国现阶段，政府是体育赛事中最主要的利益相关者之一，与体育赛事的综合影响直接相关。

首先，成功运作一项体育赛事要得到政府的大力支持和参与，从这个层面看，政府与体育赛事综合影响的产生直接关联。现阶段，在我国举办体育赛事要

得到政府的支持主要有以下两方面重要原因：一是政府控制着大量的体育赛事资源。《中华人民共和国体育法》第三十一条明确规定："国家对体育竞赛实行分级分类管理。全国综合性运动会由国务院体育行政部门管理或者由国务院体育行政部门会同有关组织管理；全国单项体育竞赛由该项运动的全国性协会负责管理；地方综合性运动会和地方单项体育竞赛的管理办法由地方人民政府制定。"如全运会、城运会等综合性运动会以及全国各单项体育赛事的所有权几乎都在政府的掌控之中。二是从赛事运营的实际看，政府在体育赛事运营中某些环节的作用是赛事顺利完成的前提，是体育赛事成功举办的必要条件。当前，政府在体育赛事的运营中必须参与的环节主要有：第一，赛事的申办。近些年，越来越多的国家和地区已经逐渐认识到体育赛事对举办城市和地区的经济价值和社会价值，很多国家和城市都已将举办大型体育赛事作为展示城市形象、提升城市品位的重要方式。但由于体育赛事，尤其是大型体育赛事供给数量的有限性，申办赛事的激烈竞争局面导致了两个最直接的结果：一是赛事的申办费用大幅攀升，如上海大师杯网球赛，2002 年的申办费用为 760 万美元，2005 年上涨至 830 万美元，2006 年为 880 万美元，2007 年高至 920 万美元。二是政府作用在赛事的申办过程中越来越重要，如第 48 届世界乒乓球锦标赛的申办过程中，申办城市之一的瑞士洛桑派出了由瑞士驻萨格勒布大使、旅游部长、国家乒协主席及洛桑市市长等政府官员组成的代表团，阵容非常强大；上海则派出了申办代表团团长、原上海市体育局副局长作陈述报告，在报告中重点强调了上海市政府对第 48 届世乒赛的大力支持[22]17-25。正是由于赛事申办过程竞争激烈程度的加剧，使得政府对赛事申办的态度非常重要，国际网球联合会的一位官员在接受媒体采访时表示，上海市政府对 2002 年大师杯赛申办的大力支持是取得最后承办权的重要因素。在这种背景下，如果赛事的申办过程中没有政府参与，就难以取得申办成功。从另一个角度讲，现在国际单项体育组织也越来越看重政府对承办赛事的态度，而且很多国际单项体育组织，如国际网球联合会、国际汽车联合会等明确要求与地方政府签约，使得政府必须在赛事的申办过程中发挥作用。第二，赛事的组织。举办规模较大的体育赛事是一个系统、复杂的工程，牵涉到举办城市和地区的方方面面，它的成功举办需要社会各个部门的有效配合，各个部门之间的协调是赛事成功举办的至关重要的环节，必须由政府出面才能确保赛事的顺利举行；另一方面，举办一项体育赛事要牵涉到交通、公安等一系列公共资源的使用，而这些资源目前基本上由政府直接控制，需通过政府的行政力量来调配。因此，要成功举办大型体育赛事，政府在赛事组织方面的作用不可或缺。

其次，政府是体育赛事的主要需求者，是体育赛事综合影响的受体。自从上世纪 80 年代中后期以来，美国、英国、澳大利亚、加拿大等发达国家利用体育

赛事来经营城市的趋势不断增强。巴塞罗那、曼彻斯特、墨尔本等城市的实践证明，体育赛事对举办城市的商业、旅游、市政建设、就业、大众的生活方式、举办地的知名度等方面有着十分重大的影响。随着我国社会经济的发展和产业结构的升级，北京、上海、广东等国内较为发达的地区为了能够提高城市知名度，提升城市的国际竞争力，纷纷寻找突破口，而体育赛事的聚焦功能正好符合政府提升城市品牌、完善城市形象的需求，因此，近年来，上述城市举办了一大批具有国际影响力的体育赛事。以上海为例，自 1998 年上海成功引进“喜力”网球公开赛以来，体育赛事活动日趋活跃，数量、规模大幅上升，高水平、有影响的国际赛事日益频繁，尤其是近年来，市政府为实施“亚洲一流体育中心城市”的目标，明确提出了“积极申办具有世界一流水平体育赛事”的战略方针，一批有影响力的体育赛事纷纷入驻上海。目前，上海已经成为全国乃至世界举办体育赛事最多的城市之一。

在西方发达国家，由于体育赛事能够使举办地政府产生积极影响，政府同样也采取了诸多措施来支持或申办体育赛事，其中最为典型的是澳大利亚。澳大利亚的中央和地方政府为了能够获得积极的经济和社会效益，对申办和承办各种类型的体育赛事投入了巨大的物力和财力。Getz 认为，与澳大利亚州政府不同的是，地方政府更倾向于支持一些规模较小的体育赛事，这些赛事通常由政府、非营利组织或社区组织发起[76] 22-40。另外的研究也表明，澳大利亚地方政府对当地举办体育赛事，尤其是一些大型体育赛事的支持力度非常大，其方式主要是政府投资新建或改造各种体育场馆设施，为在当地举办体育赛事创造基础条件[104]。在此基础上，各级政府还为体育赛事的举办提供了一系列优惠政策，他们都希望通过举办体育赛事提高城市知名度，从而为地方经济和产业的发展提供平台[105]。正因为如此，澳大利亚的绝大部分州或地方旅游部门均成立了一个大型活动部，其主要目的是为了申办或引进包括体育赛事在内的各种大型活动，并通过举办这些活动展示城市的风貌，吸引更多国内外游客前来观光。这一部门的另一个重要职责就是对当地举办的各种体育赛事和其他大型活动进行有效规划，通过为项目提供资助的方式协调引进新赛事和发展现有赛事之间的关系，一方面鼓励和吸引新的体育赛事来当地举办，另一方面将已在本地举办并对城市经济社会影响较大的体育赛事项目留在本地。例如，维多利亚旅游局公布的 2002—2006 年规划中就提出“要建立一个适合本地的赛事战略，以平衡引进新赛事和促进现有赛事可持续发展的关系”。此外，维多利亚州政府充分认识到体育赛事对推动地方经济、社会和环境发展所起的积极作用，特地颁布了《维多利亚 10 年旅游与赛事战略》(the 10 Year Tourism and Events Strategy)，这一战略着重强调了体育赛事对维多利亚旅游业的作用，并声称体育赛事每年给维多利亚带来了多达 10 亿澳元的

经济效益。

二、主办社区

社区（community）一词最早由德国社会学家F·滕尼斯于1881年使用，当时是指“由具有共同的习俗和价值观念的同质人口组成的、关系密切的社会团体或共同体”。从滕尼斯开始到现在，人们对社区的理解发生了很大的变化。目前关于社区的定义和解释多种多样，大致可分为两大类：一类强调精神层面（即人群的共同体，如成员必须具有共同的传统、价值等）；一类强调地域的共同体（即具有共同的居住地，“在一个地区内共同生活的人群”）。我国社会学界对社区概念所持的观点基本一致，即将上述两类定义综合起来，认为社区是指“居住在一定地域的、以一定的社会联系和社会关系为纽带、以同质人口为主体的人群生活的共同体，是一个相对独立的地域社会”[106]。他们还认为社区主要由4大部分组成：一是人群。一定数量的人口，尤其是结成群体的人口是社区形成和发展的首要因素，人口的数量、规模、疏密程度以及人口的素质等是影响社区的首要方面。二是地域界限。这是一个社区存在和发展的基本条件，一定范围内的地域空间是社区居民从事生产、生活的依托，离开这一基本的自然环境，社区就如同整个社会一样无所存在。三是服务设施。这是社区得以依托和存在的服务条件，没有必要的服务设施的社区很难存在和发展，这一点在城市社区中显得尤其重要。第四，成员有认同感。社区居民在感情或心理上具有共同的地域观念、乡土观念，大家在长期的生活中有共同的习俗、价值观、规范等。根据我国社会学界的观点，本书中的主办社区是指居住在体育赛事举办地的共同体，是相对独立的地域社会。结合本书的研究重点，作者认为，主办社区与体育赛事综合影响关系较为密切的有：主办社区的居民，主办社区的环境，主办社区的宾馆、饭店、商业、娱乐等服务设施及条件等，它们既与体育赛事综合影响的产生关系密切，又是赛事综合影响的直接受体。

主办社区的居民是体育赛事运营人员和赛事自愿者的主要力量，他们的支持和参与对赛事的成功举办起着很关键性作用。Arthur & Andrew 的一项研究表明，主办社区居民参与体育赛事的运营是非常重要的，没有主办社区居民的参与和介入，体育赛事组织者很难取得成功。另外他们还认为，主办社区居民可以以多种形式参与其中，如赛事自愿者、救护工作人员、赛事宣传者、赛事配套服务的提供者等[107]。Molloy 通过对12项体育赛事活动的研究也认为，主办社区居民对赛事的支持以及社区居民在赛事筹备和运营的参与对赛事成功至关重要。他指出，其实很多体育赛事的财务预算都很吃紧，为了能够使体育赛事顺利地运营，主办

社区居民提供的无偿或低廉的服务及其他形式的支持尤为重要[108]。Gursoy & Kendall 两人于 2006 年对相关方面也作了研究，他们认为，主办社区居民对某项体育赛事的支持主要取决于 4 个因素，即居民对赛事成本和收益的认识、居民对赛事的关注程度、社区居民生态中心的价值观以及与社区的紧密联系程度[109]。2008 年北京奥运会成功申办的一个有利因素就是民众的大力支持。据一家独立的调查公司对北京市民进行的入户调查显示，有高达 94.6%的市民支持北京申办 2008 年奥运会。当然，体育赛事的举办也会对主办社区居民产生影响，国外这方面的研究也较多，如 Fredline 就对城市举办汽车赛事对社区居民的影响问题进行过较为深入的研究[110]。

主办社区的环境无疑是举办体育赛事综合影响产生的有力保障，它主要包括社区的基础设施环境和自然环境。其中主办社区的基础设施环境主要由举办体育赛事所需要的基础设施组成，如体育场馆、道路、宾馆、饭店以及一些临时建筑物等。对于一些小型的体育赛事，主办社区已有的基础设施基本能够满足赛事的需要，但对于奥运会、足球世界杯等大型体育赛事则往往需要主办社区新建或改建一批基础设施。赛事结束后，这些体育场馆等基础设施就成为赛事给主办社区留下的遗产。主办社区为了举办赛事而投资的基础设施中，体育场馆所占的比重并不一定很高。例如 1964 年日本东京奥运会总计投资了 27 亿美元用于基础设施建设，包括一条东京到大阪的高速铁路、25 英里的地铁延伸段以及一条 62 英里的高速公路等。在这些基础设施的总投资中，奥运会体育场馆的直接投资仅为 7000 万美元，只占总投资的 2.6%左右。当然，主办社区为举办体育赛事而进行的大规模基础设施建设同样也可能带来负面的影响，如社区居民的搬迁、生活便利设施的减少、可能引起的巨大债务以及自然环境的损害等[111]。主办社区的自然环境与体育赛事也同样有一定的联系，如北京奥运会青岛帆船赛区因海面上的蓝藻而成为人们关注的焦点。但本书作者认为，除了一些以自然环境为依托的体育赛事，如帆船、滑雪、山地自行车、攀岩、马拉松等项目比赛外，与基础设施环境相比，自然环境与体育赛事的关联度要小得多。从现有研究看，论述主办社区自然环境与体育赛事关系的文献也很少，May 在 1995 年发表的关于 1992 年法国阿尔贝维尔冬奥会中自然环境与赛事的关系一文就是其中一篇。作者在文章中认为，1992 年冬奥会对主办社区的自然环境既有积极的影响，如改善了河水的质量、对社区废物进行了处理、种植了大量的植物等，也带来了一定的消极影响，如破坏了河流和湿地等动物的栖息地、影响了动物季节迁徙的线路、由于修建机场跑道而使森林面积减少等。但 May 也指出，由于体育赛事对主办社区自然环境影响的周期较长，而且速率也难以把握，因此要具体衡量上述影响非常困难。Rickard 认为，对于在城市社区中举办的体育赛事而言，二氧化碳的排放是

对主办城市自然环境影响较大的一个因素。比赛期间聚集的大量观众以及他们的交通等都会给主办城市带来大量二氧化碳的排放。为了减少比赛期间二氧化碳的排量，国际奥委会规定，奥运会观众只能乘坐公交车，而不能自驾车前往赛场。因此，Carlsen 等人提出，由于举办体育赛事而造成的上述对主办社区自然环境不利的影响是体育赛事负外部性的表现，应该由赛事组织者承担治理费用。

主办社区的服务设施和条件对于成功举办体育赛事也非常重要。由于体育赛事的聚集效应，数以万计的观众和赛事相关人员在短时间内聚集在主办社区，这就对主办社区的服务设施和条件提出了较高的要求。主办社区的服务设施和条件反映了主办社区在比赛期间服务赛事观众和相关群体的能力，具体包括对观众和相关群体交通、物流、食宿、娱乐、购物需求的满足。通常情况下，服务设施和条件的完善程度以及服务质量的高低是判断某一社区举办赛事能力大小的重要标志。对于城市发展水平高、服务设施齐全的主办社区来讲，赛事活动能促进城市运营水平的进一步提高，挖掘城市内在的发展潜力；对于条件相对较差的主办社区来讲，将涉及旧城改造、交通疏理、城建换代等多方面问题，在较短的时间内集中解决了历史遗留下来的固疾，冲破了城市发展的瓶颈，为城市发展提速扫清了障碍。

三、媒　体

体育赛事与媒体从来都是密不可分的。体育赛事需要媒体的大量报道来唤起人们对体育赛事的关心和热情，而媒体通过大量报道人们感兴趣的体育赛事来获取更多的利润，所以体育赛事与媒体一直维持着不可分割的共生关系。早在1895 年，美国的报纸就开始大量地报道体育比赛赛况，当时纽约的报纸专门开辟了体育版，大量报道体育赛事，引起了读者的强烈阅读兴趣。1939 年电视首次转播体育赛事，当年美国棒球联赛转播费就已经达到 88 万美元，而 13 年后的 1952 年，其转播费已经高达 540 万美元。随着电视的出现和转播费的大幅提高，自然而然地带动了体育联赛的飞速发展。例如，1946 年美国棒球联赛收入的 3%来自广播和电视转播费；10 年后的 1956 年，棒球联赛收入的 16.8%来自转播费；到了 1990 年，转播费的收入已经达到了联赛收入的 50%。

奥运会是体育赛事与媒体结合的一个最为典型案例，奥运会的发展壮大与电视转播权的出售直接相关。一方面，从 1980 年奥运会出售全球电视转播权开始，历届奥运会的全球电视转播权的费用不断攀升（表 3–1）。通过出售电视转播权所得收入，国际奥委会给奥林匹克运动和比赛提供了无法预计的财政基础，并且允许国际奥委会给一些在全世界范围内提高体育实践的组织和计划直接的支持；另

一方面，通过电视转播和媒体的报道，使得全世界人民都关注和了解奥运会。以2000年悉尼奥运会为例，据不完全统计，比赛期间在世界上拥有电视的39亿人中共有37亿人观看了奥运会的部分节目，总观众小时超过了400亿（表3–2）。

表3–1　历届奥运会全球转播收入

奥运会	1980年 莫斯科	1984年 洛杉矶	1988年 汉城	1992年 巴塞罗那	1996年 亚特兰大	2000年 悉尼	2004年 雅典	2008年 北京
百万美元	101	287	403	636	898.2	1331.6	1497.5	1714.7

资料来源：奥运经济与奥运会市场开发信息资料汇编，国家体育总局信息中心

表3–2　2000年悉尼总观众时数

全球的	人口	潜在观众	覆盖率 (4+)	2000年观众小时数	每个观众观看的时数
非　洲	778,187,384	207,555,524	27%	1,411,357,796	6.80
拉丁美洲	515,362,052	357,407,691	69%	5,472,530,384	15.31
北　美	303,645,955	282,105,233	93%	4,568,131,161	16.19
亚　洲	3,568,868,139	2,180,334,578	61%	22,444,822,044	10.29
欧　洲	783,449,295	652,528,723	83%	7,383,245,380	11.31
大洋洲	29,959,819	22,215,782	74%	585,324,250	26.35
总　计	5,979,472,644	3,702,147,531	62%	41,865,411,014	11.31

资料来源：奥运经济与奥运会市场开发信息资料汇编，国家体育总局信息中心

我国体育赛事的电视转权市场是十分不景气的，能为主办方带来的收益屈指可数，原因有以下两方面：一是部门垄断。国家广播电影电视局有关条文规定，电视机构必须购买转播权才能转播体育赛事，但是中央电视台对某些赛事具有独家购买权，于是形成买方垄断的市场结构，限制了电视转播权市场的竞争。二是行业垄断。我国的电视台都是国有国营，其他行业无权经营，加上电视接收网络遍及全国，为数不多的国家级和地方性电视台就能覆盖全国，不需要大量的电视台，因此电视台的垄断程度很高，这也是电视转播权销售困难的主要原因。此外，我国的电视媒体具有政府喉舌的职能，在社会上享有很高的声誉。在计划经济体制时期，转播体育赛事是生产公共产品，相当于一种公益活动，转播国内赛事不需要支付转播费。因此在意识上还一定程度上保留着过去的观点。

随着计算机处理技术和互联网技术的飞速发展，3G流媒体、网络媒体、移动媒体等数字化新媒体为体育赛事带来了新的契机，对未来体育赛事的开发和运作的影响是难以估量的。

总之，媒体已成为当今体育赛事不可缺少的重要组成部分。随着新媒体的出

现，以及未来媒体革命的临近，体育赛事将会有更大的发展空间。

四、赞助商

赞助商是体育赛事重要的利益相关者。一方面，对于企业来说，成为体育赛事的赞助商是企业市场营销的一个绝好机会。由于体育赛事赞助沟通对象面广量大、有针对性，且广告效果自然、容易被接受，再加上赞助回报的多元化特征，体育赛事赞助，尤其是奥运会、足球世界杯以及一些大型体育赛事的赞助，已经成为企业提升产品知名度和美誉度的重要手段。另一方面，对于体育赛事组织者来说，赞助商是体育赛事成功运营的重要组成部分，赛事赞助商既可以为体育赛事组织者提供大量的资金和现金等价物，又可以投入大量的人力、物力和财力用于赛事的宣传和推广。正如钟秉枢所译《体育营销指南》书中所说的“寻找赞助商很可能是决定体育赛事成败的、最重要的因素”。以奥运会为例，2004—2008周期，TOP 计划赞助商为国际奥委会提供经费 8.7 亿美元，是国际奥委会仅次于电视转播权收入的又一大资金来源，而对于我国目前电视转播权收入甚微的体育赛事来说，赞助商提供的资金成为赛事组织者收入的最主要来源。例如 2007 年上海网球大师杯赛，赛事组织者的赞助收入占总收入的 60%以上。更有甚者，部分体育赛事完全是因为某些赞助商的需求而创设，没有赞助商，这些体育赛事根本就不能产生，例如安利纽崔莱健康跑、东丽杯马拉松赛等。

五、观　众

这里所说的观众是广义的概念，既包括直接到比赛现场观看观众，又包括通过电视、网络等媒体观看的观众。成功的国际体育赛事告诉我们，观众和运动员、教练员、裁判员一样，已经成为体育赛事不可或缺的主体，它是体育赛事重要的利益相关者之一，与体育赛事的诸多方面关系密切。第一，体育赛事的精彩程度决定着观众的数量。通常情况下，体育赛事的项目越普及、级别越高、悬念越强则观众越多，如 2000 年悉尼奥运会仅电视观众就达到 36 亿人次，2004 年雅典奥运会更是创纪录地达到了 39 亿人次。另外，据国际咨询公司 ISF 的统计，2007 年观众最多的体育赛事前三名依次为美国职业橄榄球联赛“超级碗”芝加哥熊队 VS 印地安纳波利斯小马队、一级方程式赛车大奖赛巴西站以及欧洲足球冠军联赛的决赛（意大利 AC 米兰队 VS 英格兰利物浦队），观众人数依次为 9700 万、7800 万和 7200 万。第二，体育赛事的观众与体育赛事的质量直接相关。观众是体育赛事的重要组成部分，尤其是现场观众在赛场其实与运动员形成

了一种互动的局面，运动员的表现与赛场观众的观赛行为息息相关。观众的行为符合观赛礼仪，运动员的表现则更好，体育赛事的质量就越高。正因为如此，2008 年北京奥组委专门制定了《观众观赛礼仪》和《观众入场须知》等书面材料提示观众观赛注意事项。总而言之，一流的体育赛事应该有一流的观众。第三，体育赛事观众的多少直接影响赛事组织者的收入。体育赛事的观众与赛事组织者的收入有巨大关联，体育赛事观众的多少不仅直接决定了体育赛事的门票收入，而且间接地对媒体、赞助商等体育赛事的其他利益相关者有着重大影响，体育赛事观众的多少直接决定着体育赛事电视转播权和广告权的交易价格。第四，体育赛事观众的结构与赛事对举办城市的经济影响直接相关。到现场来看比赛的观众一般分为两种，一种是来自举办地的观众，另一种是从外地甚至境外来看比赛的观众。从目前国外对体育赛事经济影响分析的思路看，通常情况下，举办地观众的观赛消费不能纳入体育赛事经济影响的分析体系，只有外地观众的消费才能对举办城市的经济产生影响。因此，一项体育赛事的外地观众越多，对举办城市的经济影响就越大。这也是各个城市都争相申办大型国际性体育赛事的原因之一。

第四章　体育赛事事前评估理论体系的构建

通过第三章的分析和研究，可以对体育赛事的基本理论有了较好的把握。本章进入了全文的实质性研究阶段，主要任务是在体育赛事基本理论的基础上，进一步构建体育赛事事前评估的理论体系。

第一节　体育赛事项目的生命周期与赛事评估

一、体育赛事项目生命周期

任何项目都有一个从开始到结束的过程，这个过程通常称为项目的生命周期。但目前对项目周期的定义多种，美国项目管理协会将项目生命周期定义为："项目是分阶段完成的一项独特性任务，一个组织在完成一个项目时，会将项目划分为一系列的项目阶段，以便更好地管理和控制项目，更好地把日常运作与项目管理结合在一起。项目阶段的各个阶段放在一起就构成了一个项目的生命周期。"[112] 英国皇家特许测量师协会给出的定义为："项目生命周期是指包括整个项目的建造阶段、运营阶段和清理阶段。项目的建造、运营和清理阶段还可以进一步划分为更详细的阶段，这些阶段构成了一个项目的生命周期。"[113] 有学者认为，项目的生命周期有狭义和广义之分，狭义的项目生命周期不包括项目所生成产出物的运行周期，而广义的项目生命周期则包括项目和项目产出物的运营周期，通常也称之为项目的全生命周期。[8] 33–37 上述美国项目管理协会的定义就是一种狭义的定义，它只包括了项目决策和项目实施两个主要阶段；而英国皇家特许测量师协会的定义则是一种广义的定义，它不仅包括了项目决策和实施，而且包括了项目投产运营和项目最终拆除的全过程。

体育赛事作为一种创造体育竞赛产品与服务的一次性活动也是有始有终的，而这一从始到终的整个过程就构成了一个体育赛事项目的生命周期。体育赛事项目是一种一次性的活动，赛事举办结束整个活动就结束了，故通常情况下体育赛

事的生命周期可以从狭义的概念去理解。但由于部分赛事，尤其是一些大型的综合性赛事（如奥运会等）的举办需要兴建很多场馆设施，赛事结束后还面临这些场馆设施的运营问题或者由于赛事举办而带来一系列其他问题，故也可以从广义的概念上去理解赛事生命周期。例如，1976 年蒙特利尔奥运会被称为“一场旷日持久的蒙特利尔纳税人的噩梦”。由于耗费巨资兴建奥运中心等大型体育设施，导致投入经费多次追加，预算 28 亿美元的主体育场建筑，结算涨至 58 亿美元；组织费用原计划为 6 亿美元，实际用了 7.3 亿美元，整个奥运会最终亏损 10 亿美元以上，15 天的奥运会使蒙特利尔负债长达 30 年。

本书中由于研究的重点是体育赛事的事前评估问题，而且对象是无须兴建场馆的大型单项体育赛事，从赛事共性的角度出发，所以最终选择从狭义概念去理解体育赛事的生命周期。

根据体育赛事项目的特点，狭义上的体育赛事生命周期可分为 6 个阶段，即选择阶段、举办权的取得阶段、方案制定阶段、组织筹备阶段、举办与控制阶段和收尾阶段（图 4–1）。

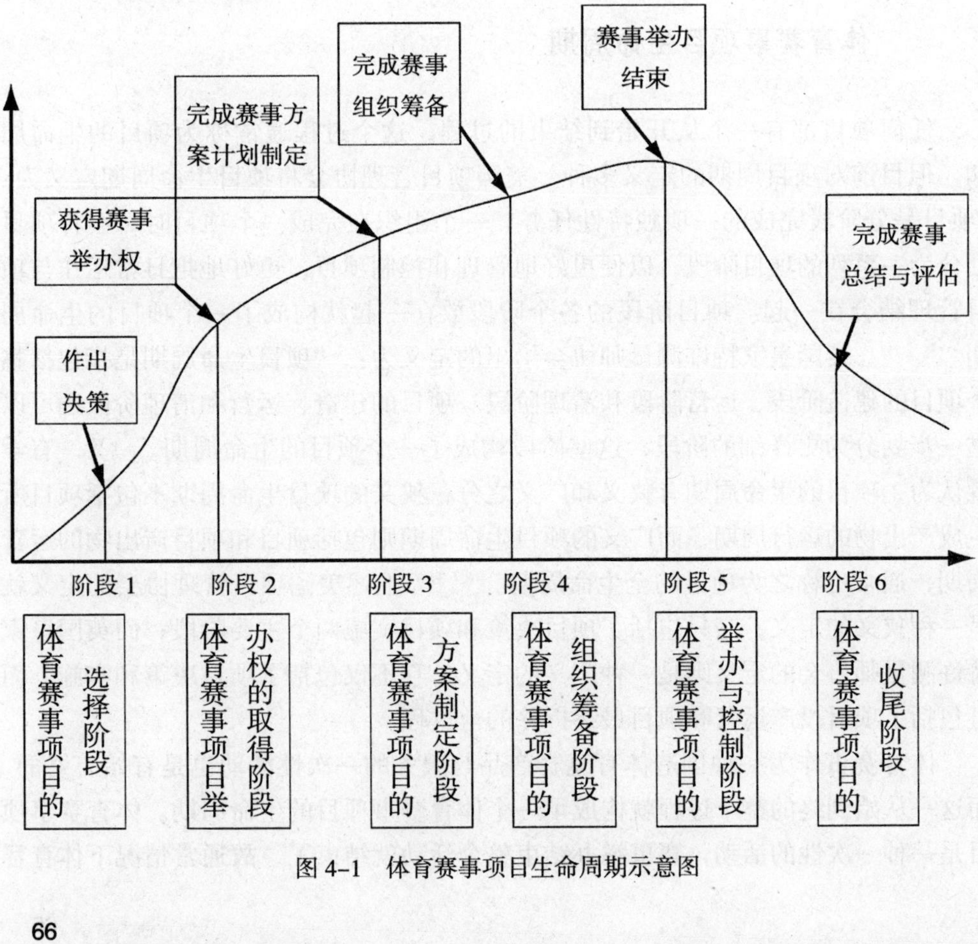

图 4–1　体育赛事项目生命周期示意图

体育赛事生命周期中每个阶段的主要工作内容如表4-1所示。其中，体育赛事项目的选择阶段是直到最终作出赛事举办的决策为止，主要工作内容包括明确政府、市民、企业对赛事的需求，调查研究、收集数据，初步确定要承办的体育赛事以及进行可行性研究等内容。通常情况下，对于大型的国际体育赛事，决策者为地方政府或中央政府，例如足球世界杯、F1等。当然，也有一些小型的体育赛事，决策者为私人或企业。但由于这些赛事通常规模较小，对城市影响不大，作决策相对容易，故不需要进行非常严密的事前评估就可以进行决策。

表4-1　体育赛事项目生命周期各大阶段的主要工作内容一览表

体育赛事项目生命周期的6大阶段	主要工作内容
体育赛事的选择阶段	1．明确政府、市民、企业对赛事的需求
	2．调查研究、收集数据
	3．初步确定要承办的体育赛事
	4．进行可行性研究
体育赛事项目举办权的取得阶段	1．组织撰写赛事申办材料
	2．筹备申办其他工作
	3．参加申办陈述
体育赛事项目的方案制定阶段	1．编制赛事预算
	2．制定赛事运营方案
体育赛事项目的组织筹备阶段	1．比赛场馆及基础设施翻新
	2．竞赛筹备工作
	3．赛事宣传与营销
体育赛事项目的举办与控制阶段	1．体育赛事项目的实施
	2．体育赛事的后勤保障
	3．体育赛事项目的监控
体育赛事项目的收尾阶段	1．体育赛事的赛后总结与评估
	2．体育赛事结束后的管理

体育赛事项目举办权的取得阶段以最终取得赛事项目的举办权作为阶段结束的标志。当然，获得赛事举办权的方式有很多种，如购置赛事举办权、申办竞争获取赛事举办权、赛事所有权方委托而获得赛事举办权等。为了研究的方便，本书以申办竞争获取赛事举办权作为例子进行阐述，其主要工作内容包括组织撰写赛事申办材料、筹备申办其他工作以及参加申办陈述等。

体育赛事项目的方案制定阶段以完成赛事方案和计划的制定为结点，主要工作内容包括编制赛事预算、制定赛事运营方案等。

体育赛事项目的组织筹备阶段以完成赛事所有组织筹备工作为结点，主要工

作内容有比赛场馆及基础设施翻新、竞赛筹备工作、赛事宣传与营销等。体育赛事项目的举办与控制阶段是以赛事举办结束为阶段结束的标志，主要工作内容有体育赛事项目的实施、体育赛事的后勤保障，体育赛事项目的监控等。赛事生命周期的最后一个阶段是体育赛事项目的收尾阶段，它是以完成赛事总结和评估为结束标志，主要工作内容包括体育赛事的赛后总结与评估以及体育赛事结束后的管理等。

二、体育赛事项目生命周期与评估

项目评估与项目生命周期是紧密相关的，最主要的关系表现为项目评估就是项目生命周期中的一个重要组成部分。为了更进一步说明体育赛事项目评估与赛事生命周期的关系，以及赛事项目评估在赛事生命周期各个阶段中的作用，现以图 4–2 予以展示。

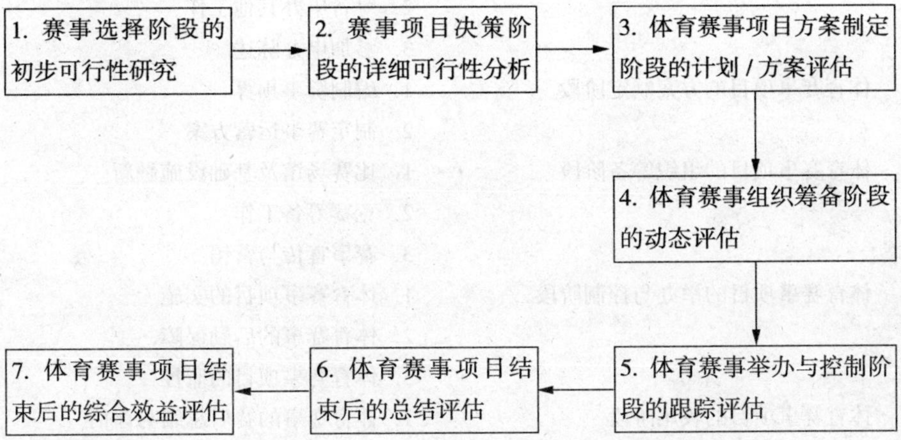

图 4–2　体育赛事项目生命周期和赛事评估的关系示意图

从图 4–2 中可以看出，体育赛事项目生命周期中的每一个阶段几乎都有赛事项目的评估工作，只是评估工作的实际内容和详细程度不同而已。图 4–2 中赛事选择阶段的初步可行性研究和赛事项目决策阶段的详细可行性分析属于体育赛事项目事前评估的范畴；体育赛事项目方案制定阶段的计划 / 方案评估、体育赛事组织筹备阶段的动态评估以及体育赛事举办与控制阶段的跟踪评估属于体育赛事项目事中评估的范畴，通常也称为跟踪评估；体育赛事项目结束后的总结评估、体育赛事项目结束后的综合效益评估则属于体育赛事事后评估的范畴。具体情况

如图 4–3 所示。

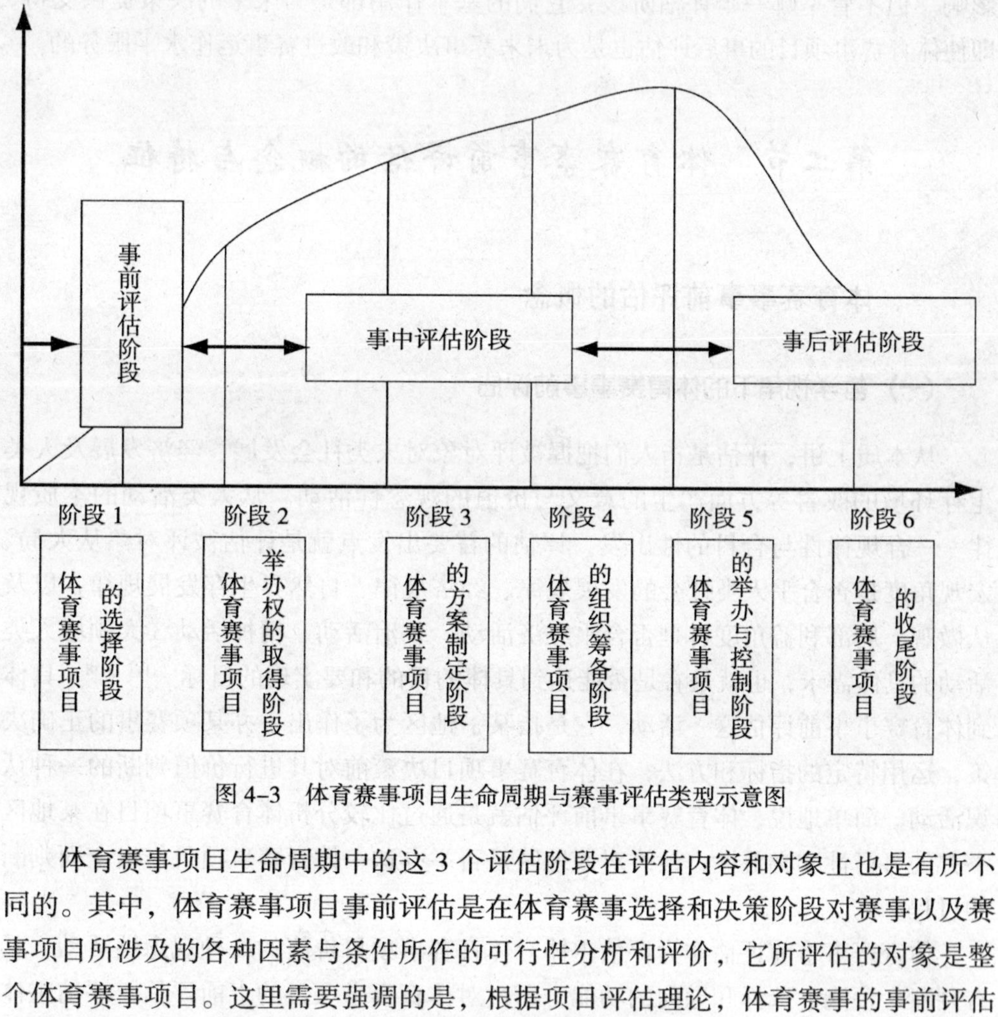

图 4–3　体育赛事项目生命周期与赛事评估类型示意图

体育赛事项目生命周期中的这 3 个评估阶段在评估内容和对象上也是有所不同的。其中，体育赛事项目事前评估是在体育赛事选择和决策阶段对赛事以及赛事项目所涉及的各种因素与条件所作的可行性分析和评价，它所评估的对象是整个体育赛事项目。这里需要强调的是，根据项目评估理论，体育赛事的事前评估阶段还可以划分为机会研究、初步可行性论证和可行性论证 3 个子阶段，通常情况下，先进行机会研究，在机会研究确定某一体育赛事具有投资或申办的机会后，再进一步开展初步可行性论证，如果通过，则最终进行可行性论证。这 3 个阶段，越往后信息越充分，精度也越高，需要投入的资金也越大。当然，并不是所有体育赛事项目的决策都要经历这 3 个阶段，有的只要进行一个阶段的评估即可。为了研究的方便，本书中所指的体育赛事的事前评估阶段是初步可行性论证阶段。体育赛事项目的事中评估是在体育赛事项目方案制定、组织筹备以及体育赛事项目举办与控制阶段对体育赛事项目实施方案和具体实施情况所作的评估，它的评估对象是体育赛事项目的实施方案和赛事项目实施实际进度。体育赛事项目的事后评估是在体育赛事举办结束后对体育赛事项目的总结以及对赛事项目对举办地

综合效益的评估，它的评估对象包括体育赛事项目的前期决策和赛事举办的综合影响。但不管是哪一个评估阶段，它们的基本作用都是为未来的决策提供支持，即使体育赛事项目的事后评估也是为未来赛事决策和改进赛事运作水平服务的。

第二节　体育赛事事前评估的概念与特征

一、体育赛事事前评估的概念

（一）哲学视角下的体育赛事事前评估

从本质上讲，评估是指人们把握被评对象对人类社会发展、经济发展及人类生存环境的改善等方面产生的意义与价值的观念性活动。从人类活动的本质规律——合规律性与合目的性出发，评估的首要出发点就是评估被评对象从大局、宏观角度是否合乎人类社会的发展规律、经济规律、自然界生存发展规律，以及从微观、局部利益角度看是否合乎经济活动、政治活动、精神活动 3 大领域人类活动的具体需求，也就是看是否能达到具体的目的和要实现的目标[114] 15-18。具体到体育赛事事前评估这一活动，它是指某一地区为了作出举办某项赛事的正确决策，运用特定的指标和方法，在体育赛事项目决策前对其进行价值判断的一种认识活动。简单地说，体育赛事事前评估就是通过比较分析体育赛事项目在某地区举办的可行性和必要性，最终对该地区是否举办这一体育赛事项目作出全面判断的过程。

体育赛事事前评估作为评估主体对体育赛事项目价值的一种观念性活动，具有判断、预测、选择和导向的功能，通过对体育赛事项目的事前评估，评估主体可以对体育赛事项目举办与否作出判断，可以对体育赛事项目可能给举办地带来的效益作出预测，也可以在不同的体育赛事项目中作出选择，同时还可以为其他体育赛事项目的事前评估提供借鉴和启示。正是体育赛事事前评估活动表现出的这 4 大基本功能，使得它在发挥评估系统功能中达到了把握价值主体与赛事项目之间价值关系的评估目的。

关于评估活动的研究是在继承哲学研究层次从价值论和认识论角度对评估的理论及方法论研究基础上，在社会科学研究的层次上对评估的合理运作方式及方法的探讨[114] 15-18。体育赛事事前评估属于社会评估的范畴，因此，对这一问题进行研究首先必须从哲学角度，即从价值论和认识论角度对体育赛事事前评估进行审视。

从价值论角度说，体育赛事事前评估是价值主体对体育赛事项目的客观价值和主观价值主体性的反映。所谓客观价值是指体育赛事项目是否符合客观发展规律，而主观价值是指体育赛事项目是否符合价值主体的主观目的和要求。客观规律是不依人的主观意识而存在的，但并不是所有客观规律都为人类所认识[115]。因此在体育赛事事前评估中，对于体育赛事项目举办的可行性、体育赛事可能给举办地带来的效益等是否符合客观规律或客观实际，只能依靠评估主体所掌握的客观规律或情况作出判断。而主观目的是体育赛事项目决策主体主观希望达到的目标，即主观上对体育赛事项目所提出的要求，在赛事事前评估过程中合目的性的判断只能通过决策主体的主观判断或运用决策主体的效用函数来进行判断。

从认识论角度说，体育赛事事前评估是评估主体站在某一地区的立场上，对体育赛事项目可行性和必要性的评估性认识，它是由评估主体在大脑中将体育赛事与举办城市的相关信息进行重新组合，按照正确反映体育赛事在某地区举办的可行性和必要性的要求对其进行能动的反映，并根据相关评估标准进行比较和判断。当然，体育赛事和举办城市的相关信息是否能够被评估主体认识，不仅取决于体育赛事项目和举办地相关信息的复杂程度，而且取决于评估主体对体育赛事项目和举办地的认识能力。评估主体进行评估时依据其主观评估目的确定评估标准，即从举办体育赛事项目的角度出发判断该赛事在某地区举办的可行性和必要性。

（二）项目管理理论视角下的体育赛事事前评估

根据项目管理理论，广义的事前评估指在项目前期决策阶段中从整个项目全局出发，根据国民经济和项目相关利益主体自身发展的需要对项目及其备选方案所进行的一种全面评估。这种项目评估的根本目的是分析和识别项目及项目备选方案的可行性大小和优劣，从而决定项目或项目被选方案的取舍。总之，事前评估都是在项目的决策之前，对项目的必要性和可行性所作的评估，以及对于项目各个备选方案的技术、经济、运行条件和社会与环境影响等方面所进行的全面论证与评估工作[8]38。

从项目管理的角度说，体育赛事事前评估是指在赛事举办地尚未决策举办某一赛事之前，对赛事所进行的综合论证与评估，其根本任务是对举办体育赛事的必要性和可行性进行分析研究和评估论证。具体地讲，体育赛事事前评估是决策主体在决定选择或申办赛事之前，通过调查、研究与赛事有关的自然、社会、经济资料，分析、比较可能的投资方案，预测、评价举办该赛事的社会经济效益，并在此基础上，综合论证举办赛事的必要性、经济上的合理性、赛事承办条件上的可能性和可行性，从而为赛事的投资决策提供科学依据的系统性工作。

需要说明的是，与其他项目不同，每一项体育赛事都有其特殊性，而且在同一个时期很难有两个级别或类型相同的体育赛事。因此，体育赛事事前评估就只是对某一项具体赛事的评估。一般情况下，赛事事前评估不包括对其他备选的体育赛事进行评估和比较的过程。

二、体育赛事事前评估的特征

体育赛事事前评估是在体育赛事申办（或购置）之前开展的体育赛事论证和评估工作，属于事前评估的范畴。它具有很鲜明的特征，主要包括以下几个方面：

（一）预测性

由于体育赛事事前评估是在赛事举办之前进行的，所以它所使用的数据资料主要包括两类，其一是与体育赛事和举办城市有关的各种历史数据（以前类似赛事的相关数据资料），其二是体育赛事项目以及举办城市有关的各种预测数据（根据以前经验、数据作出的推测或假设）。因为体育赛事事前评估的对象是未来可能举办的体育赛事项目，故只能使用历史数据和预测数据去分析和评估赛事项目在某一地区是否必要与可行。这些数据中包括体育赛事项目所涉及的经济、市场、运行条件和社会、环境效益等诸多方面的历史和预测数据，以及体育赛事项目相关的各种因素发展趋势预测分析数据，因此预测性就成了体育赛事事前评估的一个重要特征。

（二）系统性

由于体育赛事事前评估是对赛事项目的全面评估，所以它还具有系统性的重要特征。这种系统性表现在：体育赛事事前评估所涉及的内容，包括对于体育赛事举办的基础条件、体育赛事与城市的契合度、体育赛事给城市带来的效益等多方面的整体评估。体育赛事事前评估同时要考虑涉及赛事项目的各种系统内部因素和各种环境因素，以及这些因素之间的相互关系。例如，居民对赛事的支持程度，政府的态度，举办地的政治、经济、社会环境，举办赛事的基础设施等。这些系统性要求在体育赛事事前评估中必须特别注意体育赛事举办的基础条件和可能给举办地带来的效益的综合考虑，同时还要特别注意体育赛事经济效益和社会效益的有机统一，即必须从举办体育赛事的可行性和必要性以及体育赛事的经济、社会等综合效益角度出发，对体育赛事项目进行深入分析。

（三）实践性

项目评估的原理和方法都是来源于实践的，体育赛事事前评估也不例外，所以都具有实践性的特征。同时，体育赛事事前评估是为赛事决策实践服务的，所以它也必须具有实践性。这种实践性一方面是因为体育赛事项目本身必须源于某一地区社会、经济发展以及地方居民的实际需求；另一方面被评估的体育赛事项目也必须符合举办地的政治、经济、社会等方面的条件。更进一步要求体育赛事事前评估中所使用的数据必须符合实际情况，而不能主观臆造，甚至体育赛事事前评估中的各种参数也必须来源于客观实践，而不能依赖评估者的臆造或学者纯理论的探讨。另外，体育赛事事前评估的技术方法也必须是实事求是的，而不能为了通过上级或政府的批准自己去根据主观需要将这种评估变成一种可批性报告的编制作业，否则将会给体育赛事各个相关利益主体带来不利影响。因此，体育赛事事前评估的结果一般都需要进一步的实践检验，甚至需要对其进行事后评估以检验其正确性。

（四）科学性

体育赛事事前评估除了上述预测性、系统性和实践性等特征之外，还具有科学性的特征。虽然体育赛事事前评估所使用的多是历史性和预测性数据，但是它要求使用科学的评估方法、评估参数和评估过程等，从而保证体育赛事事前评估结果的科学性。在体育赛事事前评估中，科学性是最为重要的特征，它是确保赛事事前评估不流于形式、不受“长官意志”的干预和经验主义主观臆断的误导而造成最终决策失误的关键。

第三节　体育赛事事前评估的系统研究

一、体育赛事事前评估系统结构

通过前面从价值论和认识论角度对体育赛事事前评估本质特点、评估主客体关系等问题的分析可以发现，要实现把体育赛事事前评估作为一种管理手段为科学决策提供依据的目的，就要在评估主体、决策主体、委托方等多种角色的共同参与下，由评估主体针对委托方提出的或笼统或具体、或模糊或清晰的评估任务指导下制定评估目标，并用一定的评估标准衡量，判断体育赛事项目是否能够在某地区举办以及对该地区的意义和价值。也就是说，体育赛事事前评估必须形成

一套系统才能保证评估的科学性、合理性和有效性。

由于评估是指按照明确的目标来测定对象的属性，并将这种属性变为主观效用的行为，因此，在一般的评估系统中，既要包括评估主体和评估客体，又要包括客体属性及主体的评估标准等基本要素。其中客体属性是客观存在的，需要由评估主体进行认识和判断，而评估标准则是评估主体主观意识的体现，与评估目的有密切关系[116]。体育赛事事前评估系统的构成要素与一般评估系统的一样，也是由评估主体、评估客体、评估标准、评估目的等要素所构成的，这些要素并不是独立存在的，而是相互之间存在着联系和影响关系，从而构成了有机的体育赛事事前评估系统。对体育赛事事前评估系统的组成及各要素之间关系的分析，是评估涉及阶段的核心内容，也关系到赛事事前评估活动能否顺利实施以及能否取得准确、科学，并具有实践指导意义和理论研究意义的评价结果。

根据体育赛事事前评估系统的构成要素、要素间的关系及认识论规律，体育赛事事前评估系统结构如图 4–4 所示：

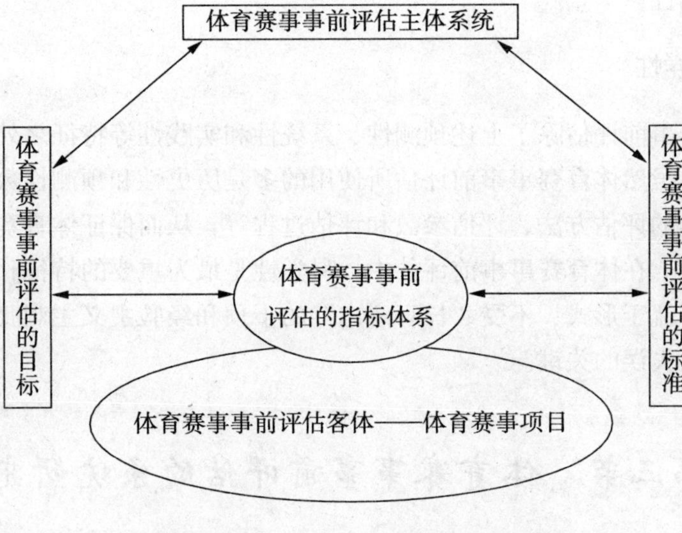

图 4–4　体育赛事事前评估系统结构图

图 4–4 显示出在体育赛事事前评估活动中，赛事事前评估系统是由 4 个相互联系的基本要素所构成，这些要素包括：体育赛事事前评估主体系统、体育赛事事前评估客体——体育赛事项目、体育赛事事前评估的目标和体育赛事事前评估的标准。其中体育赛事事前评估的目标是由决策主体和评估主体所确定的。评估目标经过与体育赛事项目的自身属性和赛事项目的运行环境（即举办地的情况）相结合，形成了体育赛事事前评估指标体系。体育赛事事前评估的标准是评估活动作出价值判断的基准，可以是历次评估活动结论的总结，也可以是评估主体价

值观或主观效用的体现。体育赛事事前评估的主体通过评估指标体系对体育赛事项目能否在某一地区举办这一问题进行分析，形成评估结论。

在具体的体育赛事事前评估设计中，科学地确定评估目的、合理地选择评估指标体系和评估标准，是体育赛事事前评估成功的关键。反之，如果体育赛事事前评估主体对评估系统结构及系统内各要素的特性及相互关系没有很好分析和把握，对体育赛事事前评估的价值导向不清、评估目的不明确、评估指标体系选择不合理就会导致一系列问题。

二、体育赛事事前评估主体

评估是主体对客体价值的认识活动。按照价值论观点，价值是客观的，但评估不同于对客体的认识，而是对主体需要及与客观属性关系的反映。因此在评估中，评估主体及其需求的确定将直接影响到评估的目的及客体属性的认识和判断[117]。

在体育赛事事前评估中，隐含着一个基本的假设，即体育赛事项目能够满足一定主体的需求，即在主体与体育赛事项目中存在着一定的价值关系。在这种价值关系中，体育赛事项目成为价值客体，而与其对应的主体就是价值主体。在体育赛事事前评估中，评估的内容是判断体育赛事项目在某一地区举办的可行性和必要性，即判断体育赛事项目符合客观规律和主观规律的情况，因此评估主体的选择不仅要考虑价值主体与体育赛事项目的特点与关系，而且要考虑对体育赛事项目符合规律的认识需求。

（一）体育赛事事前评估的价值主体

从体育赛事项目的本质出发，参照环境经济学关于价值的分类方法，体育赛事项目的价值可以分为“利用价值”和“非利用价值”两大类：

“利用价值”是指任何同体育赛事活动的直接或间接参与相联系的价值。按照人们对体育赛事的参与情况可以进一步分为“直接利用价值”和“间接利用价值”两部分，其中“直接利用价值”也称为“可提取利用价值”“消费性利用价值”或“结构性利用价值”，是指体育赛事活动提供的可直接消费的产品和服务，如为现场观众提供的精彩比赛和纪念品、为赞助商提供的现场广告和推介的机会、为媒体提供的赛事转播机会等。“间接利用价值”也称为“不可提取的利用价值”或“功能性价值”，是来自于体育赛事的功能产生的价值。主要指体育赛事对举办城市相关产业带动的价值、对城市的宣传价值、对比赛电视观众的价值，以及提升赛事组织者和志愿者素质而产生的价值等。

“非利用价值”是指同是否参与体育赛事不相关的价值，包括能够满足人类精神文化和道德需求的价值。Jeffrey Gerald Owen认为，体育赛事的“非利用价值”主要包括赛事举办城市居民自豪感的价值以及对没有观看比赛的居民教育、文化等方面的价值等。总而言之，体育赛事项目不仅促进了举办地经济社会的发展，提升了城市的知名度，而且也丰富了人们的精神文化生活，因此，体育赛事项目给举办地带来的是综合价值[118] 42–45。

从微观层面说，对于每一个体育赛事项目，价值主体的不同将对体育赛事事前评估的目标和评估设计产生重要影响。不同的体育赛事项目，其价值主体也可能有所不同。对于出于追求利润或企业宣传的需要，由企业决策举办的体育赛事项目（往往是一些小型的体育赛事项目）在满足了社会公众的物质或精神需求的同时，也给企业带来了直接的利润或打造了企业品牌。因此，企业是直接的价值主体。而对于具有很强外部性和效益不确定性的体育赛事项目（往往是一些大型体育赛事项目），由于它处在较为严重的“市场失灵”状态之中，企业对这些赛事项目不愿意或根本没有能力进行投资。如果完全由市场提供，那么这类赛事项目肯定会远远低于社会的需求。此外，由于举办这类体育赛事项目涉及的关联主体很多，而且要动用大量的政府资源，故没有政府的参与，其市场提供量几乎接近于零。因此，政府为了满足社会的需求，从弥补市场失灵的目的出发，往往要对此进行资金资助或给予其他方面的优惠政策。

由于大型体育赛事项目所具有的公共产品性质和外部性，使其受益范围不仅仅局限于小群体，可能惠及所有的社会公众。如足球世界杯等大型体育赛事的举办地，几乎所有的人都会在不同阶段、不同程度地从中受益。因此，大型体育赛事项目所体现的价值，满足的是社会公众的需求，社会公众就成为了此类项目的价值主体。政府运作政府资源或运用来自于社会公众的财政资金支持具有公共产品性质和外部性的大型体育赛事项目是政府为社会提供公共产品职能的一种体现。

通过以上分析，可以明显地得出判断：企业和社会公众是体育赛事项目的两个价值主体。相对于价值主体为企业的体育赛事项目而言，价值主体为社会公众的体育赛事项目情况更为复杂。从我国目前的体育赛事项目运作的实践看，以社会公众为价值主体的体育赛事项目更为普遍，更具有代表性。因此，这一类型的体育赛事项目将是本书分析的重点。

由于社会公众是体育赛事项目的价值主体，因此体育赛事项目的选择与管理应以满足社会公众的需求为目标。然而出于决策成本和决策效率的考虑，在进行体育赛事事前评估时，不可能也无法实现理论上的价值主体参与其中。同时，由于“市场失灵”领域体育赛事项目效益的不确定性和对价值主体作用的非直接性，对于大多数社会公众而言，也不具备对体育赛事项目价值判断的素质和能力，由

相关行政机构作为社会公众的代表，通过体育赛事项目发展规划和计划的形式引导和调节某地区的体育赛事活动，不仅有利于体育赛事项目的成功举办，而且有利于从宏观上把握社会公众价值主体对体育赛事项目的需求，从宏观层次上选择能最大化满足价值主体需求的体育赛事项目。从这个意义上讲，政府成为价值主体的代表，而社会公众与相关政府机构之间形成了一种委托与代理的关系。

（二）体育赛事事前评估的决策主体

体育赛事事前评估的目的是进行体育赛事项目属性价值的判断，即判断某一体育赛事项目是否符合客观规律及对社会公众主观需要的满足程度。价值主体需要的满足，是通过客体作用于主体所实现的[119]80。对于体育赛事项目而言，只有在举办体育赛事项目的一段时间内，社会公众通过参与或非参与的方式在物质方面或精神方面得到满足时，才实现了社会公众的需求。政府作为社会公众的代表，通过体育赛事规划引导未来体育赛事项目的举办，以最大程度地满足社会公众的需求为目标。而体育赛事对社会公众需求的满足，需要通过对体育赛事项目的选择与决策、体育赛事项目的推广以及体育赛事项目的组织等诸多环节。因此，项目管理中的决策环节对社会公众需求的满足程度有重要影响。同时，最大满足社会公众对体育赛事项目的需求也是决策的准则。

根据现代决策理论，决策有不同的分类方法。例如，按照决策的重复性划分，可以分为程序化决策和非程序化决策（这里的程序化决策是指经常重复发生，能按规定的程序、处理的方法和标准进行的决策；非程序化决策是指具有极大偶然性、随机性，又无先例可循且有大量不确定性的决策）；按照目标的多少划分，可以分为单目标决策和多目标决策；按照决策因素的性质划分，可以分为定量分析决策和定性分析决策；按照决策的方法划分，可以分为经验决策和科学决策；按照决策的人数划分，可以分为个人决策和集体决策等[119]56-57。体育赛事项目的本质特征和属性，决定了体育赛事项目举办与否的决策是一种非程序化的、多目标的、定量分析与定性分析方法相结合的决策活动。同时，为了保证决策的科学性，体育赛事项目举办与否的决策应该是一个集体决策和科学决策的过程。但从目前实际情况看，体育赛事项目决策更多的是一种经验决策和个人决策，而且决策依据不够充分，决策主体及决策程序也不尽合理。为此，必须构建体育赛事事前评估理论与方法体系，改进体育赛事项目决策系统，科学选择决策主体，以保证决策结果的有效性。

按照现代决策系统的分工，决策中枢系统是在决策咨询系统的协助下，对各决策方案作出判断和取舍[120]64。体育赛事项目举办与否的决策方案是经评估主体对体育赛事项目的可行性和必要性进行判定之后的结果。作为决策主体，必须

能对咨询机构所提供的咨询意见具备基本的判断力，能对方案的优劣作出基本比较。由于体育赛事项目具有相关利益者较多、对举办地产生的效益复杂且难以量化等诸多特点，对决策主体的知识素质提出了较高要求。决策者不仅要具有战略思想，从宏观上把握城市发展的方向和经济社会发展需要，而且还需对体育赛事项目优劣、赛事满足经济和社会发展目标的程度等具备判断力，这往往是行政决策者所无法达到的。依据行政决策学理论，在决策过程的各个阶段，实现谋与断、制定与执行的相对分工局面，将有利于保证决策的科学性[120]78-80。因此，体育赛事项目的决策主体必须由诸多相关领域的专家和学者组成，独立作出申办或引进体育赛事项目的决策，而政府作为社会公众利益的代表，通过制定体育赛事发展规划、监督决策过程、审核决策结果等方式，保证申办或引进的体育赛事项目符合价值主体的需求。

在体育赛事项目管理中，决策主体要根据体育赛事项目的运行环境，体育赛事项目经济、社会效益等方面的评估和论证，决定是否在该地区举办某一体育赛事项目。

决策主体是对体育赛事项目申办或引进问题有决策权的主体。在体育赛事项目管理中，政府作为社会公众的代表，是体育赛事活动规划和体育赛事相关政策的制定者，对体育赛事相关政策和体育赛事活动规划的执行负有监督责任。而体育赛事项目的决策问题，属于体育赛事活动规划执行过程中的具体问题。

实现体育赛事项目价值主体代表（地方政府部门❶）与体育赛事项目决策主体的分离，是科学决策和在项目管理中形成有效监督机制的需求。价值主体与决策主体的分离使两者之间形成了一种委托与代理关系。为保证决策主体所作出的决策符合公众利益，地方政府部门通过监督体育赛事项目的总体运营情况、审核决策主体的决策结果、调整体育赛事规划等形式对决策主体的决策行为产生影响或进行监督。

根据谋与断分离的决策原则，选定体育赛事项目决策主体之后，体育赛事事前评估的评估主体选择应由决策主体根据项目评估需要来进行，因此决策主体也就成为了体育赛事事前评估的委托者。

（三）体育赛事事前评估的评估主体

在体育赛事事前评估过程中，价值主体是社会公众及其代表——政府，而决

---

❶ 这里所指的“地方政府部门”，不能狭义地理解为体育行政部门，因为体育行政部门代表的只是社会公众体育方面的利益；但体育赛事所能产生的价值涉及诸多领域，如旅游、经济、文化等等，因此，体育赛事项目价值主体的代表应该是地方政府。

策主体是政府委托的由诸多相关领域的专家和学者所组成的决策集体。由于体育赛事事前评估反映的是体育赛事项目符合客观规律和主观规律的程度，在价值主体与评估主体合一的情况下，评估的对象是体育赛事项目的主观价值和客观价值，即赛事项目是否合乎客观规律及符合自身的需求程度，评估客体是体育赛事项目本身与主体之间的价值关系。然而，由于体育赛事项目的特殊性，无论是理论上的价值主体还是事实上的价值主体，都无法成为项目是否符合客观规律的判断者，也就不能成为评估主体。因此，独立的评估主体是体育赛事事前评估的必然要求。根据谋与断分离的原则，评估主体与决策主体也不能合二为一。独立的评估主体要对体育赛事项目的合规律性和符合价值主体需要的程度进行判断，即除判断体育赛事项目的合规律性以外，还要对赛事项目与社会公众之间的价值关系进行评估。体育赛事事前评估主体的不同所造成的评估关系的变化如图 4-5 所示：

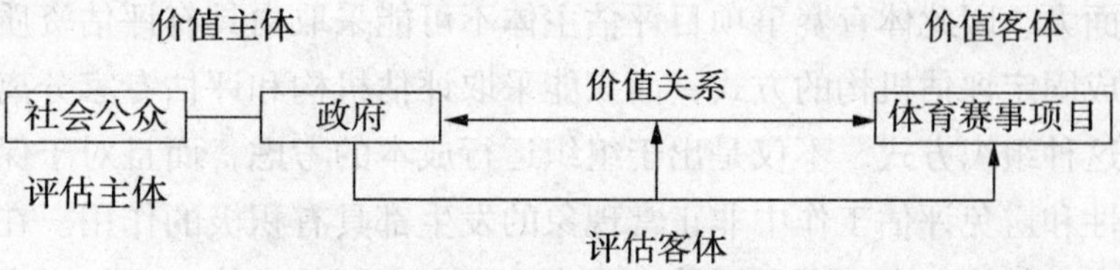

(a) 体育赛事事前评估的价值主体与评估主体合一时的评估关系

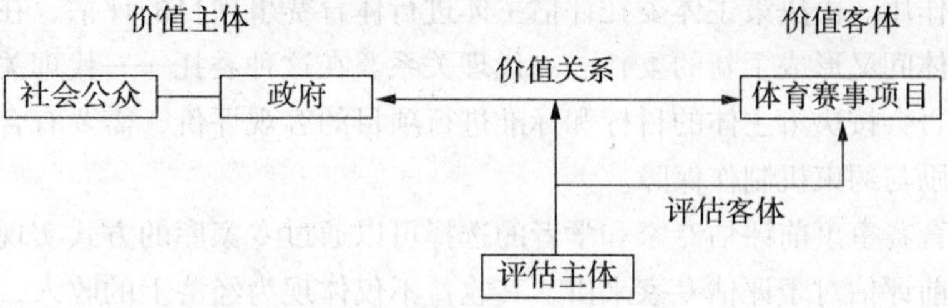

(b) 体育赛事事前评估独立评估主体时的评估关系❶

图 4-5 体育赛事事前评估主体的选择与评估关系示意图

从图 4-5 可以看出，评估主体在进行评估中，价值主客体之间的价值关系是评估对象之一。价值主体与评估主体的关系决定了评估的性质。按照价值论和认识论观点，如果评估主体所“评估”的价值关系与自身无关，即评估主体不是价

❶ 在独立评估主体的情况下，要顺利地完成体育赛事事前评估工作，其评估主体必须得到政府的大力支持，这一关系在本图中未反映，特此说明。

值关系的受益者，则“评估”行为只能是一种认知行为，而不能成为评估。当价值主体与评估主体合一时，评估主体在对客体属性进行认识的同时，还要对客体满足自己需求的程度作出判断，才能称之为评估。

在体育赛事事前评估中，由相关专家所组成的独立的评估主体是否与价值主体合一成为界定体育赛事事前评估性质的关键。体育赛事项目的复杂性决定了其评估工作只能由相关专家和学者来进行，普通社会公众对体育赛事项目的可行性和赛事项目对经济、社会发展的影响不能作出科学、准确地认识，但由于相关专家本身也是社会公众的一部分，虽然经过了社会公众—政府—决策主体—评估机构—评估专家这一系列委托关系，但因为其本身就是价值主体的一部分，所以评估专家对体育赛事项目符合价值主体需求的判断不是一种认知行为，而是一种评估行为。

体育赛事项目评估主体是受赛事项目决策主体委托，组织体育赛事事前评估，提出最终评估意见的主体的总称。由于体育赛事项目涉及的领域多且对举办地的影响面大，因此体育赛事项目评估主体不可能采取由具有评估资质的专业评估人员组成固定评估机构的方式，而只能采取评估机构和评估专家分离的组织方式。采取这种组织方式，不仅是出于组织运行成本的考虑，而且对于保证评估工作的独立性和避免评估工作中非正常现象的发生都具有积极的作用。在评估机构和专家联合进行体育赛事项目评估过程中，专家是评估主体，承担赛事项目评估的实质性工作，而评估机构由于其人员组成等条件限制，只能起到评估工作的组织和辅助作用。由决策主体委托评估主体进行体育赛事项目的评估，在决策主体和评估主体间又形成了新的委托——代理关系。在这种委托——代理关系中，评估专家是否会按决策主体的目标和标准进行项目的客观评价，需要有合理的监督机制和激励与约束机制作保障。

对体育赛事事前评估专家和学者的选择可以通过专家库的方式实现，参与体育赛事事前评估对于评估专家来讲，其收益不仅体现为经济上的收入，而且体现为一种荣誉或一种资格。同时，体育赛事事前评估的专家可能不止参加一次评估活动，他们与委托方的关系是多轮委托——代理关系。因此，在这种委托——代理关系中，作为委托方应考虑建立科学的激励与约束措施，以实现对专家评估行为的导向和控制。

从评估委托方的角度说，由于体育赛事事前评估的专业性和评估过程的主观性，评估委托方监控评估过程不仅是不现实的，而且成本相当高。评估委托方只能采取分析评估结果或接受社会对评估结果的异议并展开调查等方式来保证评估效果。对于委托方来讲，采取这样的监督措施其成本是相对固定的，而收益则是减少体育赛事项目选择发生失误的可能，其收益体现为由于监督行为所带来的体

育赛事项目选择正确与否所引起的未来收益的差异。这种差异取决于监督行为是否会对专家评估意见乃至最后的评估结果产生影响。

(四) 体育赛事事前评估的主体系统结构

从体育赛事事前评估主体系统的构成可以看出，在评估主体系统内部各主体之间是多重委托——代理关系。通过主体间职能分工、监督机制的建立和激励与约束机制的建立，形成各主体合理分工、相互监督、运作有序的系统。

以政府为代表的社会公众价值主体需求通过体育赛事规划的形式得以体现，而且价值主体的需求构成了决策主体、评估主体进行体育赛事项目评估与决策时的依据。项目评估主体系统的构成及其相互关系如图 4-6 所示：

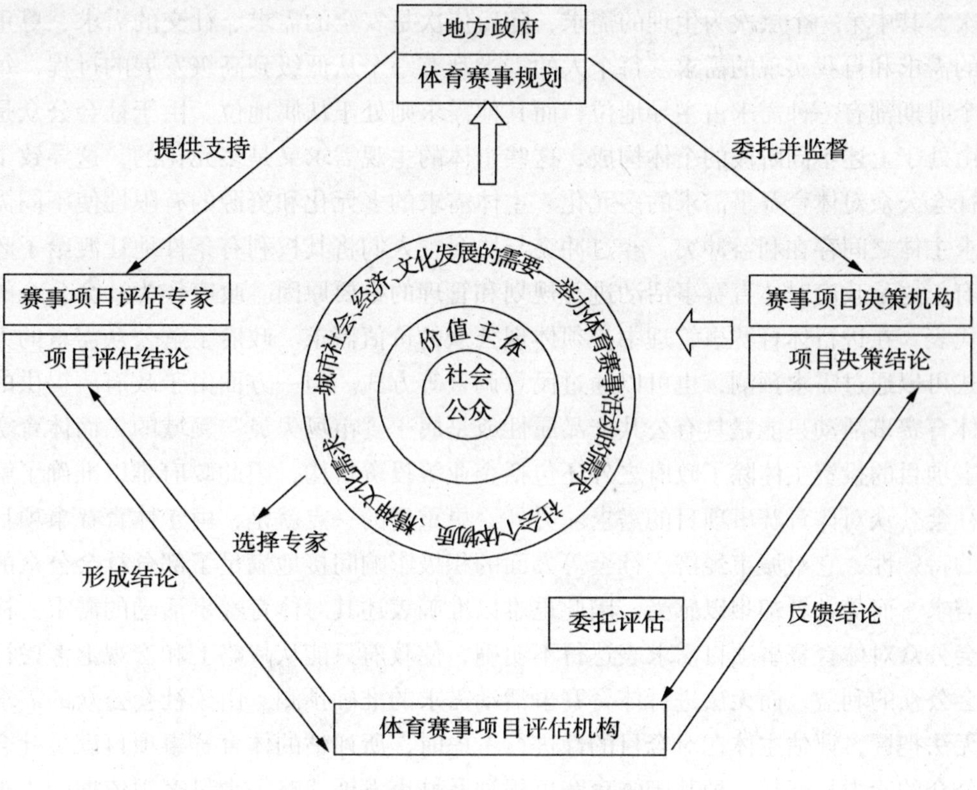

图 4-6　体育赛事事前评估主体系统结构图

图 4-6 表示体育赛事规划制订、体育赛事事前评估与论证都是以满足社会公众价值主体需求为出发点，经过由满足社会个体物质、精神文化的需求，到对城市社会、经济、文化等发展的需要，最终形成对举办体育赛事活动的需求，并进而通过体育赛事规划的形式表达出来。而后体育赛事项目决策机构、评估机构及

评估专家以符合体育赛事规划目标和符合客观规律为标准进行项目评估和申办、引进决策，最后通过体育赛事项目的举办，满足社会公众对个体物质、精神文化和城市社会、经济、文化等发展的需求。

（五）体育赛事事前评估的主体系统结构对评估的影响

从图 4-6 中可以看出，在体育赛事事前评估主体结构中形成了多重委托——代理关系。价值主体与政府之间、政府与决策主体之间、决策主体与评估机构之间、评估机构与评估专家之间的委托——代理关系及这些委托——代理关系的特殊性，使评估专家对主观价值的评估面临很多困难。

1. 价值主体需求的多元化和表达不明确性对评估的影响

美国著名社会心理学家马斯洛的需求层次理论认为，人的需求分为 5 个层次，其中第一个层次为生理的需求，随后依次是安全的需求、社交的需求、尊重的需求和自我实现的需求。每个人的需求都有一个从低级到高级发展的过程，每个时期都有一种需求占主导地位，而其他需求则处于从属地位。由于社会公众是由处于上述不同阶段的个体构成，这些个体的主观需求又是多元化的，这导致了社会公众对体育赛事需求的多元化。主体需求的多元化和资源的有限性使不同需求主体之间存在利益冲突，经过冲突与协商，人们将其权利有条件地让渡给了政府，这是政府对体育赛事活动进行规划和管理的重要原因。政府作为社会公众的代表，在进行体育赛事管理中必须体现公众的价值需求。政府了解公众需求的方式可以通过需求预测，也可以通过民意调查等方式。但一方面由于政府所提供的体育赛事活动只能是具有公共产品属性或是属于“市场失灵”领域的，而体育赛事项目的投资主体除了政府之外还包括企业等投资机构，因此政府难以准确了解社会公众对体育赛事项目的需求。另外，更重要的一点就是，由于体育赛事项目的特殊性，它对城市经济、社会等方面的积极影响间接地满足了部分社会公众的需求，而受益者却难以感受，因此也难以准确表述其对体育赛事活动的需求。社会公众对体育赛事项目需求表达得不明确，使政府只能从战略上和宏观上考虑社会公众的利益，而无法进行体育赛事活动需求的准确预测。由于社会公众的需求无法把握，评估主体在对合目的性进行考虑时，所评估的体育赛事项目满足社会公众的能力只能是一种基于体育赛事规划及城市发展战略等少量客观依据的主观判断。

2. 政府的价值需求表达不完全、不充分对评估的影响

由于社会公众价值主体的多元性和表达的不明确性，政府成为社会公众的代表对体育赛事项目进行规划和选择。然而，政府认识社会公众需求的能力是有限的，再加之社会公众很多且体育赛事影响面很广，政府难以反映社会公众对体育

赛事价值需求的不同程度。此外，在不同的阶段，政府所关注的社会公众需求的重点也是不同的，故表达的体育赛事需求也是不完全的、不充分的。如在上海申办世博会期间，政府认为取得世博会的举办权是最大限度地满足上海发展的需要，满足社会公众的需求，只要是能够有利于取得世博会举办权的体育赛事项目就是政府最需要的项目；再如上海为了打造国际大都市，政府不惜重金取得了号称世界三大赛事之一的F1大奖赛的举办权，它认为这能够促进上海城市发展，并间接地满足了部分社会公众的需求，故也是政府最需求的体育赛事项目。但如果全面、充分地考虑政府对体育赛事项目的各种需求，也许情况并非如此。总之，由于政府对体育赛事项目价值需求表达得不完整和不充分，使合目的性评估即主观价值评估的评估依据很不充分，专家在进行主观价值评估时没有可供比较的基准，主观判断就成为唯一可行的选择。

三、体育赛事事前评估客体

体育赛事事前评估是评估主体对评估客体属性的认识和对客体属性满足价值主体需求程度的判断过程。项目评估的客体是体育赛事项目及体育赛事项目与价值主体之间的价值关系，评估的依据是体育赛事项目的属性。根据评估目的不同，对体育赛事事前评估的属性也有所不同。

（一）体育赛事事前评估客体分析

评估客体是指与满足主体需要相关联的客观存在物的属性或功能[121]5-7。在体育赛事事前评估中，作为评估客体的项目最重要的属性是满足社会公众需求的属性。对于体育赛事来说，举办地的基础条件以及赛事对于举办地的价值是客观的，然而对其评估的过程则是一种主观的认识过程，需要由评估主体进行判定。对体育赛事项目进行评估，其评估的内容是项目的合目的性和合规律性。因此，在体育赛事事前评估中，必须先明确社会公众的需求。但要明确社会公众的需求并非易事，经常会出现难以识别社会公众需求的情况，给评估带来一定困难。不过有些情况下，价值主体的需求还是较为明确的，如2005年上海网球大师杯赛。此外，价值主体的需求也有可能已经通过体育赛事规划或城市发展战略纲要等形式表现出来。在上海，价值主体对体育赛事项目的需求已经通过政府工作报告中“将上海建成亚洲一流体育中心城市的目标”和“积极举办国际性重大体育赛事”的战略规划中表现出来。因此，体育赛事事前评估的准则是体育赛事项目合规律性，即符合体育赛事规划、城市发展战略纲要以及其他价值主体需求的程度。

体育赛事事前评估通常包括对评估客体，亦即体育赛事项目的两个方面的评

估：一是项目的合规律性，即某一体育赛事项目在该地区举办的可行性；二是项目的合目的性，即某一体育赛事项目在该地区举办的必要性。在这两个方面的评估中，第一个方面评估的是体育赛事项目与该地区客观条件的耦合度；第二个方面评估的是体育赛事项目所产生的价值与该地区价值主体需求的耦合度。但无论是哪一个方面的评估，评估的内容都是体育赛事项目与城市之间的关系。由于体育赛事项目本身的特征以及评估中存在着价值主体、决策主体和评估主体的分离，而评估的根本目的是判断体育赛事项目与城市客观条件和社会公众价值主体需求的吻合程度，因此，在对体育赛事的合规律性评估中，可能出现评估专家对体育赛事在该地区成功运作所需条件及对该地区的客观状况把握不够全面等问题。在对体育赛事的合目的性评估中，可能出现评估专家对社会公众的需求、城市发展战略等理解偏差或对体育赛事项目的客观价值判断不够精确等问题。

体育赛事事前评估的对象是一个尚未举办的活动，评估的内容主要涉及城市的资源条件、经济、社会、法律等客观环境是否满足体育赛事项目成功运作的要求，以及体育赛事项目的经济影响、社会影响等效益是否符合价值主体的需要。与一般工程项目不同，体育赛事项目评估的很多方面并没有普遍认同的、固化的标准，对项目的合规律性的评估绝大部分要依靠专家主观知识进行判断。对于体育赛事项目的效益以及是否满足价值主体需求的判断，同样没有客观的、公认的评估标准，只能依靠评估人员基于对未来进行预测所进行的情景分析。

一言以蔽之，在体育赛事事前评估中，评估客体表现为抽象化、概念化，而且未知因素较多，不确定性较明显。

（二）体育赛事事前评估客体特征及对评估的影响

体育赛事项目与一般的工程项目相比具有很多不同的地方，由于体育赛事项目的这些特殊性，导致体育赛事事前评估与一般的工程事前评估具有明显的不同，这也给体育赛事事前评估带来了一定的影响。

1. 体育赛事项目的复杂性对评估的影响

体育赛事项目与一般的工程项目相比具有典型的复杂性特征，主要表现在以下几个方面：第一，体育赛事项目的关联主体多。一项体育赛事通常包括政府部门、国际体育组织、社会团体、企业(包括赞助商和中介机构等)、媒体、境内外观众（包括现场和电视观众）、举办地居民等多个关联主体。第二，组织体育赛事涉及的部门多。通常一项体育赛事的举办都要涉及交通、安保、公安、海关、媒体、市容环卫、旅游、体育等多个部门，正因为组织一个体育赛事项目涉及的部门如此之多，上海市人民政府于 2005 年 9 月建立了“上海市重大体育赛事联席会议”，其成员涵盖了上海市 22 个政府职能机关的领导。第三，影响体育赛事

项目举办效果的因素多，随机性强，赛事本身边界开放性的特征明显。

体育赛事项目复杂性的表现还有很多，这里不再一一列举。体育赛事项目所表现出的复杂性使得赛事事前评估过程变得较为复杂，给赛事项目事前评估带来了一定的挑战。

2. 体育赛事项目外部性特征对评估的影响

所谓外部性是指一定的经济行为对外部的影响，造成私人（企业或个人）成本与社会成本、私人利益与社会利益之间相偏离的现象，包括正外部性和负外部性。体育赛事项目的外部性主要表现为正外部性，指的是赛事项目运营企业利益与社会利益之间相偏差的现象。这种正外部性体现在以下几个方面：第一，对其他相关产业的拉动效应。体育赛事作为一种经济现象，不仅能够为主办者以及体育产业带来直接的经济收益，而且可以以产业链的形式影响到其他相关产业，产生巨大的间接收益，如旅游业、餐饮业、酒店业、房地产业、新闻业、广告业等都是受益者。第二，对举办国家或城市知名度的影响。体育赛事是一种无国界限制、无种族歧视的活动，是有效提高国家或城市知名度的途径，成功举办体育赛事项目能够在很大程度上提高城市知名度。

体育赛事项目所具有的外部性特征，使得在评估过程中不能仅仅局限于体育赛事项目自身的分析，还要充分考虑它所产生的外部性。

3. 体育赛事项目的不确定性对评估的影响

与一般工程项目比，不确定性是体育赛事项目的重要特征之一。在对体育赛事项目进行评估时所遇到的不确定性因素包括以下几个方面：一是体育赛事项目举办所需条件的不确定。如体育赛事项目举办时的天气状况往往是很难预料的，这对于在室外举行的项目尤其明显。此外，运动员在比赛期间的情况也难以确定，很多赛事项目出现运动员受伤退赛的情况是很正常的，网球、斯诺克等一些个人项目中，明星运动员的受伤退赛对体育赛事项目影响更大。如 2006 年上海网球大师杯赛诸多明星球员的退赛就是赛事组织者始料不及的。二是体育赛事项目收入的不确定。一般来说，体育赛事项目的收入主要来自四个方面，即门票、赞助、电视转播权和纪念品等的销售。从我国目前的情况看，赛事项目收入主要由赞助、门票和政府补贴收入构成，而赞助收入占有绝对的比重，但赛事项目的赞助收入与新闻媒体关注程度、中介机构的谈判能力、赛事资源的开发能力等密切相关，甚至一些大型赛事项目的赞助收入还与政府所给予的资源多少有关。因此，在赛事申办前，由于赛事赞助收入具有很大的不确定，直接导致了赛事项目收入的不确定。三是体育赛事项目效果的不确定。体育赛事项目所产生的效果一方面与举办城市的外部环境相关，如赛事项目与外部环境吻合度越高，产生的效果越好；另一方面赛事项目的效果还与赛事组委会的实际运作直接相关，由于赛

事运作过程中各个环节都存在着诸多不确定因素，这就会直接导致赛事项目效果具有较为明显的不确定性。

由于体育赛事项目的不确定性特征，而且赛事项目各不相同，给体育赛事事前评估带来了一定的困难，因此，在实际评估中，一定要充分考虑这些不确定因素。

4. 体育赛事项目所产生效益的特征对评估的影响

体育赛事项目的另一个重要特征就是它所产生的效益与其他一般项目具有显著的差别。第一，体育赛事项目效益的非实物性特征。体育赛事项目的效益涉及经济、社会、环境等诸多方面，但总体而言，这些效益都表现为非实物形态的。第二，体育赛事项目效益的长期性特征。体育赛事项目持续的时间较短，最多20天左右，是一种一次性的活动，但它产生的影响却不是因为赛事项目的结束而突然中止，相反，体育赛事项目的很多影响是需要通过较长一段时间才能够反映出来，具有明显的长期性特征。第三，体育赛事项目效益的难以量化性。由于体育赛事项目效益表现为上述的非实物性和长期性特征，因此，自然就会带来难以量化的结果。从当前体育赛事效益评估研究的情况看，体育赛事经济效益量化的研究资料较多，而体育赛事对社会、环境等方面影响的量化较为困难。

体育赛事项目效益的诸多特征给体育赛事事前评估工作带来了很大困难，使得对体育赛事项目所产生效益的事前预测变得复杂。在实际的评估中，评估者应尽可能寻找最优的途径，使体育赛事本身的这些特征对评估的影响降到最小。

四、体育赛事事前评估的目标系统、内容体系及评估标准

（一）赛事事前评估的目标

项目评估目标是指项目评估所需要达到的目的。项目评估目标的确定是项目评估设计的关键内容，根据项目评估目标确立评估问题，并进而设置项目的指标体系是项目评估的基础工作。此外，事前评估是为项目决策服务的，评估结果将作为决策参考，因此事前评估目标的设计应根据决策的需要来进行[121]5-7。

体育赛事事前评估的主要内容是判断赛事项目是否适合在某一城市举办，即判断赛事项目与城市的耦合度，其主要依据是其符合价值主体需求的程度和是否符合客观规律。在体育赛事事前评估中，具体评估目标主要包括：

1. 分析举办体育赛事项目的必要性

项目立项的必要性主要是从价值主体的角度出发，判断项目成果满足价值主体需要的程度。对于已经规划的项目，其必要性分析已经在政府规划和计划编制

阶段得以论证，不需要再进行分析。而政府规划中未包括的项目，则要对其立项目标的实现价值进行分析。就体育赛事项目而言，政府在规划中一般很少明确提出具体的某一个赛事项目，因此分析举办体育赛事项目的必要性是体育赛事事前评估的一个主要目标。此外，体育赛事项目立项目标并不是直接的产品开发，项目对价值主体（社会公众）需求的满足具有间接性、滞后性和不明确性，对项目必要性评估无法由价值主体作出判断。因此对体育赛事项目立项必要性的考虑须从宏观角度分析把握各个领域中赛事项目对社会公众的价值，对于赛事项目必要性的评估不应只包括体育领域的专家，还应包括具有战略眼光的各领域的专家和学者。

2. 分析举办体育赛事项目的可行性

对项目的可行性进行分析，顾名思义就是判断某一项目是否可行。对体育赛事项目举办可行性的分析是体育赛事事前评估中最重要的评估目标。根据体育赛事项目的特点和构成要素，通常在赛事项目的可行性分析中要明确以下几个问题：一是举办国家或城市的政策是否允许赛事项目的正常运营；二是举办城市的社会经济基础是否能满足赛事项目的要求；三是举办地的各种条件是否能保证项目运行需要。体育赛事项目的可行性分析是一个较为复杂和繁琐的过程，它既需要大量的基础数据和资料，又需要一定的专业知识和技能，因此，在赛事项目事前评估中，关于赛事项目可行性方面的评估通常由相关专业专家完成。另外一点值得说明的是，我国目前体育赛事的实践时间不长，基础资料缺乏，考虑到评估成本等因素，很多可行性方面的评估还是需要借助于主观判断。

（二）体育赛事事前评估的内容体系

根据体育赛事事前评估的目标，进行赛事事前评估时的关键工作是对赛事项目的经济、社会、运行支持和影响等方面进行全面的分析和研究，即对体育赛事项目的可行性和必要性进行全面的论证。首先，探讨可行性的论证问题。从一般工程项目评估的角度看，关于项目可行性的论证通常包括运行环境评估、技术评估和财务评估 3 个组成部分。针对体育赛事而言，它虽然也是一个较为复杂的系统，却并不像工程项目一样有很多核心的技术环节，它更多的是需要运作经验。因此，本书的体育赛事项目可行性评估体系只包括赛事运行环境评估和赛事财务评估两个子系统。赛事的运作经验纳入赛事运行环境评估系统范畴。其次，再来探讨关于必要性的问题。一项体育赛事对举办地是必要的，也就是说，这一赛事对举办地是有积极影响的。因此，对体育赛事必要性的评估，亦即论证和评估体育赛事给举办地带来的积极影响。从现有文献看，三重底线评估法是现有西方体育赛事影响研究成果中最常见的方法之一，它倡导从经济、社会和环境 3 个维度

来展开分析。在对体育赛事必要性进行分析时，也从赛事的经济影响、社会影响和环境影响 3 个方面入手进行评估。最后，在对体育赛事事前评估时，不能孤立地只看赛事举办的可行性或必要性，需要对其进行全面综合的评估。

通过以上分析，体育赛事事前评估的内容体系包括体育赛事项目运行环境评估、体育赛事项目财务评估、体育赛事项目经济影响评估、体育赛事项目社会影响评估、体育赛事项目环境影响评估以及体育赛事事前综合评估 6 个组成部分(图 4–7)。

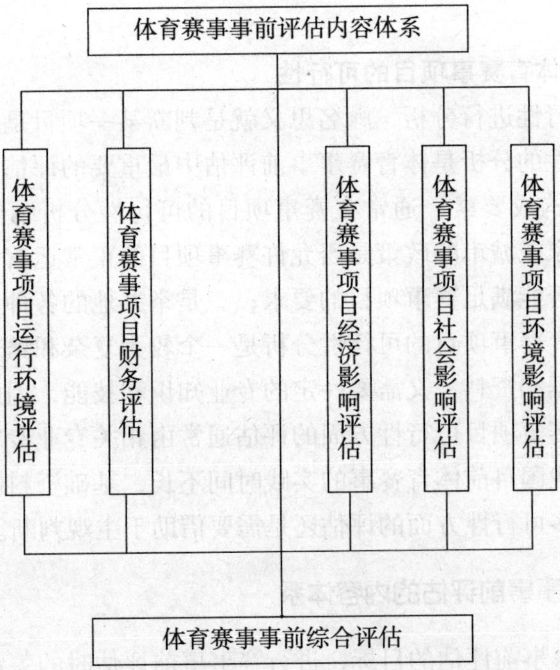

图 4–7　体育赛事事前评估内容体系框架图

1. 体育赛事项目运行环境评估

体育赛事项目运行环境主要是指赛事项目运营所面临的各种运行和支持条件。体育赛事运行环境不仅对于项目举办的可行性有决定性影响，而且对于赛事项目的经济效益、社会效益等也有很重要的影响，因此赛事项目运行环境的评估十分重要。它是对于赛事运营所面临的各种环境条件的全面评估，是从体育赛事项目运营条件出发进行的项目可行性分析和研究。体育赛事项目运行环境评估的主要内容包括：体育赛事运行的各种资源条件的评估（包括运作团队、运作资金、场馆、电视媒体、转播技术等方面），这是对体育赛事项目运行的各种输入条件的评估；体育赛事项目产出所面对的市场条件的评估（包括体育赛事项目不

同市场的需求情况等），这是对赛事项目运行的各种输出条件的评估；体育赛事项目运行宏观条件的评估（包括国际和地方的政治法律环境条件、社会文化环境条件等）、体育赛事项目的竞争环境评估，这是对赛事项目运行所涉及的市场竞争情况的评估。

2. 体育赛事项目财务评估

．体育赛事项目的财务评估是从项目投资者或者企业的角度对体育赛事项目本身的收入和支出情况的预测和分析。这一评估所使用的主要指标包括体育赛事项目投资利润率、投资收益率等营利能力指标。体育赛事项目财务评估的根本目的是分析和确认体育赛事项目运作主体在财务和成本收益方面的可行性，考察体育赛事项目的营利能力，为企业或投资者的项目决策提供信息支持。由于体育赛事项目的外部性特征以及当前我国体育赛事运作的市场环境，目前完全靠企业来运作赛事，尤其是大型的体育赛事，营利的可能性很小，而且营利也不是某一地区举办体育赛事的主要目的，再加上体育赛事项目的筹备期不长，财务相对比较简单。因此，在我国现阶段，体育赛事的财务评估在整个体育赛事事前评估中就显得不是特别重要。

3. 体育赛事项目经济影响评估

体育赛事项目的经济影响评估是从举办国家或城市的角度出发，对体育赛事项目的经济影响进行的全面评估。评估的目的一方面是为了选择对城市经济推动较大的体育赛事项目，另一方面是为了防止出现对投资者或企业有利但有损城市和全社会经济利益的体育赛事项目。体育赛事项目具有较强的外部性，它对举办城市经济的拉动作用明显，这也是城市选择举办体育赛事项目的重要原因之一。实际上，一个体育赛事项目的优劣首先要看项目对城市和社会发展所作贡献的大小。因此，体育赛事项目经济影响评估不仅是体育赛事项目评估中最重要的环节之一，而且也是整个体育赛事事前评估的重点。

4. 体育赛事项目社会影响评估

体育赛事项目社会影响评估是指因体育赛事项目的举办而对城市的社会心理、社会价值观、社会政治等方面的影响的分析与评估。体育赛事与城市社会生活诸多领域有着千丝万缕的联系，社会环境对体育赛事的费用与效益也有着或多或少的影响，因此对体育赛事项目不仅要进行经济方面的评估，还要从城市各项社会发展目标出发去分析和评估项目的利弊得失，选出在社会影响方面可行的体育赛事项目。体育赛事，尤其是大型体育赛事，对举办地社会的影响面较广，因此体育赛事社会影响评估包含的内容也较多，且具有多目标性和多层次性。其影响既可能是定量的，也有可能是定性的。有些影响可能关系不大，有些影响则举足轻重。因此，体育赛事社会影响评估要立足于“突出重点”的基础之上，结合

体育赛事项目的特点，充分重视对评估的主要内容的选择与确定。

5. 体育赛事项目环境影响评估

体育赛事环境影响评估是指在赛事项目举办之前，在充分调查研究的基础上分析项目可能给自然环境带来的影响，然后作出全面、科学的定量与定性预测，最终利用分析的结果指导项目的决策与实施工作。一般而言，除了需要大量建设场馆的大型体育赛事项目，以及滑雪、汽车越野等与自然环境关系较密切的赛事项目需要重点考虑其环境影响之外，其他赛事项目通常并不一定需要进行体育赛事环境影响评估工作。

6. 体育赛事事前综合评估

体育赛事事前综合评估是在上述各专项评估的基础上进行综合分析，提出结论性意见，给决策者提供一个简明直观的判断依据。对体育赛事项目从整体上综合评估形成一个科学的结论意见十分重要，其评估的结果直接影响决策的对错。因此，体育赛事事前综合评估要遵循科学性、客观性、导向性、可行性等原则。项目综合评估的方法很多，在体育赛事事前综合评估中，要基于系统分析比较、综合集成原理，按照定性与定量方法相结合、专家与决策者相结合、经验与现代数学方法相结合的原则选择合理的综合评估方法。

总之，体育赛事事前评估的问题不是一个随意、简单的事情，而是一个主客观信息综合集成的复杂过程。

（三）体育赛事事前评估的标准

任何评估总是要以一定的尺度为依据，没有一定的标准和尺度，也就无所谓评估[122]。体育赛事事前评估作为评估主体对赛事项目与价值主体需要之间价值关系的评判，在评估过程中也要依据一定的尺度。评估主体对赛事项目要作出正确的价值判断，必须符合评估标准的要求，而评估标准选择的正确与否又直接决定着评估活动的成败。马克思在《1844年经济学·哲学手稿》中提出了检验认识的标准，他指出："动物只是按照它所属的那个种的尺度和需要来改造，而人却懂得按照任何一个种的尺度来进行生产，并且懂得怎样处处都把内在的尺度运用到对象上去。因此，人也按照美的规律来建造。"[123] 本书作者认为，评估主体对体育赛事项目的评估活动作为一种特殊的认识过程，马克思所提出的检验认识的标准也是我们进行体育赛事事前评估的科学标准，它是建立在实践基础上的合目的性、合规律性的统一。

第一，体育赛事事前评估标准应是合目的性的。所谓合目的性，即赛事事前评估活动与社会公众及其现实需要相符合的性质。在体育赛事事前评估中，评估主体必须以"内在尺度"来评判体育赛事项目的必要性，"内在尺度"即社会公

众的一定需要和目的。只有与社会公众的利益相一致、满足了价值主体的一定需要和目的，为社会公众所肯定和认同的赛事项目，才有举办的必要性或价值（正价值）。而与价值主体的利益、需要和目的相冲突、相排斥，则往往被主体视为没有举办的必要或根本无价值，甚至是负价值。这里需要说明的是，体育赛事项目价值主体的需要和目的存在着是否具有合理性的问题，只有满足主体合理需要的体育赛事项目才有价值。

第二，体育赛事事前评估应该是合规律性的。所谓合规律性，即体育赛事事前评估活动与体育赛事项目的本质和规律相符合的性质。在体育赛事事前评估中，评估主体还必须以“外在尺度”来评判赛事项目举办的可行性。“外在尺度”即体育赛事项目与举办地自身的本质和规律性，它对价值主体的需要和目的起着一定的制约作用，并客观要求评估主体在体育赛事事前评估中不能仅仅以价值主体的需要和目的作为评估的唯一标准，还应尊重赛事项目的本质和规律，评估主体对赛事项目的需求必须与体育赛事的本质和规律相符合、一致。例如，举办奥运会、足球世界杯等体育赛事项目需要举办城市有众多经济、社会的先决条件，这是此类赛事项目的本质和规律，不能因为需要满足价值主体的需求而违背了这一本质和规律。

第三，体育赛事事前评估标准应是来源于实践的。这可以从两个方面来理解：一方面，体育赛事事前评估的要素都是存在于社会实践之中的。评估主体是生活于实践中的现实的、具体的人，价值主体的需要和目的是人们在长期的实践中形成和积累起来的，体育赛事项目本身是进入人的实践活动范围的特殊实践，赛事项目的价值属性也是价值主体在赛事运作实践中创造的。另一方面，体育赛事项目的价值是在社会实践中实现的。人们在赛事运作的具体实践中创造了赛事价值，赋予体育赛事项目以价值属性，同时也必须进一步在赛事运作实践中实现其价值，使其由“潜在的价值”转变为“现实的价值”。

第五章　体育赛事项目运行环境评估

上一章从总体上构建了一套较为科学、全面的体育赛事事前评估理论体系，这一章将对体育赛事事前评估的第一个子系统——赛事运行环境系统的评估问题展开研究。

第一节　体育赛事项目运行环境评估的主要内容

不同项目会面临不同的环境与条件，不同的环境与条件会直接影响到项目的可行性，直接决定了一个项目的成败，特别是项目所处的市场环境、项目所需资源的供给环境和项目所处的宏观经济与政治环境等。因此体育赛事项目的运行环境是在体育赛事事前评估过程中必须分析评价的方面之一。

体育赛事运行环境与条件评估涉及面很广，不可能在有限的时间和资源情况下对体育赛事运行的所有环境影响因素和条件进行全面评估，但是必须对体育赛事所涉及的主要环境因素进行一定深度的论证和评估。根据体育赛事项目的特点，通过对专家的访谈，本书认为，体育赛事运行环境条件的评估内容如图 5-1 所示：

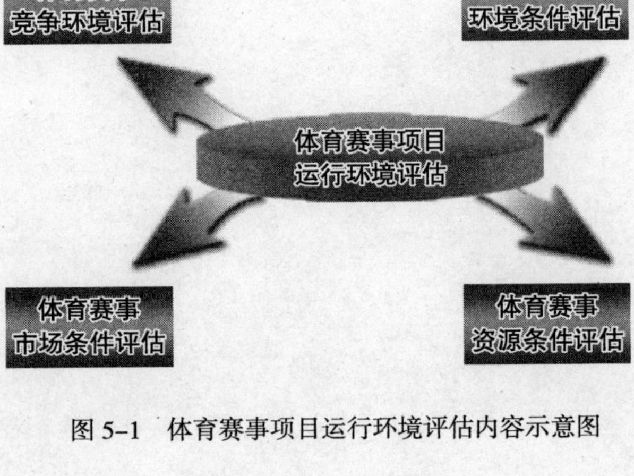

图 5-1　体育赛事项目运行环境评估内容示意图

一、 体育赛事宏观环境条件评估

体育赛事宏观环境条件的评估是指对体育赛事举办地的宏观经济环境、政策环境、法律环境、社会文化环境和自然环境等方面的全面评估。体育赛事项目的宏观环境对于赛事运作的成败有着极其重要的影响，必须对其进行全面、科学的评估。

二、体育赛事资源条件评估

体育赛事项目运行所需资源的供应情况是体育赛事的一个重要运行环境与条件，必须对体育赛事的资源条件进行必要的评估。需要说明的是，对于一个规模较小的体育赛事而言，所处的资源环境和条件是相对固定的，但对于一个规模较大、筹备期较长的体育赛事而言，如足球世界杯赛等，很多资源环境条件是可以创造的。

三、体育赛事市场条件评估

体育赛事市场条件主要指体育赛事举办地由体育赛事活动所“生产”的产品与服务的市场情况，在体育赛事运行环境评估中必须对体育赛事举办后所产生的产品和服务的市场需求、市场环境受到的各种影响因素等进行评估。

四、体育赛事竞争环境评估

体育赛事竞争环境的评估是指对赛事项目的潜在竞争者及可能的替代品生产者等对赛事运行造成影响的因素所作的论证和评估。

第二节　体育赛事项目运行环境评估的指标体系

为了构建体育赛事项目运行环境评估指标体系，本书先对国外相关文献进行了深入分析，再从举办地和体育赛事两个角度对文献分析所得的指标进行了整理，并对国内体育赛事领域的专家进行了咨询，最后根据一般项目运行环境评估的框架体系，对相关指标进行了组合，最终得到的体育赛事项目运行环境指标体

系如表 5-1 所示。

表 5-1　体育赛事项目运行环境评估指标体系

一级指标	二级指标	三级指标
1 体育赛事项目运行环境	1.1 体育赛事项目宏观环境条件	1.1.1 举办地的政治环境
		1.1.2 举办地的经济环境
		1.1.3 举办地的法律环境
		1.1.4 举办地的自然环境
		1.1.5 举办地的整体发展战略
		1.1.6 举办地政府的参与和支持
		1.1.7 举办地居民的支持
	1.2 体育赛事项目的资源条件	1.2.1 城市基础设施建设
		1.2.2 体育场馆设施条件
		1.2.3 赛事项目的技术要求和条件
		1.2.4 举办赛事所需资金
		1.2.5 赛事运作团队与赛事运作经验
		1.2.6 媒体转播条件
		1.2.7 比赛的档期
		1.2.8 住宿、餐饮等条件
		1.2.9 赛事的安保条件
		1.2.10 赛事所有方提出的其他条件
	1.3 体育赛事项目的市场条件	1.3.1 赛事的品牌和知名度
		1.3.2 赛事的成长性
		1.3.3 与举办地形象的吻合程度
		1.3.4 赛事与居民需求的吻合程度
		1.3.5 是否能与举办地的旅游战略整合
	1.4 体育赛事项目的竞争环境	1.4.1 赛事举办期间其他城市举办大型活动的可能性
		1.4.2 赛事举办期间内的其他活动

从表 5-1 可以看出，体育赛事运行环境评估指标体系共包括 4 个二级指标（即体育赛事项目宏观环境条件、体育赛事项目的资源条件、体育赛事项目的市场条件和体育赛事项目的竞争环境），24 个三级指标。下面对这些具体的指标作进一步探讨。

一、体育赛事项目宏观环境条件评估指标

在体育赛事项目运行环境评估指标体系中，体育赛事项目宏观环境条件评估指标下包括 7 个三级指标：举办地的政治环境、举办地的经济环境、举办地的法律环境、举办地的地理环境、举办地的整体发展战略、举办地政府的参与和支持、举办地居民的支持（表 5–2）。

表 5–2 体育赛事项目宏观环境条件评估指标一览表

二级指标	三级指标
1.1 体育赛事项目宏观环境条件	1.1.1 举办地的政治环境
	1.1.2 举办地的经济环境
	1.1.3 举办地的法律环境
	1.1.4 举办地的自然环境
	1.1.5 举办地的整体发展战略
	1.1.6 举办地政府的参与和支持
	1.1.7 举办地居民的支持

（一）举办地的政治环境

尽管联合国秘书长潘基文表示“体育不应与政治考虑混在一起，体育就应是体育。奥运会应该是国际社会在公平而具有竞争性的体育活动中展示和享受和谐、合作和相互尊重的场所”，但是谁都不能否认，当前体育与政治之间已经形成了一种难以分割的关系。

由于举办地政治环境的原因，导致体育赛事举办过程中发生意外事件或赛事举办不成功的案例很多。1972 年，慕尼黑奥运会，由于政治原因，以色列共计 11 位运动员、教练员遭到恐怖分子的杀害；1980 年，莫斯科奥运会，因为冷战，以美国为首的西方国家联合抵制在苏联莫斯科举办的奥运会，这成为近代参加奥运人数最少的一次；2008 年，WTA 女子职业网球的迪拜公开赛中，由于波斯湾区的国家与以色列的历史恩怨与纠葛，主办国阿拉伯联合酋长国不愿意发给以色列选手皮尔签证，导致皮尔被迫退出迪拜女网赛；2009 年 7 月 16—26 日在台湾高雄举办的世界运动会是台湾首次举办的国际性综合体育赛事，这一赛事还未开幕，“台独”分子就扬言要闹场。通过以上这些案例，可以看出：一个和谐、稳定的政治环境对于体育赛事的举办地来说尤其重要。如果举办地的政治环境不稳定，赛事的申办就存在很大的问题，如我国的台湾省就很难成功申办国际性的体

育赛事。即使赛事申办成功，在赛事举办过程中万一发生一些政治性的事件，将对举办地的形象产生极大的负面影响。举办地的政治环境对体育赛事的成功举办有着举足轻重的影响，在对体育赛事进行事前评估时，一定要重点考虑。

在对举办地政治环境进行评估时，通常采用的是定性的方法。这一评估首先要收集举办地政治环境相关的资料，并分析所收集资料的可靠性、相关性和全面性。需要说明的是，有些内部核心的资料，还要通过国家安全部门获取。在获取相关资料后，通过认真、充分的分析，找出可能在赛事举办中发生意外的因素，并在此基础上进行一一评估，得到最终的评估结果和建议。

（二）举办地的经济环境

体育赛事举办地的经济环境指的是举办地的整体宏观经济现状和发展变化趋势。一个国家或地区的经济环境是一种客观存在，体育赛事项目的运营必须承受宏观经济环境的影响和制约。通常举办地的宏观经济环境好，赛事取得成功的可能性就大。例如，次贷危机的到来彻底打乱了貌似健康发展的体育竞赛市场。从2009年开始，汽车业巨头奔驰停止了对ATP的赞助；赞助美国网球公开赛近10年的美国国际集团（AIG），在2008年底合同到期后也不再续约；2008年12月，由于金融危机和经济危机所导致的汽车工业形势迅速恶化，本田车队不得不宣布退出F1大赛；2009年F1加拿大站和法国站的比赛，因经济原因被国际汽联取消资格。总而言之，举办地的经济环境是市场经济条件下体育赛事项目赖以生存的基本环境条件，所以在体育赛事项目的事前评估中，要充分分析和研究赛事项目所处的经济环境。

在对体育赛事举办地经济环境进行评估时，本书作者认为，有5个经济指标必须包括在内：一是举办地的经济发展与增长情况；二是举办地的产业结构情况；三是举办地居民的收入情况；四是举办地居民的消费结构；五是举办地的进出口情况。

举办地的经济发展与增长情况的评估是指对举办地经济总量的发展与增长情况的全面评估，包括举办地GDP（国内生产总值）的发展和增长情况以及举办地财政收入的发展与增长情况等内容。举办地GDP的发展和快速增长会给体育赛事的运行创造十分宽松的经济环境，反之，若它呈现增长缓慢的状况，赛事运行的条件就会恶化。在我国目前情况下，大部分大型体育赛事的运作需要政府财政的支持，举办地财政收入的发展与增长情况直接关系到政府对体育赛事项目的投入。因此，举办地的经济发展与增长情况是体育赛事举办地经济环境评估的重要内容。

举办地产业结构情况的评估是指对举办地经济中第一产业、第二产业、第三

产业之间及产业内部产品，在经济产出等指标上的量的比例和构成的评估。一个地区第三产业发展越成熟，所占经济的比重越大，该地区的经济越发达，对体育赛事的举办也越有利。其原因在于体育赛事的举办牵涉到举办地的方方面面，尤其是举办地的体育、文化、广告、传媒、中介、保险、金融等第三产业部门。如果某一地区经济以第一产业或第二产业为主，则不太有利于举办体育赛事项目，尤其是一些大型的体育赛事项目。

举办地居民收入的评估是指对举办地居民的实际可支配收入的分布情况及其发展变化等方面的评估。从理论上讲，体育赛事的门票销售与居民的可支配收入存在一定相关性，居民实际可支配收入越高，体育赛事门票销售前景越乐观，赛事项目的宏观经济条件就越好。反之就会导致赛事项目的需求不足，对赛事运作造成一些不利的影响。

举办地居民消费结构的评估是指对举办地一定时期内用于生活消费的各种消费资料的比例关系，以及各种消费方式、消费形式、居民各阶层、各地区消费水平之间的比例关系等方面的评估。举办地居民的消费结构直接关系到居民在体育赛事消费的意愿。恩格尔系数越低，体育赛事项目的宏观经济环境就越好。反之，举办地的恩格尔系数越高，赛事项目的宏观经济环境就较差。

举办地进出口情况与体育赛事的举办，尤其是与体育赛事举办之后举办地所受的经济影响大小有直接关系。对于举办地进出口情况评估，一方面可以使人们明确赛事项目所存在的进出口条件，包括是否可以进出口以及相应的关税、补贴、运输条件等；另一方面，还能够使人们初步预测赛事项目对举办地经济影响的大小。通常情况下，以进口为主的地区，赛事项目对举办地的经济影响相对较小。

对举办地经济环境进行的评估基本上是一种定量的评估。这一评估需要先收集举办地的宏观经济数据与资料，然后分析和归纳所收集的资料，确认它们的可靠性和全面性，再对它们进行定量分析，最终综合分析和评估举办地经济环境是否有利于体育赛事项目的运行。

（三）举办地的法律环境

依靠法律来规范体育赛事的运作是现代社会对体育赛事的必然要求，市场经济条件下法律对于体育赛事的成功运作具有不可或缺的作用。比如，《体育法》中规定，在各单项体育协会注册的运动员，可以进行人员流动。这为竞赛表演业的转会经营提供了法律依据；又如《体育法》规定严禁任何组织和个人利用体育竞赛从事赌博活动，维护了体育彩票市场的秩序；《体育法》还明确对在中国境内举办的重大体育竞赛的名称、徽记、旗帜和吉祥物等标志予以保护，维护了竞

赛表演市场主体的无形资产的权益。但有学者认为，目前我国在体育赛事法律方面还存在着缺位的现象，很多问题在法律上还没有得到确立或有效实施。根据体育赛事组织、实施中涉及的领域，举办地的法律环境评估主要包括两个方面的内容：

一是关于体育赛事组织和实施过程中直接指导和规范体育赛事实施行为的法律法规的评估，如劳动法、合同法、民事法、刑法、知识产权法、公司法、会计法、反兴奋剂法等。了解这些法律是否能够解决体育赛事组织实施中可能出现的一些问题，若得不到法律的保护，则对于赛事项目而言，举办地的法律环境较差，反之亦然。

二是体育赛事的无形资产开发和保护方面法律的评估。对于体育赛事项目而言，无形资产开发要遵守举办地的法律。例如，我国法律明文规定烟草广告不能出现在体育赛事中，但 2004 年上海 F1 赛事期间，预售的比赛入场券赫然出现了烟草标识，这遭到了国内知名专家的反对和谴责。同时赛事无形资产还要受到举办地法律的严格保护。如果赛事无形资产得不到有效保护，那么体育赛事的无形资产开发将存在很大问题，国际奥委会非常重视举办地对奥运会无形资产的法律保护问题，要求奥运会的申办城市对其作出认真评估。北京在 2008 年奥运会的申办中，就奥林匹克标志的保护问题作出承诺，严格遵守《奥林匹克宪章》和国际奥委会有关保护奥林匹克标志的规定，并于 2002 年 4 月 1 日正式颁布和实施了《奥林匹克标志保护条例》。

举办地法律环境评估的方法也是一种定性的评估方法，要先收集相关的国家和地方法律规定和司法实践的资料，然后对所收集到的资料进行认真评估，分析举办地法律环境是否有利于体育赛事项目的运行。

(四) 举办地的自然环境

举办地的自然环境是体育赛事项目运作的一个最为基础的外部环境条件，尤其是一些以自然环境为依托的体育赛事，如帆船、滑雪、山地自行车、攀岩、马拉松等。此外国际体育组织还对一些赛事的自然环境有特殊的要求。对举办地自然环境评估包括两方面内容：

一是举办地地理环境、气候环境的评估。这是对体育赛事举办地自然环境的整体评估，内容包括举办地的气候、降雨量、海拔等。国际奥委会就对奥运会的申办提出了相应的要求。表 5-3—表 5-6 是 2008 年北京奥运申办报告中关于举办城市气候的评估。

表 5-3　7 月 25 日—8 月 10 日北京及其他城市温度日变化❶　(单位：℃)

	09:00			12:00			15:00			18:00			21:00		
	最高	平均	最低	最高	平均	最低	最高	平均	最低	最高	平均	最低	最高	平均	最低
北京	28.1	25.0	21.6	31.7	27.8	22.7	34.0	29.0	23.5	32.9	27.8	22.2	29.2	25.1	20.9
上海	32.4	30.0	26.7	35.4	31.7	27.9	36.0	31.7	27.5	33.6	29.9	26.5	30.6	28.0	25.7
天津	30.2	27.0	23.1	33.5	29.3	23.9	35.1	30.3	24.2	33.6	29.2	24.0	30.5	26.9	23.3
沈阳	28.9	25.1	21.0	31.5	27.3	22.6	32.5	28.0	22.6	31.1	26.8	22.3	27.7	24.4	21.2
秦皇岛	29.9	26.4	22.5	32.0	27.8	23.3	32.2	27.9	23.4	30.5	26.8	23.2	28.7	25.6	22.5
青岛	28.6	25.7	22.5	30.5	27.1	24.4	30.2	27.3	24.5	28.7	26.1	23.6	27.1	24.9	22.5

表 5-4　7 月 25 日—8 月 10 日北京及其他城市湿度日变化❷　(单位：%)

	09:00			12:00			15:00			18:00			21:00		
	最高	平均	最低	最高	平均	最低	最高	平均	最低	最高	平均	最低	最高	平均	最低
北京	95	78	53	92	68	42	91	67	37	97	72	42	96	82	56
上海	85	73	63	80	64	52	82	65	50	89	73	58	93	84	74
天津	93	78	58	88	69	49	86	65	44	88	69	48	91	80	64
沈阳	96	79	63	92	70	49	91	67	45	96	73	50	91	85	65
秦皇岛	94	77	55	88	72	52	90	72	50	91	73	58	94	83	66
青岛	98	83	64	96	76	55	95	78	52	97	83	60	99	89	70

表 5-5　北京及其他城市降水情况❸

参数＼城市	北京	青岛	天津	秦皇岛	沈阳	上海
年平均降水日数（日）	47	51	46	47	61	96
7 月平均降水日数（日）	11	8	9	10	11	9
8 月平均降水日数（日）	10	6	8	7	8	11
年平均降水量（毫米）	565.1	658.8	533.1	583.3	706.5	1266.7
7 月平均降水量（毫米）	195.1	132.8	141.3	176.5	199.9	179.6
8 月平均降水量（毫米）	129.2	138.1	138.9	141.9	162.1	192.4

❶❷❸ 资料来源：北京奥运会申办报告。

表 5–6　北京及其他城市海拔高度[1]

城市	北京	青岛	天津	秦皇岛	沈阳	上海
海拔高度（米）	45.4	3.5	3.3	2.6	44.7	4.6

二是体育竞赛本身对自然环境要求的评估。例如，帆船比赛对自然环境就有很严格的要求（表 5–7）。另外，如冰雪项目的比赛难以在热带地区开展，马拉松比赛对温度、湿度和空气质量的要求等。

表 5–7　帆船比赛对自然环境的基本要求[2]

领域	具体要求
对气象水文要素的要求	通常比赛期间风力持续达到每秒 3 米以上时才适于比赛，风力超过每秒 20 米时就要考虑水上安全而停止比赛。另外，在一轮比赛的时间段内，风向摆动过大时也要从比赛公平的角度考虑调整航线或放弃比赛 帆船比赛对水流的基本要求是：水流不太大、能见度在 1500 米以上
对水质及空气质量的要求	帆船运动本身是一项环保型运动，运动员在从事这项运动与比赛期间经常直接接触海水，部分身体长期暴露在阳光与空气之中。因此，对赛区水质及空气质量都有较高的要求，要达到国际对娱乐用水的水质要求
对水上竞赛区域的要求	奥运会帆船比赛需要在开阔的水域设 4~5 个比赛场地，每个场地的直径为 1~2 海里。这些区域最好靠近海岸，水流不宜太大，水深不宜超过 30 米，不允许有固体漂浮物和渔网、渔排等障碍物。这些场地区域在赛前及比赛期间对民用船及商业船只要实行禁航，由海警在各区域外值守

举办地自然环境评估的基本方法也是一种以定量为主的方法。这一评估同样需要先收集举办地所处自然环境的数据与资料，然后分析和归纳，再将这些资料与体育赛事项目的具体要求进行比较分析，最终得出举办地的自然环境是否适合举办某一体育赛事项目的结论。

[1][2] 资料来源：北京奥运会申办报告。

（五）举办地的整体发展战略

体育赛事的举办是否符合举办地的整体发展战略，是否有利于举办地发展目标的实现是体育赛事事前评估的一个重要组成部分。只有符合举办地整体发展战略的赛事项目才有举办的价值，对于那些与举办地整体发展战略关联度不高的项目，举办的价值较小。以上海为例，作为一个国际性的大都市，上海提出了建设“现代化的国际体育知名城市”的目标。举办F1汽车大奖赛、网球大师杯赛等国际知名的体育赛事符合上海的整体发展战略。如果上海选择举办一些低级别的国际化水平较低的赛事项目，则与举办地的整体发展战略吻合度不高。最后需要说明的是，对于奥运会、男子足球世界杯赛、亚运会等大型体育赛事而言，很多城市会以举办这些赛事的契机，制定或调整城市的整体发展战略。

举办地整体发展战略评估的基本方法是一种以定性为主的方法。这一评估是先收集举办地整体发展战略相关的资料，再进行归纳和总结，在此基础上最终作出某一体育赛事是否与举办地整体发展战略相符合的结论。

（六）举办地政府的参与和支持

政府的参与和支持是体育赛事成功举办的关键，尤其是在国内，这是赛事成功举办的必要条件。政府参与和支持举办体育赛事的形式很多，不同的国家和城市，政府参与和支持体育赛事的方式也不尽相同。例如，上海市政府对在本地举办的体育赛事的支持包括给予赛事运作企业承诺、协助赛事承办企业筹资、参与赛事推广活动、参与赛事的组织协调、为赛事承办企业无偿提供政府公共资源、给予赛事承办企业优惠的税收政策和财政补贴等。

举办地政府参与和支持评估的基本方法是一种定性的评估方法，通过与政府主管部门的沟通，掌握举办地政府对体育赛事的态度，最终得出较为科学的评估结果。

（七）举办地居民的支持

举办地居民的支持对于体育赛事的举办来说也是很重要的，它可以为赛事项目创造一个良好的外部环境。举办地居民对体育赛事的支持是多方面的，例如2008年北京奥运会，北京奥申委成立不久，从全国征集到2000多件会徽设计稿和3万余条申奥口号建议。北京市和全国各地的市民、学生、演员、运动员、社会知名人士自发地通过签名、书法、绘画、创作多米诺骨牌、举办演唱会、体育比赛、环球旅行等多种方式和活动，表达了对北京申奥的支持。2000年11月间，盖洛普（中国）咨询有限公司在北京地区进行了民意测验，结果表明，有

94.9%的市民支持北京申办。

不过反对举办体育赛事的居民也大有人在。典型的例子是，由于举办地居民的反对，1976 年冬季奥运会被迫改变了比赛地点。

举办地居民的支持评估的基本方法是一种定量与定性相结合的评估方法，可以通过问卷调查得出居民对赛事项目的支持率，也可以通过其他一些方式描述或评估居民对举办体育赛事的态度。

二、体育赛事项目的资源条件评估指标

体育赛事项目的资源条件是指体育赛事运行的物质基础，它是保证体育赛事项目顺利运行的基本条件。体育赛事项目的资源条件评估是体育赛事事前评估的重要组成部分，包括对举办地基础设施建设、体育场馆设施条件、赛事项目的技术要求和条件、举办赛事所需资金、媒体转播条件、安保条件等方面的分析和评估，评估指标如表 5-8 所示：

表 5-8　体育赛事项目资源条件评估指标一览表

二级指标	三级指标
1.2　体育赛事项目的资源条件	1.2.1　城市基础设施建设
	1.2.2　体育场馆设施条件
	1.2.3　赛事项目的技术要求和条件
	1.2.4　举办赛事所需资金
	1.2.5　赛事运作团队与赛事运作经验
	1.2.6　媒体转播条件
	1.2.7　比赛的档期
	1.2.8　住宿、餐饮等条件
	1.2.9　赛事的安保条件
	1.2.10 赛事所有方提出的其他条件

（一）城市基础设施建设

体育赛事的举办能够促进城市基础设施建设，一些大型体育赛事的举办甚至可以使城市的基础设施建设提前很多年，这已经得到了国际的公认，也是很多发展中国家竞相申办赛事的重要原因之一。例如，为举办 2007 年的美洲杯帆船赛，西班牙巴伦西亚市直接用于改善通讯设施和道路建设等城市基础设施建设的资金就达到 8.6 亿欧元；为举办 2008 年北京奥运会，2002—2007 年间，北京市直接投入城市交通、市政、信息、环境等城市基础设施建设的资金达到了 2507 亿元

人民币，促使北京城市建设进入了一个持续高速发展阶段。但从另一方面讲，体育赛事的举办也要以良好的城市基础设施建设为前提条件，没有这个条件，成功举办体育赛事是不可想象的。因此，在体育赛事事前评估过程中，一定要对举办地的城市基础设施建设情况进行评估。

对举办地城市基础设施建设评估采取的方法是一种定量与定性相结合的方法。首先要收集大量的数据和资料，再进行归纳和总结，最后作出评估和判断。需要说明的是，对于部分举办城市，为举办赛事已经形成了既定的城市规划，则需要对规划进行评估和论证。

（二）体育场馆设施条件

良好的体育场馆设施条件是举办体育赛事的前提，是体育赛事举办的最基本的条件。通常情况下，每一项体育赛事都会由于体育赛事项目自身的需要或者赛事所有权方的要求，而对体育赛事的比赛场地有一定的要求。例如国际足联对世界杯体育场馆设施就提出了较为明确的要求（表 5–9）。再如上海在进行网球大师杯赛的申办中就遇到了一个关于体育场馆的问题：根据网球大师杯赛的各项技术要求，上海市第一方案推荐的比赛馆是建造于 20 世纪 70 年代、带有 1.3 万个座位的上海体育馆，但对方对上海体育馆目前已改为“上海大舞台”的现状表示不满意。第二方案是按照德国汉诺威当年举行大师杯赛的模式，将比赛安排在博览馆中进行。当时上海浦东已建成“新国际博览中心”，但由于已建成的 4 个馆的高度都只有 11.5 米，不能满足国际网球赛事最低限制高度 12.5 米的要求，上海方面承诺，如果上海获得 2002 年网球大师杯赛的举办权，可以比原计划提前建造一个高度为 17 米的五号馆。

表 5–9　国际足联对世界杯体育场馆设施的要求[1]

1. 8~12 个比赛场馆
2. 比赛场馆必须达到以下要求：小组赛、16 强和四分之一决赛的球场至少能容纳 4 万人（不包括媒体和嘉宾）；开场赛、半决赛和决赛球场须至少容纳6 万人（不包括媒体和嘉宾）
3. 比赛场馆座位的设置不得有阻挡视线的物体
4. 具有 105 米 × 68 米，7.5 米观众席间距的自然草皮球场，且两侧边线与球门后观众席的间距为 6 米
5. 至少有 10 间技术和行政办公室
6. 参赛队住处附近需要有条件良好的训练场地

[1] http://www.fifa.com/.

当前，奥运会堪称为世界规模最大、项目最全的体育赛事，故对体育场馆设施的要求也很高。很多奥运申办城市都要对本市的体育场馆设施状况进行全面评估，并提出进一步建设的方案。例如芝加哥为了申办2016年奥运会对该城市现有体育场馆设施情况进行了全面的评估，并提出了为2016年奥运会进一步修建体育场馆设施的规划（表5-10、表5-11、表5-12）。

表5-10 芝加哥市现有的体育场馆设施一览表❶

比赛场名称	训练场	修建或翻修时间		
		观众坐席	建设时间	翻修时间
Allstate Arena	篮球：永久性	20,000	1979	1999
Chicago State University Emil& Patricia A. Jones Convocation Center	篮球：永久性	6,500	2007	N/A
Brigham Field at Huskie Stadium Northern Illinois University	足球：永久性	28,000	1965	1994
McCormick Place Lakeside Center	举重、	4,250	1971	1998
	排球（室内）	15,000	1971	1998
McCormick Place North	手球、	10,200	1986	1998
	柔道、摔跤	9,800	1986	1998
McCormick Place West	击剑、现代五项（击剑）、	6,000	2007	N/A
	乒乓球、跆拳道、	6,000	2007	N/A
	羽毛球、体操、韵律操、现代五项（射击）	6,000	2007	N/A
Ryan Field Northwestern University	足球：永久性	49,250	1926	1996
Soldier Field	足球：永久性、决赛场地	61,500	1924	2003
TCF Bank Stadium University of Minnesota	足球：永久性	50,000	2009	N/A
University of Illinois at Chicago Pavilion	拳击	7,000	1982	2001
United Center	篮球：决赛场地	23,200	1994	N/A
	体操、艺术体操、蹦床	22,000	1994	N/A

注："N/A"表示数据缺失。

❶ 资料来源：根据美国芝加哥申办2016年奥运会材料整理。

表 5-11　芝加哥市为 2016 年奥运会将建设的永久性体育场馆一览表❶

比赛场	训练场	坐席	建设			资金来源
			开始时间	结束时间	花费（百万美元）	
Olympic Stadium	综合运动场	80000	2013-5	2015-8	385.9	私人
Lakefront Rowing Course	划船 皮划艇或独木舟、静水划船	20000	2013-8	2015-8	80.0	私人
Olympic Aquatics Center	水上项目		2012-5	2015-6	107.0	混合
	游泳	20000				
	跳水	10000				
	花样游泳	5000				
	水球	5000				
Olympic Equestrian Cente	赛马 盛装、阻碍、全能赛马	30000	2014-4	2015-5	36.3	私人
	现代五项					
	跑步、自行车	15000				
Olympic Slalom Course	皮划艇、独木舟 障碍滑雪	14000	2014-5	2015-7	41.3	私人

表 5-12　芝加哥市为 2016 年奥运会将建设的临时性体育场馆一览表❷

比赛场	训练场	坐席	建设			资金来源
			开始时间	结束时间	花费（百万美元）	
Grant Park	射箭	8000	2016-4	2016-7	8.2	私人
Olympic Shooting Complex	射击		2014-7	2015-7	17.2	私人
	步枪和手枪	2000				
	飞碟	1800				
Olympic Village Harbor	帆船	N/A	2016-5	2016-7	10.0	私人
Olympic Hockey Fields	曲棍球	15000/5000	2016-2	2016-7	20.0	私人
Olympic Beach Volleyball Center	排球、沙滩排球	20000	2015-9	2016-7	18.1	私人
Olympic BMX Course	场地自行车、小轮车	10000	2015-3	2016-7	6.2	私人

❶❷ 资料来源：根据美国芝加哥申办 2016 年奥运会材料整理。

（续表）

比赛场	训练场	坐席	建设			资金来源
			开始时间	结束时间	花费（百万美元）	
Olympic Velodrome	场地自行车、追逐赛	5000	2016-3	2016-7	25.3	私人
North Avenue Beach	三项全能	5000	2016-5	2016-7	5.1	私人
Olympic Mountain Bike Course	场地自行车、自行车越野	8000	2016-5	2016-7	5.3	私人
Olympic Cycling Road Course	场地自行车、公路自行车	5000/没有限制	2016-5	2016-7	4.5	私人
Olympic Tennis Center	网球	10000	2015-2	2016-7	25.8	私人
		5000				
		2000				

对举办地的体育场馆设施进行评估通常采用的是一种定性与定量相结合的方法。先根据拟举办的体育赛事有针对性地收集举办地体育场馆设施的相关资料，对其进行评估，从场馆容量、附属设施、场地安全等多角度出发，分析它是否能满足赛事项目的要求。如果不能满足，则要进一步分析和论证怎样才能达到举办体育赛事项目的要求，评估其可行性。

（三）赛事项目的技术要求和条件

一般来说，赛事项目的技术条件主要由相应项目的国际单项体育组织负责制定和定期更新，许多国际体育组织往往会通过出版物或利用其官方网站等途径对外公布。例如国际田联 2008 年在其官方网站公布的《国际田联田径设施手册》（2008 版）（IAAF Track and Field Facilities Manual 2008 Edition），就针对田径比赛的场馆设施条件作出了非常细致的规定，是对田径比赛场馆设施规划、建造、配置与维护的最权威的要求，其中许多规定还针对赛事的不同级别进行了细分，世锦赛和世界杯的条件往往要高于其他级别较低的比赛。

在对赛事项目的技术要求和条件进行评估时，一定要在收集举办地相关资料的前提下，根据国际单项体育组织对具体赛事项目的技术要求，进行科学评估，作出正确的判断。

（四）赛事举办所需资金

举办一项体育赛事，尤其是一项大型体育赛事，通常会产生数额巨大的现金流动，而且在赛事项目举办之前就需要有大量的启动资金。例如，2002 年上海

网球大师杯仅申办费用就达到了 760 万美元，这笔费用一般都是在赛事项目举办之前就要交给国际体育组织的。此外，为了申办赛事成功，还需要一定的运作资金。赛事申办成功之后，体育场馆和基础设施建设、赛事组织实施等环节都需要大量的资金。因此，在体育赛事事前评估中，需要对赛事举办所需的资金进行充分论证和评估。

在对赛事举办所需资金进行评估时，首先要明确该赛事项目所需资金的总量，并对这些资金的可能来源途径进行认真评估，以此论证举办某一体育赛事项目的可行性。

（五）赛事运作团队与赛事运作经验

一个优秀的赛事运作团队或者丰富的赛事运作经验也是赛事项目成功的关键。国际奥委会对奥运会的申办城市明确提出："主办城市曾成功地举办过国际和国内的重大体育比赛，其体育设施和组织工作获得有关国际单项体育组织的肯定和认可，在有关国际单项体育组织和世界体坛中有一定的影响，具有组织大型国际比赛的实践经验，拥有一批能策划、组织、实施大型国际比赛的专家和技术人员，有足够的能力、技术、场馆、设备和人才把奥运会组织好。"国际足联也明确提出，要申办足球世界杯必须有举办国际性足球比赛的经验。另外，2007 年网球大师系列赛之所以能够永久地落户上海，与近年来上海成功举办喜力网球公开赛、上海网球大师杯赛等一系列网球赛事的经验有很大关系。

对赛事运作团队和赛事运作经验进行的评估是一种定性的评估。首先要整理和收集近年来该地区举办过的各类体育赛事或其他大型活动，并对其进行归纳和总结，看是否有举办同等级或同级别赛事的经验，或者该地区举办的赛事经验是否能够达到赛事所有权方的要求，以此分析和论证举办地赛事运作经验。

（六）媒体转播条件

体育赛事的媒体转播水平主要取决于赛事公共信号的制作水平，而公共信号的制作水平主要取决于两个方面：一是转播的硬件。如果硬件达不到一定的要求，那么赛事的公共信号制作就会不理想。例如，目前国内高级别自行车和马拉松赛事的公共信号制作水平就还有待提高，它与环法自行车赛的转播要求还有一定的差距。主要原因是自行车和马拉松项目的比赛通常需要航空摄像机，而我国飞机的稳定性能不够，故赛事转播的效果不佳。二是制作信号的团队。体育赛事项目众多，不同项目比赛的特点不尽相同，公共信号的制作也存在很大的差异，因此必须有一个优秀的公共信号制作团队。例如，欧洲各足球强国（如英国、法国、德国、意大利以及西班牙等国）所提供的足球电视信号基本可以代表当今世

界足球转播的最高水平。最为万众瞩目的足球比赛，如世界杯、欧锦赛、欧洲三大杯等赛事的电视国际信号制作团队，以及其中各工种的工作人员基本被上述国家所垄断。因此，在体育赛事事前评估时，也要考虑举办地的媒体转播水平，看是否能够达到赛事转播的要求。

在对举办地媒体转播水平进行评估时，通常采取定量与定性相结合的方法。主要看举办地媒体是否有赛事转播的经验、举办地媒体转播的软件和硬件设施是否能够达到赛事转播的要求。如达不到，是否有解决的方法和途径。综合这些评估方面之后，最终得出相关结论。

（七）比赛的档期

举办体育赛事要受许多公共资源的限制，档期资源就是一个很重要的因素。一方面是因为时间有限。一年只有 52 周（大型活动的主打节目一般都安排在周末举行），而适宜于举办大型户外活动的就更少了，估计就只有二十几周（炎热的七八月份，寒冷的12—2 月份都不包括在内）。但是几乎所有的大型文化娱乐活动都集中在此期间举行；另一方面是因为媒体资源也是有限的，一般媒体只能直播或转播一个大型活动。如果没有电视媒体的转播，要成功举办体育赛事项目几乎是不太可能的。所以档期资源会对体育赛事的引进有一定的影响，因此，对赛事举办的档期资源进行评估很有必要。

以下是上海现有的每年固定赛事：

足球——中超联赛，5 月—11 月；

篮球——CBA 联赛，11 月—次年 5 月；

网球——上海 ATP1000 网球大师系列杯，每年的 11 月份左右；

台球——斯诺克大师赛，每年的 9 月份左右；

田径——黄金大奖赛，每年的 10 月份左右；

——上海国际马拉松赛，每年的 11 月份左右；

赛车——F1 中国大奖赛，每年的 10 月份左右；

高尔夫——汇丰冠军赛，每年的 11 月份左右。

上海每年政府性的固定节日，又有这样一些安排：

4—5 月，上海国际服装文化节；

5 月，“上海之春”国际音乐节；

6 月，上海电视节；

上海国际电影节；

9 月，上海购物节；

9—10 月，上海旅游节；

11月1日—12月1日，中国上海国际艺术节；

11月，上海科技节（每两年一次）。

上海在决定申办或引进体育赛事项目时，一定要充分考虑档期问题，最好不要与上述大型活动冲突。

在对比赛的档期进行评估时，一般采用定性的评估方法，先收集举办地每年举办的大型活动的相关资料，并进行归纳和整理，再分析和论证还有哪些档期资源，最后看这些档期资源是否与赛事项目举办的时间基本一致。

（八）住宿、餐饮等条件

体育赛事举办期间，可能会有数以万计的观众、运动员、裁判员和官员在一个很短的时间内聚集到赛事举办地，给举办地的住宿、餐饮企业带来了很大机遇。例如，2009年1月1—4日厦门国际马拉松赛期间，大部分宾馆的住宿率较往年同期有所提高，特别是1日、2日两天，在被调查的48家主要宾馆中，有17家宾馆的住宿率在90%以上。厦门东海酒店有限公司、厦门中信枫叶大酒店有限公司、厦门皓晖酒店等在1日、2日的住宿率分别都达到100%。另外，根据对舒有海鲜大酒楼、厦门国际会展酒店等41家主要餐饮企业和宾馆（酒店）餐饮部门的跟踪调查，1月1—4日期间，这些餐饮单位日均营业收入为363.24万元，比2008年12月份全月日平均收入高出17.9%。同时体育赛事的举办也给举办地的住宿、餐饮条件提出了很高的要求，这种要求主要表现在两个方面：一是质量上的要求。很多赛事的球员、官员和观众都具有较高的地位，他们对宾馆、饭店的级别要求较高，通常都需要入住五星级酒店。二是数量上的要求。赛事举办期间，外来人员众多，举办地需要有足够的宾馆、饭店满足外来人员的需要。表5-13、表5-14是芝加哥市在比赛场馆0～10公里之内现有的星级宾馆数量，以及为了2016年奥运会计划要建设的星级宾馆情况。

表5-13 芝加哥现有的星级宾馆一览表❶

	位于 Lake County Shooting Complex 体育场0~10公里之内		位于 Olympic Equestrian Center 体育场0~10公里之内	
宾馆级别	宾馆数量	房间数量	宾馆数量	房间数量
五星级宾馆	0	0	0	0
四星级宾馆	2	200	1	183
三星级宾馆	3	342	1	93
二星级宾馆	1	21	1	71
一星级宾馆	0	0	0	0

❶ 资料来源：根据美国芝加哥申办2016年奥运会材料整理。

表 5–14　芝加哥计划要建设的星级宾馆[1]

	位于 Lake County Shooting Complex 体育场 0~10 公里之内		位于 Olympic Equestrian Center 体育场 0~10 公里之内	
宾馆级别	宾馆数量	房间数量	宾馆数量	房间数量
五星级宾馆	1	500	0	0
四星级宾馆	0	0	0	0
三星级宾馆	0	0	1	108
二星级宾馆	0	0	0	0
一星级宾馆	0	0	0	0

对举办地住宿、餐饮等条件进行评估时，通常采用定量的方法。通过与旅游部门合作，获取举办地现有的宾馆、饭店及平时的入住率情况，再通过对举办赛事后外来人员数量的预测，评估现有宾馆、餐饮条件是否能够满足赛事需要，如果不能满足还需要进行哪些改进措施。

（九）赛事的安保条件

体育赛事的安保工作是指为体育赛事的比赛、重大活动现场、驻地及其他场所提供安检、交通疏导及消防应急等服务，以保障赛事相关人员人身和赛事相关设施安全的工作。赛事的安保工作既是体育赛事成功举办的根本保障，又是赛事成功的主要标志之一。体育赛事的服务对象包括了参加赛事的运动员、教练员、裁判员、观众、媒体、官员等，人员数量多、背景复杂、涉及面广，这就决定了赛事安保工作的风险程度非常高。安保工作中的任何失误或事件都将引起社会的广泛关注。如果出现失误，而又控制不力，甚至会导致“功亏一篑”。因此，赛事组委会在安保方面的投入日益升级。2004 年雅典奥运会时，希腊政府仅赛事安保一项就花费了 13.9 亿美元，几乎相当于 2000 年悉尼奥运会的全部费用。

赛事的安保条件评估通常采用的是一种定性的评估方法。评估的内容包括举办地是否有赛事安保的经验、举办地有哪些赛事安保资源等，经过对上述方面的认真评估，最终得出评估结论。

（十）赛事所有方提出的其他条件

在上述体育赛事项目的资源条件以外，赛事所有方还可能针对具体的赛事项目提出一些其他的条件，通常在对体育赛事进行事前评估时，往往也要对这些条件进行评估。但具体要评估的内容以及评估的方法，要根据赛事所有方提出的要

[1] 资料来源：根据美国芝加哥申办 2016 年奥运会材料整理。

求才能确定，这里不再阐述。

三、体育赛事项目的市场条件评估指标

体育赛事的市场一方面与体育赛事项目本身的性质和特征有关，通常情况下体育赛事的知名度越大，该赛事项目的市场越成熟；另一方面也与体育赛事项目面对的市场需求主体有关。它与一般的项目不同，具有很强的外部性，市场需求主体较多，如观众、赞助商、赛事相关产业的企业等。政府虽然不属于体育赛事的市场需求主体，但举办体育赛事也能产生一些非市场价值，如提升城市品牌等，这些都是政府所需要的。故本书中将提升城市品牌这一赛事项目产生的非市场价值纳入市场条件范畴。从以上体育赛事市场角度考虑，体育赛事项目市场条件评估的内容包括体育赛事的知名度、体育赛事的成长性、与举办地形象的吻合程度、赛事与居民需求的吻合程度、是否能与举办地的旅游战略整合 5 个指标，如表 5–15 所示。

表 5–15　体育赛事项目市场条件评估指标一览表

二级指标	三级指标
1.3 体育赛事项目的市场条件	1.3.1 赛事的知名度
	1.3.2 赛事的成长性
	1.3.3 与举办地形象的吻合程度
	1.3.4 赛事与居民需求的吻合程度
	1.3.5 是否能与举办地的旅游战略整合

（一）赛事的知名度

体育赛事的知名度是指以赛事为核心产品，具有运动员在运动竞赛生产过程中表现并被大众、媒体和公司等顾客群体接纳的独特文化内涵的符号[124]。从定义中可以看出，体育赛事的知名度越大，被大众、媒体和公司接纳的程度就越高，赛事的市场前景就越好；反之，如果某一体育赛事的品牌和知名度较低，被大众、媒体和公司接纳的程度就越低，赛事的市场前景就越差。很多体育赛事为了赢得市场纷纷提出打造品牌赛事的战略，如CBA、中国网球公开赛、全国汽车拉力锦标赛、全国卡丁车锦标赛、高尔夫大师赛等。

目前，世界最具知名度的单项体育赛事如表 5–16 所示：

表 5–16　世界最具知名度的单项体育赛事排名[1]

排名	体育赛事名称
1	世界杯足球赛
2	环法自行车赛
3	F1 大奖赛
4	美洲杯帆船赛
5	巴黎－达喀尔汽车拉力赛
6	温布尔登网球赛
7	英格兰足总杯
8	欧洲足球锦标赛

判断一项体育赛事知名度的大小一般有两个途径：一是体育赛事项目是否普及。在其他条件相同的情况下，越普及的运动项目，其赛事的知名度就越大，如男子足球世界杯。二是相同运动项目的前提下，级别越高，赛事的知名度越大，例如网球项目，4 大满贯赛事的知名度比网球大师系列赛的知名度大。当然，判断赛事知名度的维度还有很多。例如，通常情况下，男子运动员参加的赛事比女子运动员参加的赛事知名度要高。

对赛事知名度的评估一般可以采用市场调查的方式，通过问卷调查、电话调查等方式就可以评估某一赛事的知名度情况。

（二）赛事的成长性

体育赛事的成长性是指体育赛事项目本身未来的发展空间。某项赛事有可能目前还是一个知名度相对较低的项目，但由于具备发展的潜质，极有可能成为一个具有较好市场前景的知名赛事。体育赛事的成长性是衡量赛事项目前景的一个主要指标，赞助商往往很看重这一点。如果举办地想长期申办或购买这一赛事项目，这一指标就更加重要。从国内学者目前的分析和判断看，环青海湖自行车赛、斯诺克中国公开赛属于国内成长性较高的体育赛事。

在对体育赛事的成长性进行评估时通常采用的是一种定性的方法，通过赛事领域的专家来判断和识别，并给出最终判断。

[1] http://bbs.tiexue.net/post2_2131955_1.html.

（三）与举办地形象的吻合程度

体育赛事项目与举办地的形象是否吻合是体育赛事能否提升城市形象的一个关键。若某赛事项目的形象与赛事举办地形象不符，则难以加强外地观众或游客对举办地的印象，甚至很有可能对举办地的城市形象产生负面的影响。例如，上海作为一个国际性的大都市，其形象与“现代、时尚、国际化、品质”等联系在一起，这种情况下，上海适合举办诸如高级别网球、高尔夫以及赛车等项目，而不太适合举办拳击、举重等项目的赛事。

对赛事与举办地形象的吻合程度进行评估通常采用定性的方法，可以采用李克特量表，通过专家打分的方式对赛事与举办地形象的吻合程度进行评估。

（四）赛事与居民需求的吻合程度

赛事与居民需求的吻合程度直接关系到体育赛事门票市场的好坏，同时还关系到政府对体育赛事的需求。体育赛事与居民需求的吻合程度越高，该赛事的市场条件越好；反之，某一赛事项目与居民需求的吻合程度较低，则该赛事项目在举办地的市场条件则较差。一般情况下，与居民需求吻合的体育赛事项目往往能够得到居民的赞成和支持。

对赛事与居民需求的吻合程度进行评估通常采用定性的方法，可以采用李克特量表，通过专家打分的方式对赛事与举办地形象的吻合程度进行评估，也可以采用市民调查的方式对这一指标进行评估。

（五）是否能与举办地的旅游战略整合

体育赛事作为旅游吸引物，能够带动举办地旅游产业的发展，这已经成为理论和实践界的共识，但要带动举办地旅游产业的发展，只靠赛事这一吸引物还不行，必须由举办地政府相关部门作出精密的筹划，将赛事与举办地旅游战略有机地整合起来。只有这样才能够以体育赛事为核心，带动举办地旅游的发展。是否能够与举办地的旅游战略整合是赛事项目在多大程度上辐射旅游等其他相关产业的关键，也是体育赛事在举办地的一个重要市场条件。

在对是否能与举办地的旅游战略整合进行评估时，通常采用定性的方法。主要通过专家对举办地的旅游资源、旅游开发能力、旅游部门的积极性等方面的综合判断，作出最后的评估。

四、体育赛事项目的竞争环境评估指标

竞争现象普遍地存在于人类生活的各个领域之中，竞争是一个涉及极其广泛的社会现象和问题。本书中研究的体育赛事项目的竞争环境是对获得体育赛事项目举办权以及正式举办体育赛事项目中所面对的各种竞争情况的分析和评估，主要包括申办成功的可能性以及赛事举办期间的其他活动两项评估内容，如表5–17所示：

表 5–17　体育赛事项目竞争环境评估指标一览表

二级指标	三级指标
1.4 体育赛事项目的竞争环境	1.4.1 赛事举办期间其他城市举办大型活动的可能性
	1.4.2 赛事举办期间内的其他活动

(一) 赛事举办期间其他城市举办大型活动的可能性

对于一项体育赛事，尤其是大型的体育赛事，它的观众群体来自全国甚至境外各地。如果在赛事举办期间，其他城市也在举办大型活动，甚至是举办性质相同的赛事活动，那么对赛事项目在举办地的成功举办必然会带来较大影响。例如北京举办了一项国际网球赛事，如果上海在此期间或在一段很短的时间内再举办网球赛事，那势必会对该赛事的市场产生很大的影响。

在对赛事举办期间其他城市举办大型活动可能性进行评估时，一般采用定性的评估方法。先收集可能存在的竞争对手的数据和资料，在此基础上进行认真分析和总结，并作出最终评判。

(二) 赛事举办期间内的其他活动

体育赛事活动与其他诸如演唱会、电影节等大型活动是存在一定的同质性的，故这些大型活动对体育赛事活动也存在着一定的替代性。这些活动会在门票市场、广告权市场等领域与体育赛事展开竞争。如果赛事举办一段时间内，有其他体育赛事或其他大型活动举办，那么该赛事的竞争环境就较为激烈；倘若没有其他赛事或大型活动，那么该赛事项目竞争环境要好得多。

在对赛事举办期间的其他活动进行评估时，一般采用定性的评估方法。先收集赛事举办期间可能举办的其他体育赛事或大型活动的数据和资料，在此基础上进行认真分析和总结，并作出最终评判。

第六章 体育赛事财务评估

本章是体育赛事事前评估的第二大子系统——体育赛事财务评估系统，将深入探讨赛事财务评估的指标和方法问题。

第一节 体育赛事财务评估概述

一、体育赛事财务评估的目的

根据项目评估理论，财务评估是指在国家现行财税制度和市场价格体系下，在财务预测的基础上，通过计算项目的财务指标，分析预测项目的财务效益与费用，考察拟建项目的营利能力、偿债能力、外汇效益及财务生存能力，据以判断项目在财务上的可行性[125]。按照上述定义，体育赛事项目的财务评估是指在国家现行财税制度和市场价格体系下，在对体育赛事成本、收入预测的基础上，通过计算赛事项目的财务指标，分析预测赛事项目的财务效益与费用，考察赛事项目的营利能力、财务生存能力、债务偿还能力等等，据以判断赛事项目在财务上的可行性。此外，从财务评估的角度考虑，本书中的研究对象——体育赛事项目，与一般工程项目相比有其特殊性，主要表现在：第一，体育赛事项目是一项活动，活动结束，赛事项目也基本结束，其收入也就基本结束；第二，体育赛事的运营周期相对较短，除了奥运会、世界杯等大型赛事外，一般赛事的运营周期为1~2年。体育赛事的上述两个特征使得在体育赛事财务评估中，通常无须考虑资金时间价值，这也使得体育赛事财务评估变得简单很多。

体育赛事财务评估的根本目的是研究赛事项目在财务上的可行性，也就是说从财务的角度评估赛事项目是否有举办的可能性，具体而言：第一，研究体育赛事的财务生存能力。通过考察体育赛事项目筹备和举办期内所产生的各项现金流入和流出，计算净现金流量和累计盈余资金，分析体育赛事项目是否有足够的净现金流量维持正常运营，以实现财务的可持续性。财务的可持续性首先体现在项目运营过程中必须有充足的经营活动现金流量，或者说营运资金保持为正值。由于体育赛事项目申办和筹备需要大量的资金，而此时赛事项目可能还没有产生收

入，因此需要分析这些资金的来源和落实情况。第二，评估体育赛事项目的营利能力。通过财务评估，评估体育赛事的收入是否能够达到预期的水平，是否能够达到收支平衡，是否能够及时地收回投资，是否能够达到一定的投资回报率。第三，评估体育赛事项目的偿债能力。通过财务评估，研究赛事项目运营资金来源是否可靠、资金结构是否合理，确定最佳的资金筹措方案，以保证赛事项目的顺利运营。

二、体育赛事财务评估的方法与步骤

体育赛事的财务评估是一个定性分析和定量分析相结合的过程，以定量分析为主。主要是通过对体育赛事项目财务费用和效益的识别，结合一定的预测方法对赛事项目财务费用和效益进行预测和分析，再结合赛事项目财务报表的编制进行体育赛事财务评估指标的计算，最终通过对这些数据的分析确定体育赛事项目财务可行性。这一过程具体包括以下步骤：

第一，赛事项目财务数据收集。根据体育赛事财务评估的需要，收集相关的赛事项目数据和参数，包括国家有关的财务和税收法律和规定，体育赛事的申办、运营成本等方面的财务数据。

第二，体育赛事项目财务数据预测。体育赛事的财务评估作为一种事前评估，必须通过预测去给出体育赛事项目的成本和收入方面的数据，包括赛事运营费用，如餐饮、接待、交通、安保、赛事推广等费用，以及赛事收入，如电视转播权收入、门票收入、广告收入等。

第三，编制赛事项目财务评估用报表。通过赛事项目财务评估用报表的编制对收集和预测的赛事项目财务数据进行全面的汇总整理，使这些数据之间形成内在联系。由于体育赛事项目的财务评估相对比较容易，通常情况下，只要编制现金流量表即可。

第四，全面进行体育赛事项目财务可行性分析。主要包括运用编制的现金流量表和相关数据计算各种赛事项目财务评估指标，从而分析赛事项目财务可行性。

第五，给出赛事项目财务可行性分析结论。体育赛事财务评估最终的工作是根据上述评估的结果编写和给出有关财务可行性的报告，它是整个赛事可行性报告的一个组成部分。

第二节 体育赛事项目的现金流量

体育赛事现金流量分析要求把整个赛事项目视为一个独立的财务系统，然后对赛事项目的现金流入和流出以及净现金流量的情况进行全面而具体的分析，这种分析的结果是进行赛事项目财务评估指标计算的主要数据。

一、体育赛事项目现金流量的定义

体育赛事项目现金流量是指体育赛事项目所发生的与赛事项目直接有关的各项现金流入和流出的总称。其中，在某一时点上流出赛事项目系统的现金量称为现金流出，而流入赛事项目系统的现金量称为现金流入，同一时点或时期上的赛事项目现金流入和流出的代数和称为赛事项目的净现金流量。通常情况下，流入赛事项目系统的现金流量（即为现金流入）为正，流出赛事项目系统的现金流量（即为现金流出）为负。

二、体育赛事项目现金流量的内容

体育赛事项目的现金流量，主要包括两大部分：一是体育赛事项目的现金流出，即体育赛事的成本；二是体育赛事项目的现金流入，即体育赛事的收入（银行借款除外）。下面从这两个角度出发，对赛事现金流量的内容进行分析。

（一）体育赛事的成本

1. 体育赛事成本的概念

成本是商品经济的价值范畴，是商品价值的组成部分。人们要进行生产经营活动或达到一定的目的，就必须耗费一定的资源（人力、物力和财力），这些资源的货币表现及其对象化称为成本。随着商品经济的不断发展，成本概念的内涵和外延都处于不断的变化发展之中。当前，人们对成本的内涵有以下几种理解：第一，成本是生产和销售一定种类与数量产品所耗费资源用货币计量的经济价值；第二，成本是为取得物质资源所需付出的经济价值；第三，成本是为达到一定目的而付出或应付出资源的价值牺牲，它可用货币单位加以计量；第四，成本是为达到一种目的而放弃另一种目的所牺牲的经济价值。由于是对体育赛事的财务进行评估，故本书所研究的成本主要是“会计成本”的范畴，这里的成本指的

是为了达到一定的目标（生产产品或者提供劳务等）所耗费资源的货币表现。根据这一定义，本书中体育赛事成本的定义为：为能够保证体育赛事项目的成功运营，而在赛事运作各个环节所消耗资源的货币表现。

2. 体育赛事项目成本的特点

由于体育赛事项目的特殊性，加上体育赛事项目的类型多样，故与一般工程项目相比，体育赛事项目的成本有其自身的特点，主要表现在以下几个方面：

第一，体育赛事的类型不同，成本结构也不尽相同。例如，对于一些国际体育组织拥有的赛事，为了获取赛事举办权都需要一定数额的申办费，但也有一些赛事只要给运动员出场费，甚至有些赛事只要给最后获胜者奖金即可，还有一些自我创办的、参与性的体育赛事根本不需要给运动员任何费用。

第二，体育赛事的类型不同，其成本的大小也存在较大差异。例如，对于一些综合性的体育赛事或高级别的体育赛事，由于受关注程度较高或有明星运动员参赛，其安全保卫费用就很高（如奥运会的安保费用高达数十亿美元），而对于一些级别较低的体育赛事，安保费用要低得多。

第三，体育赛事的成本与赛事运营方式直接相关。当前国内赛事运营中，不同的体育赛事运营方式可能存在一定的差异。有政府直接运营的，有国有企业运营的，也有私人企业运营的。同一个体育赛事，不同的运营方式，其成本结构和数值都会存在较大差异。

3. 体育赛事成本的构成

体育赛事的成本与赛事项目的生命周期直接相关。关于体育赛事项目的生命周期，本书的第四章已经进行了详细的阐述，共分为6个阶段，即选择阶段、举办权的取得阶段、方案制定阶段、组织筹备阶段、举办与控制阶段和收尾阶段。通常情况下，体育赛事项目各个阶段包括的成本如表6–1所示：

表6–1　体育赛事的成本构成一览表

赛事的不同阶段	成本构成
体育赛事的选择阶段	1. 资料收集、市场调查费用 2. 体育赛事事前评估费用
体育赛事项目举办权的取得阶段	1. 获得赛事举办权的费用，如申办费、审批费、出场费等 2. 人员及办公费用开支
体育赛事项目的方案制定阶段	1. 人员及办公费用开支 2. 利息

（续表）

赛事的不同阶段	成本构成
体育赛事项目的组织筹备阶段	1. 体育场地租赁费用
	2. 赛场布置费用
	3. 赛事宣传与营销费用
	4. 赞助商服务费用
	5. 人员及办公费用
	6. 利息
	7. 税费
体育赛事项目的举办与控制阶段	1. 赛事组织管理费用
	2. 赞助商服务费用
	3. 赛事风险控制费用
	4. 人员及办公费用
	5. 利息
	6. 税费
体育赛事项目的收尾阶段	1. 赛事评估与总结费用
	2. 场地设施清理费用
	3. 利息

（二）体育赛事的收入

《企业会计准则》中规定：收入是指企业在日常活动中形成的、会导致所有者权益增加的、与所有者投入资本无关的经济利益的总流入。根据国外体育赛事运作经验，体育赛事的收入通常情况下由5大部分组成，即门票收入、电视转播权收入、广告权收入、标志特许使用权收入和纪念品销售收入。用公式表示：

$$E=E_{门}+E_{电}+E_{广}+E_{特}+E_{纪}$$

我国目前运作的体育赛事，其收入结构与国外相比有两大特征：第一，国内体育赛事的电视转播权市场十分不景气，能为主办方带来的收入屈指可数。这主要有以下两方面的原因：一是部门垄断。国家广播电影电视局有关条文规定，电视机构必须购买转播权才能转播竞赛表演，但是中央电视台对某些赛事具有独家购买权，于是形成买方垄断的市场结构，限制了电视转播权市场的竞争。二是行业垄断。我国的电视台都是国有国营，其他行业无权经营。加上电视接收网络遍及全国，为数不多的国家级和地方性电视台就能覆盖全国，因此电视台的垄断程度很高，这也是电视转播权销售困难的主要原因。此外，我国的电视媒体具有政府喉舌的职能，在社会上享有很高的声誉。在计划经济体制时期，转播竞赛表演

时生产公共产品，相当于一种公益活动，转播国内赛事不需要支付转播费。因此在意识上还一定程度上保留着过去的观念。第二，政府财政补助是体育赛事主办方的重要资金来源之一，如 2002 年上海网球大师杯赛，赛事组委会的政府财政补助收入达到了 1180 万元。当然，政府对体育赛事进行财政补助也是有其合理性的，原因主要有三：第一，就体育赛事本质特征而言，它是介于私人产品和公共产品之间的混合产品，具有非排他性和非竞争性；第二，体育赛事具有很强的正外部性，对举办地知名度和城市形象的提升和对举办城市相关产业的发展都有积极的促进作用；第三，我国目前的体育赛事市场发育还很不完善，主办者营利空间狭小。因此，国内体育赛事运作收入通常情况下由 4 大部分组成，即门票收入、广告权收入、纪念品销售收入和财政补贴收入。用公式表示为：

$$E=E_{门}+E_{广}+E_{纪}+E_{财}$$

三、体育赛事现金流量的估算

体育赛事项目现金流量的估算实际上是对体育赛事成本和收入现金流量的一种预测，它是体育赛事财务评估的基础，只有做好这一环节才能对体育赛事进行科学的财务评估。此外，本书假设体育赛事的所有成本和收入均为现金流量。

（一）体育赛事现金流量估算的步骤

通常情况下，对体育赛事现金流量进行估算和预测包括以下 5 个步骤：

第一，确定预测目标；

第二，收集、整理和分析有关的资料和数据，掌握市场信息；

第三，确定预测模型及预测方法，进行科学的推理计算，得出预测结果；

第四，对预测结果进行分析评价，考虑各种变化因素，找出预测误差；

第五，对预测结果进行修正，选出最佳值，作为体育赛事财务评估的依据。

（二）体育赛事现金流量估算的方法

体育赛事项目的成本和收入构成比较复杂，而且不同类型赛事其成本构成有很大的不同，应该针对不同类型的赛事采用不同的预测方法，并随着赛事的进程分阶段进行预测和修正。成本预测方法有很多，常用的有专家法、类比法、参数模型法等。

1. 专家法

专家法是以专家为索取信息的对象，组织专家运用专业方面的经验和理论，对体育赛事的成本和收入进行估计的方法。这里的专家是指有专门知识或经过培

训的团体或个人。对体育赛事成本和收入进行预测时，可以选择有丰富体育赛事运作经验的、具有体育赛事运作管理专门知识的或经过培训的团体或个人来进行信息的索取。专家法所用的数据没有严格要求，当数据不足时是一个解决问题的非常有效的途径。但是它主要是通过专家主观判断得出的数据，可能比较容易产生偏见，而且由于情况复杂会降低预测的准确性。

2. 类比法

类比法是通过新体育赛事与以往一个或多个体育赛事比较，运用类似体育赛事成本和收入的资料进行新体育赛事相关数据的预测。类比法要求有相同或者相类似的赛事案例可以比较。若赛事曾经举办过几次，并且有比较齐全的数据可供参考，这个方法就是一个比较直接有效的预测方法。类比法依靠相似赛事的实际经验来预测，需要对以往所举办过的赛事特性了解得足够清楚，以便确定它们和新赛事之间的匹配程度。

3. 参数模型法

这一方法是将赛事特征（参数）用于数学模型来预测赛事成本和收入的一种方法。使用参数模型法首先要识别体育赛事成本和收入的动因，可能会存在一个或多个的动因，如所举办赛事的类型、选择的地点的变化、观众人数的变化等。通常的回归模型有一元线性回归、多元线性回归等。

第三节 体育赛事财务评估的指标

从项目评估的角度，项目财务评估的最终目的是全面了解项目的财务能力。任何单一的项目财务评估指标都不可能完成这一任务，必须综合考虑诸多指标，根据项目的应用范围和特性及项目所处的条件建立起项目财务评估指标体系，从不同侧面、不同层次对项目的财务能力作出恰当评估。项目财务评估指标体系按不同标准可作不同的分类：根据是否考虑资金事件价值，可分为静态评估指标和动态评估指标；根据项目财务评估指标的性质，可分为时间性指标、价值指标、比率性指标；根据财务评估的目标，可分为反映财务营利能力的指标、反映清偿能力的指标和外汇平衡分析指标等。体育赛事，尤其是当前在我国举办的大型体育赛事，赛事项目的时间跨度较短，赛事项目财务的重要性与一般项目相比，还不够突出。因此，体育赛事财务评估与其他项目相比，要简单得多。在这一前提下，本书主要选择不考虑时间价值的静态评估类指标作为体育赛事项目财务评估指标，具体的指标包括：全部投资利润率、资本金利润率、自有资金收益率、全部投资收益率等。这些指标的具体计算方法如下：

一、全部投资利润率

全部投资利润率是体育赛事项目的利润率总额与总投资之比，它是考察赛事项目单位投资盈利能力的静态指标。其公式是：

投资利润率 = 利润总额 / 总投资 × 100%

在体育赛事的财务评估中，将投资利润率与文化体育行业的平均投资率相比，以判断赛事项目的可行性。当该赛事项目的全部投资利润率大于等于文化体育行业投资利润率时，该赛事项目是可行的。

二、资本金利润率

体育赛事项目资本金利润率是赛事项目的自由资金利润率，它等于年利润总额与赛事项目资本金之比，反映赛事投资者投入的资本金的营利能力。其计算公式为：

资本金利润率 = 利润总额 / 资本金 × 100%

上式中的资本金是指赛事项目的自有资金。计算出的资本金利润率要与文化体育行业的平均资本金利润率或赛事投资者的目标资本金利润率进行比较，若大于等于后者，则可以认为该赛事项目是可行的。

三、自有资金收益率

自有资金收益率是从现金角度考虑赛事项目自有资金的收益情况，它等于赛事项目利润与自有资金的比值，其计算公式为：

自有资金收益率 = 利润 / 自有资金

使用上式计算出的赛事项目资金收益率要与投资者期望的或者是文化体育行业的平均资金收益率相比，若大于等于后者则该赛事项目是可行的。

四、全部投资收益率

与自有资金收益相比，项目全部投资收益增加了利息收益，其计算公式为：

全部投资收益 =（利润 + 利息）/ 全部资金

使用上式计算出的赛事项目全部资金收益率要与赛事投资者的期望或文化体育行业的基准收益率相比较，若大于等于后者则该赛事项目为可行。

第四节　案例分析——2008 年北京奥运会财务评估

一、基础资料——2008 年北京奥运会预算

如前所述，对 2008 年北京奥运会的财务进行评估，必须事先掌握北京奥运会的所有成本和收入，财务评估的第一要务就是要估算 2008 年北京奥运会的所有成本和收入项目的数值。为了申办的需要，2000 年 12 月 24 日，北京奥组委从组委会的角度，编制了一整套北京奥运会预算（表 6–2），2008 年北京奥运会财务评估的基础资料就以这一份预算为基础。

表 6–2　2008 年北京奥运会组委会预算 [126] 24–38　（单位：百万美元）

A 收入	金额	%	B 支出	金额	%
1. 电视转播权	709.00	43.63	基础设施	190.00	11.69
			13. 体育设施	102.00	6.28
			– 奥运村	40.00	2.46
			– 主新闻中心、国际广播电视中心	45.00	2.77
			– 记者村	3.00	0.18
2. TOP 计划收入	130.00	8.00			
3. 组委会赞助收入	130.00	8.00			
4. 特许使用收入	50.00	3.08			
5. 正式供应商	20.00	1.23			
			运营费	1419.00	88.31
6. 纪念币	8.00	0.49	14. 体育比赛	275.00	16.92
邮票	12.00	0.74	– 奥运村	65.00	4.00
			– 主新闻中心、国际广播电视中心	360.00	22.15
7. 彩票	180.00	11.08			
8. 门票	140.00	8.62	– 记者村	10.00	0.62
9. 捐赠	20.00	1.23	15.开闭幕式、节目	10.00	6.15
10. 财产出售	80.00	4.92	16.医疗服务	30.00	1.85
11. 各级政府补助	100.00	6.15	17.餐饮接待	51.00	3.14
– 中央政府	50.00	3.08	18.交通	70.00	4.31
– 市政府	50.00	3.08	19.安保	50.00	3.08

（续表）

A 收入	金额	%	B 支出	金额	%
12. 其他	46.00	2.83	20. 残疾人费用	82.00	5.05
			21. 推广	60.00	3.69
			22. 行政管理	125.00	7.69
			23. 试运行和协调	40.00	2.46
			24. 其他	101.00	6.22
25. 亏损			25. 结余	16.00	0.98
总额	1625.00		总额		

二、编制现金流量表

在北京奥运会预算的基础上，北京奥组委根据整个奥运会组织工作进程，分10年（奥运会前7年，奥运会举办年以及奥运后两年）编制了北京奥组委的现金流量表，如表6-3所示：

表6-3 2008年北京奥运会组委会现金流量表 [126] 36-38 （单位：百万美元）

距奥运会时间（年）	−7	−6	−5	−4	−3	−2	−1	奥运会	1	2
年初现金状况	0.00	1.00	44.25	106.25	204.84	308.54	333.51	415.75	165.00	0.00
现金流入	2.00	45.25	66.00	103.59	173.70	19497.00	242.24	941.25	50.00	0.00
– 银行支持										
– 电视转播权				7.09	70.90	92.17	113.44	549.40		0.00
–TOP 计划				6.50	14.30	14.30	41.60	123.30		0.00
– 国家地区财政	2.00	5.25	6.00	30.00	8.50	8.50	7.20	32.55		0.00
– 其他收入	0.00	40.00	60.00	60.00	80.00	80.00	80.00	236.00	50.00	0.00
现金流出	1.00	2.00	4.00	5.00	70.00	170.00	160.00	1192.00	5.00	0.00
– 资本投资					60.00	70.00	60.00			0.00
行政费用	1.00	2.00	4.00	5.00	10.00	100.00	100.00	1192.00	5.00	0.00
年底现金状况	1.00	44.25	106.25	204.84	308.54	333.51	415.75	165.00	210.00	
银行信用额	50.00	50.00	50.00	50.00	50.00	50.00	50.00	50.00	50.00	50.00
已用现金										
可用现金	51.00	94.25	156.25	254.84	358.54	383.51	465.75	215.00	260.00	50.00

三、财务评估结果

从现金流量表中可以看出，北京奥组委的收入和支出中，只有国家地区财政的支出可以算作政府在北京奥运会的投资，而且没有任何银行贷款。因此，只要对全部投资利润率进行评估即可。

2008 年北京奥组委的全部投资利润率 = 利润 ÷ 总投资 =16 ÷ 100=16%。

假设我国文化体育行业的平均投资利润率为 15%，则可以从财务角度判断 2008 年北京奥运会奥组委的财务是可行的。

第七章　体育赛事经济影响评估

本章是体育赛事事前评估的第三大子系统——体育赛事经济影响评估系统，将深入探讨体育赛事经济影响的概念、体育赛事经济影响的评估指标和方法等问题。

第一节　体育赛事经济影响的概念

所谓“影响”是指具有关系的事物间发生的相互作用及结果。“影响”这一概念被普遍用于反映事物间和现象中存在的因果关系，是一个中性词，其性质需要被界定，比如正面或负面影响。对“影响”的性质所作的界定或需要对影响的性质作出判断，往往是直接或隐含地以一定的逻辑关系为基础。所以，对相互关联的事物之间所存在的影响的研究，一定要以对矛盾运动的规律的正确认识为指导[127]。就体育赛事的经济影响而言，目前存在两种解释：

第一种是广义概念，认为体育赛事的经济影响，是指因体育赛事的举办而形成的赛事对举办地经济领域发生的相互作用及结果，包括赛事对举办地经济直接的和间接的影响，以及长期的和短期的影响等。凡与举办地经济相关，均可包含在内，如体育赛事的媒体价值、体育赛事对城市的营销作用等。国内学者方福前在对北京奥运会经济影响分析时就采用了广义的概念。他认为，从经济层面上分析，奥运会的经济影响包括对实物经济层面的影响和货币(或金融)经济层面的影响，或者说包括对经济的实物系统的影响和货币系统的影响。奥运会对实物经济层面的影响主要通过一些实物指标来反映，如生产部门的结构、生产系统的集中、运输系统结构等；奥运对货币经济层面的影响主要通过一些金融指标和财政指标来反映，如消费价格指数、汇率、人均债务量、公债的负担率等。从时效上分析，奥运会对经济的影响在短期主要是影响总需求，包括来自国内外企业的投资需求（支出）、居民和团体的消费需求、政府投资和净出口的增加；在长期主要是影响生产技术、劳动力的素质、基础设施和经济体制，从而影响总供给或生产能力。此外，他还认为，从广义概念的角度，奥运会的经济影响包括对市场化水平、开放度、新型工业化进程以及可持续发展的影响（图 7–1）[128]。

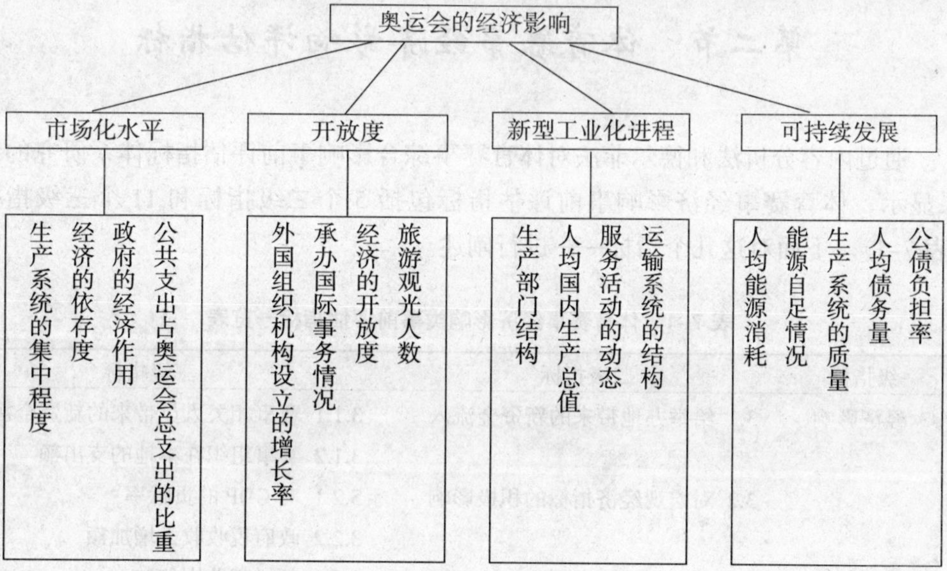

图 7–1　奥运会的经济影响指标一览

第二种是狭义概念，认为体育赛事的经济影响是指由于体育赛事的举办而引发的举办地基础设施投资、宾馆和餐饮消费、商业贸易等需求的变化（这种需求的变化直接带来了赛事举办地新资金的增加），并通过直接效应和乘数效应对举办地的产出、收入、就业水平等经济指标产生的影响。其核心是体育赛事给举办地带来的新的资金流动。

从当前国外相关研究，尤其是从具体体育赛事的评估报告看，国外学者和赛事管理者一般都持第二种观点，如 Crompton 认为，体育赛事的经济影响是指由于体育赛事而引起的举办地产出、收入、就业水平、政府税收等经济指标的净变化[129]。其原因可能是体育赛事经济影响的广义概念内容非常繁杂，尤其是具体操作层面，研究难度很大。为了研究方便，学者们都先从体育赛事经济影响狭义的概念入手进行深入研究。考虑到与国外当前对体育赛事经济影响的研究保持一致，本书在体育赛事经济影响的界定问题上选择第二种观点。

此外，体育赛事对举办地的经济影响也有短期和长期之分，短期的经济影响一般是指在体育赛事筹备和举办的整个过程中以及赛事结束之后一个很短时间内经济方面的影响，而长期的经济影响是指在体育赛事结束后一个较长时期内才能体现出来的经济方面的影响。但短期和长期之间并没有一个明确的界限，通常人们都认为，它们的本质区别在于长期影响通常不是原赛事组织者管理和开发的结果，而短期影响是由赛事组织者的行为所产生的。

第二节 体育赛事经济影响评估指标

通过内容分析法和德尔菲法对体育赛事综合影响事前评估指标体系研究的结果显示，体育赛事经济影响事前评估指标包括5个二级指标和11个三级指标(表7–1)。下面对这几个指标一一进行阐述。

表7–1 体育赛事经济影响类事前评估指标一览表

一级指标	二级指标	三级指标
3 经济影响	3.1 给举办地带来的新资金流入	3.1.1 赛事相关人员带来的新资金额
		3.1.2 赛事组织在本地的支出额
	3.2 对宏观经济指标的积极影响	3.2.1 对GDP的贡献率
		3.2.2 政府税收收入增加额
		3.2.3 新增就业岗位数
		3.2.4 居民收入增加额
	3.3 对赛事相关产业的拉动	3.3.1 对赛事相关产业GDP的贡献率
	3.4 提升城市知名度和城市形象	3.4.1 参与赛事的国家数
		3.4.2 参与报道的媒体数量
		3.4.3 参与报道的媒体级别
	3.5 赛事运作的经济风险	3.5.1 政府财政支出额

一、给举办地带来的新资金流入

(一) 体育赛事给举办地带来新资金流入的理论分析

1. 体育赛事给举办地带来的新资金的界定

体育赛事作为一个复杂的项目，牵涉的关联主体众多，汇集了大量的人流、信息流和资金流。据AC尼尔森调查显示：2004年F1中国大奖赛共吸引现场观众26万人次，仅门票销售的资金流动就达到3亿元人民币，星级酒店业务量增额产生的资金流动约为人民币2.8亿元[130]。但根据体育赛事对举办地经济影响的机理，在赛事给举办地带来的资金流中，并不是所有资金流都能纳入赛事给举办地带来的新资金的范畴。学者们的基本观点是，只有由于举办体育赛事而流入举办地的非本地资金或消费才能算作赛事给举办地带来的新资金，如Crompton认

为："体育赛事给举办地带来的新的资金只包括外来人员、媒体、商家、发起人、外地政府机构、外地银行或投资商等方面的资金。只有外来人员、以观看体育赛事为初衷的人，以及为了观看比赛而停留更长时间的人所产生的消费才能计入赛事给举办地带来的新资金。"[44]114 Gratton 等人也认为："赛事给举办地带来的新资金不应包括本地居民的消费，因为这些消费在本地原有的资金循环中业已存在，这笔资金并不会对举办地宏观经济指标产生积极影响，只不过是在当地经济中不同部门之间转换而已。如果举办地居民没有在观看体育赛事上花钱，他们最终还会在本地通过购物或休闲进行消费。"[131] 虽然经济学家们都认为赛事给举办地带来的新资金不应包括当地居民的消费，但在实际的赛事评估研究和操作中，很多都未做到。Newman，P.W.G 就指出："大多数经济影响研究的局限性就是有一个隐含假设，即把对人们在球队或体育场内的第一轮消费作为赛事给举办地带来的新资金，而不管这些消费是对外消费还是在内部对其他消费的替代。在体育赛事上的消费有许多仅仅是对当地早已存在的消费的一种重新分配。"[132] 其原因主要是，若不计算当地居民消费，那么很多赛事给举办地带来的新资金将会大大减少，不能为政治服务。

当然，举办地居民在体育赛事上的所有消费是否都产生替代效应，这一点还值得商榷，也没有学者对这一问题进行深入研究。但本书作者认为，本地居民在赛事上的消费到底算不算作"新资金"这一问题不能一概而论，这与各个国家和地区居民的消费意识、消费方式有较大关系，各个国家和地区的情况可能还不尽相同。Crompton 等人以美国、英国、澳大利亚等西方发达城市居民的消费习惯和行为为前提，得出了本地居民消费不能算作新资金的论断。但本书作者认为，在我们这样一个现阶段居民储蓄意愿较强、赛事其他替代性产品还不够丰富的国家，情况并非如此简单，虽然由体育赛事而产生的本地区经济系统内的经济流有一部分确实存在"替代效应"，但还有一部分应该算作直接由体育赛事给举办地经济带来的新资金。其原因是：一方面，如果这些资金不用于体育赛事，那么它有可能并不消费，而变成储蓄，不在该经济系统内流动；另一方面，如果这些资金不用于体育赛事，那么它有可能流入到该经济系统以外，产生"漏出效应"。因此，应将部分本地居民用在体育赛事的消费算作"新资金"的范畴。当然，到底有多大比例能够算作赛事给举办地带来的新资金，这一问题还要进一步研究。此外，除了上述关于体育赛事相关人员的消费，体育赛事给举办地带来的新资金还包括地方政府或赛事组委会在筹办和运作体育赛事过程中产生的资金流动。

总体而言，在我国现阶段，体育赛事给举办地带来的新资金主要来自以下几个方面：第一，由于场馆设施和城市基础设施建设而给举办地带来的新资金。第二，本地区以外的赛事相关群体给举办地带来的额外消费。这里所指的本地区以

外的赛事相关群体是指完全由于赛事的举办而前来赛事举办地的群体，包括运动员、教练员、赛事官员、媒体人员以及部分观众等。第三，由于赛事运作而给举办地带来的资金流动。赛事组织方的部分赛事收入是从本地区经济系统外的经济主体中获得的，如门票收入、赞助费等，而这些收入将成为赛事运作的成本，并有很大一部分在本地区的经济系统中流动。第四，本地区经济系统内由于举办体育赛事而产生的额外经济流，如本地居民在体育赛事上的消费等。

2. 体育赛事给举办地带来新资金涉及的行业

体育赛事给举办地带来的新资金会流入哪些领域，与赛事相关人群以及举办地政府或赛事组委会的消费结构直接相关。通常情况下，体育赛事的级别越高，政府或赛事组委会为筹办或运作该体育赛事所花的资金就越大，涉及的行业也越多，这就直接或间接地给这些行业带来了新资金。当前，奥运会被公认为世界上级别最高的体育赛事，这一赛事几乎给举办地所有行业都会带来新的资金流入。在廖明球等人为2008年北京奥运会设计的“投入—产出”模型中，就涵盖了国民经济的所有行业，并分为30个部门。在这30个部门中，第一产业为1个部门，第二产业为14个部门，第三产业为15个部门（表7–2）。

表7–2 北京奥运会投入产出模型的30个部门 [60] 67–69

代码	部门名称	代码	部门名称
01	农业	02	采选业
03	轻纺工业	04	石油加工、炼焦及核燃料加工业
05	化学工业	06	非金属矿物制品业
07	金属冶炼及压延加工业	08	机械工业
09	交通运输设备制造业	10	电气机械及器材制造业
11	通信设备、计算机及仪器仪表制造业	12	其他制造业
13	电力、热力、燃气的生产和供应业	14	水的生产和供应业
15	建筑业	16	交通运输及仓储业
17	邮政业	18	信息传输、计算机服务和软件业
19	批发和零售贸易业	20	旅游、住宿和餐饮业
21	金融保险业	22	房地产业
23	租赁和商务服务业	24	科学研究和综合技术服务业
25	环境管理及其他社会服务业	26	教育事业
27	卫生、社会保障和社会福利业	28	体育事业
29	文化和娱乐业	30	公共管理和社会组织业

为了更加深入地分析体育赛事给举办地带来新资金的行业划分，本书将体育赛事给举办地带来的新资金分为赛事组织筹办的消费和观众、媒体人员等赛事相

关群体的消费两大类别。其中赛事组织筹办的消费主要是指体育场馆和基础设施建设消费以及赛事运作的相关消费（表 7–3 反映的是 2012 年伦敦奥运会的组织筹办消费项目及具体支出预算[133]3–15），这部分消费通常会给举办地的建筑业，房地产业，机械工业，通信设备、计算机及仪器仪表制造业，信息传输、计算机服务和软件业，电气机械及器材制造业，文化和娱乐业，展览 / 会议业以及广告业等部门和行业带来较大影响。不同类型、不同级别的赛事，组织者在本地的支出都不尽相同。此外，赛事组织筹办的消费是否都能够算作赛事给举办地带来的新资金还是一个有待探讨的问题，国外有学者就认为，这部分消费应该全部算作赛事给举办地带来的新资金，当然也有学者持相反的意见。但本书作者认为，赛事组织筹办的消费在多大程度上能够算作新资金，与举办地的城市发达程度和现代化水平有关，举办地的城市发达程度和现代化水平越高，赛事组织和筹办消费留在本地的就越多。

表 7–3 伦敦奥运会组织筹办的支出预算

[单位：百万英镑（2004 年价格）]

	低	中	高
1. 奥运会运作成本			
场馆运作	23	30	46
技术支出	240	260	300
奥运村运营成本	42	100	144
赛事组织成本	210	250	300
安全支出	16	18	27
交通支出	50	52	60
开、闭幕式等活动	30	51	60
广告和宣传	70	78	90
其他成本	162	171	184
小　计	931	1010	1089
2. 奥运场馆建设成本			
奥运会主体育场	200	325	360
MPC ＆ IBC 项目	50	75	95
奥运会体育会堂	42	55	84
奥运会水上中心	60	67	90
格林威治体育会堂	20	22	56
奥运会曲棍球馆	15	16	21
室内自行车场	22	26	30
训练馆	10	15	25

（续表）

	低	中	高
Broxbourne 项目	8	9	10
东伦敦大学项目	9	9.5	10
BMX 赛道	6.5	7.5	8.5
奥运会网球场	3	6.5	7
Eton 项目	3.3	5.3	7.3
Weymouth 项目	2	3	4
小　计	553	642	731
总　计	1484	1652	1820

观众、媒体人员等赛事相关群体的消费，主要是指现场参加或观看比赛的运动员、教练员、观众以及媒体人员等赛事相关群体为在举办地参加或观看比赛而在举办地经济系统内所发生的消费，例如门票，食物及饮料（饭店、特许商店等），夜总会、休息室和酒吧（包括费用、饮品等），零售商店购物（服装、纪念品、礼品等），住宿（旅店、汽车旅馆等）、私人汽车（汽油、修理、停车费等）以及租车等方面消费。这部分消费都属于人的消费，涉及的部门和行业包括城市公共交通业，铁路、道路、水上、航空运输业，批发和零售贸易业，文化、体育事业和娱乐业，住宿业，餐饮业等。国际著名的 AC 尼尔森公司关于 2004 年上海 F1 赛事的评估报告中认为，F1 赛事相关群体的消费给上海的酒店业、旅游业、餐饮 / 零售业和运输业（出租车与航空）带来的新资金流入量较大；上海体育学院体育赛事研究中心关于 2008 年上海网球大师杯赛的评估报告中也认为，上海网球大师杯赛的观众给举办地的市内交通运输业、餐饮业、酒店业、长途运输及民航业、零售业、通信业和旅游业带来了较大的资金流入。

关于这部分消费，本书作者认为还有几个问题值得进一步探讨：

第一，体育赛事相关群体的消费与一般旅游者的消费是否存在差异。Baade 认为，体育赛事的相关群体与一般旅游者相比，目的更加明确，且层次相对较低。其消费比一般旅游者要少一些，而且消费结构也有所不同[134]。为了对此假设进行验证，本书作者以 2008 年上海网球大师杯赛为例进行了初步探讨，研究发现：2008 年上海网球大师杯赛境外观众人均消费为 10259.06 元，平均逗留 5.62 天，人均每天消费 1825.45 元。其中往返车费为 5740 元，占 56.0%；购物消费为 1753.7 元，占 17.1%；住宿消费为 1122.08 元，占 10.9%；景点开销为 630.09 元，占 6.1%；餐饮费为 573.90 元，占 5.6%；交通费为 234.13 元，占 2.3%；通讯费为 205.16 元，占 2.0%（图 7–2）[135]。本书作者将此结果与 2007 年境外游客在上海的消费情况进行比较发现，境外游客在上海的人均每天消费为

1942.4 元，略高于大师杯观众的消费水平，但差异不是很大，有待进一步论证。此外，从消费结构看，境外游客在上海的长途交通费占 35.5%，购物消费占 16.6%，住宿费占 16.5%，餐饮消费占 10.1%，其他消费占 7.6%，娱乐消费占 4.4%，市内交通费占 3.9%，游览消费占 3.4%，邮电通讯费占 1.9%（图 7–3）。与 2008 年上海网球大师杯赛境外观众的消费结构相比，差异也不明显。

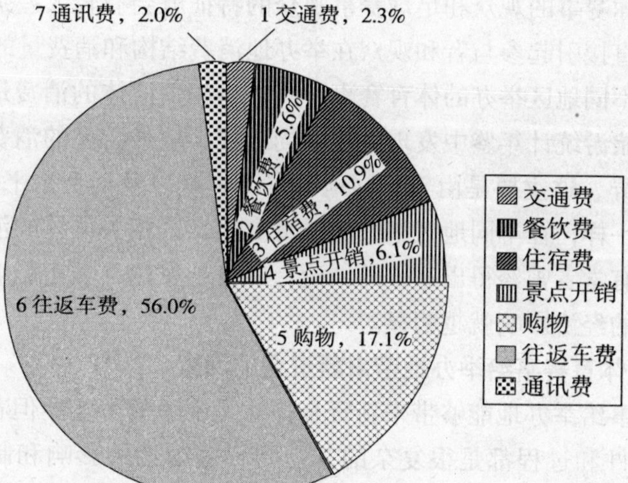

图 7–2　2008 年上海网球大师杯赛境外观众消费构成图

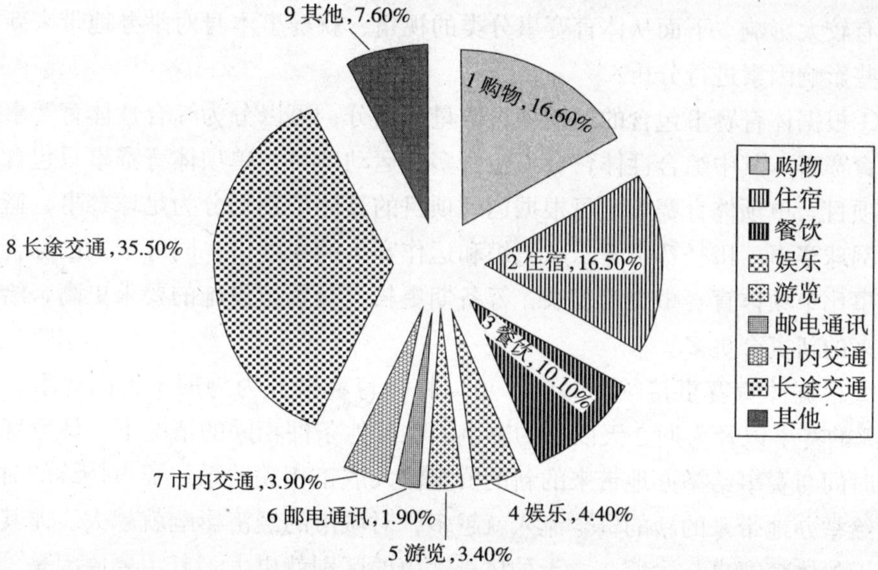

图 7–3　2007 年境外游客在上海的消费情况 [136]

第二，在赛事相关群体中不同人群的消费是否有差异。体育赛事的相关群体中，观众、运动员、教练员以及媒体人员等人群参与赛事的目的存在一定的差异，故其消费结构和消费额也会存在不同。国外有学者认为，在赛事相关群体中，媒体人员的消费是最高的，其次是观众，而运动员和教练员的消费最低。

第三，不同的体育赛事，其参与者和观众的消费习惯是否存在差异。体育赛事项目的不同会直接对赛事观众及其他相关群体的人员结构产生较大影响。例如，高尔夫球赛事的观众和足球赛事观众的特征就会有较大差别，由于这一差别的存在，会直接引起参与者和观众在举办地消费结构和消费量的不同。

第四，不同地区举办的体育赛事，其赛事相关群体的消费是否有差异。本书作者从中国旅游统计年鉴中发现，在不同地区，境外游客的消费量和消费结构都存在较大差异，这主要是由于不同地区资源禀赋以及消费水平等方面存在差异。与境外游客一样，在不同地区举办的体育赛事，其相关群体的消费也会存在较大差异。国外有学者曾经得出这样的结论：经济越发达，城市影响力越大，体育赛事对举办地的经济影响就越明显。

3. 影响体育赛事给举办地带来新资金的因素

体育赛事给举办地能够带来新资金，这是不争的事实。但赛事给举办地带来新资金的条件和过程都是很复杂的，受到很多因素的影响和制约。本书作者认为，体育赛事给举办地带来的新资金流入主要受以下两大方面的影响：

(1) 体育赛事方面

体育赛事有很多类型，不同类型的体育赛事差别较大，对举办地带来的新资金也有较大影响。下面从体育赛事分类的视角，就赛事本身对举办地带来新资金的一些影响因素进行分析：

①根据体育赛事包含的运动项目数量来划分，可以分为综合性体育赛事和单项体育赛事。其中综合性体育赛事包含多个运动项目，单项体育赛事只包含一个运动项目。单项体育赛事又可根据运动项目的具体类别划分为足球赛事、篮球赛事、网球赛事、田径赛事等。从组织和运作赛事的角度讲，同等级别的综合性体育赛事比单项体育赛事更为复杂，筹备期更长，对场馆设施的要求更高，给举办地带来的新资金更多。

②根据体育赛事持续的时间，可以将体育赛事分为为期 1 天的赛事、为期 2~3 天的赛事以及为期 3 天以上的赛事。在其他条件相同的情况下，体育赛事持续的时间与赛事给举办地带来的新的资金流入成正相关关系，赛事持续的时间越长，给举办地带来的新的资金流入就越多，对城市的经济影响就越大。尤其是为期 1 天的体育赛事与为期 2~3 天的体育赛事的区别就更大。其主要原因是，对于为期 1 天的体育赛事来说，吸引外地观众观看比赛并在举办地留宿的几率与为期

2~3 天的体育赛事相比要小得多。因此，拉长赛事持续的时间是扩大体育赛事给举办地带来新资金的一个有效措施。

③根据在赛事筹备阶段是否需要进行体育场馆和基础设施建设划分，可以分为需要进行大规模场馆和基础设施建设的体育赛事和基本无须进行大规模场馆和基础设施建设的体育赛事。例如奥运会、世界杯足球赛等大型体育赛事通常都需要投入巨额资金用于体育场馆和城市基础设施建设，这类体育赛事与无须进行场馆和基础设施建设的赛事相比，给举办地带来的新资金要大。

④根据体育赛事参与主体的不同进行划分，可以分为观众型体育赛事和运动员型体育赛事。观众型体育赛事是指以观众为主体的体育赛事，如世界杯足球赛、环法自行车赛、上海网球大师杯赛、一级方程式汽车大奖赛等，这类赛事往往是一些级别和水平较高、运动项目较为普及、赛事历史较长的体育赛事，它可以吸引大量的外地观众来举办地旅游和观看赛事，给举办地带来的新资金往往较大；运动员型体育赛事是指以运动员为主体的体育赛事，如安利纽崔莱健康跑、北京国际马拉松赛以及一些观赏性不强运动项目普及性不高的体育赛事。这类体育赛事中，运动员、教练员及其亲属占到整个赛事相关人群的较大比重，观众相对较少，给举办地带来的新资金要小。

(2) 举办地方面

体育赛事举办地的诸多特点也是影响赛事给举办地带来新资金大小的重要影响因素，本书作者认为，举办地方面对此影响较大的主要有以下几点：

①举办地的文化底蕴及旅游资源。这一因素从两个方面直接影响赛事给举办地带来的新资金的多少：一是举办地的文化底蕴及旅游资源越丰富，越能够吸引更多外来观众前来观看比赛；二是它直接决定了前来参加或观看比赛的赛事相关群体在举办地逗留的时间，文化底蕴及旅游资源越丰富，观众在举办地逗留的时间就越长。

②举办地的经济发达程度。一般而言，举办地的经济越发达，市场机制就越完善，商业文化就越浓厚，而只有经济条件成熟、市场机制完善和商业文化浓厚，体育赛事的联动波及效应才具有比较大的动力和辐射力，赛事给举办地带来的新资金也就越多。

③举办地的产业结构特点。举办地的产业结构对赛事给举办地带来的新资金也有直接影响。举办地的产业链条越长、第三产业越发达，“漏出效应”就越小，留在举办地的新资金就越多。

④举办地的场馆及基础设施建设水平。通常情况下，举办地的体育场馆及基础设施越完善，带来的新资金就越少；相反，如果举办地的场馆及基础设施建设水平较差，为举办赛事还要建设新的场馆及基础设施，那么赛事的举办将给举办

地带来大量新的资金流入。但是，这也是一把双刃剑，一方面，举办城市可能会通过巨额投资的场馆和基础设施建设给举办地带来新资金，从而推动举办地经济的发展；但另一方面，巨额的投资也可能会带来巨大的财务风险，而且赛事结束后的体育场馆利用问题可能会成为举办城市的一大难题。

（二）体育赛事给举办地带来新资金流入的估算

为了较为科学可行地反映“给举办地带来的新资金流入”，本书运用了“赛事相关人员带来的新资金额”和“赛事组织在本地的支出额”两个三级指标。下面重点讨论这两个三级指标的数据获取问题：

1. 赛事相关人员带来的新资金额

赛事相关人员给举办地带来的新资金额等于赛事给举办地带来的相关人员数与每一个相关人员消费量的乘积，用公式表示为：

$$C = e_1 q_1 + e_2 q_2 + e_3 q_3 + \cdots$$

其中：C 表示赛事相关人员带来的新资金总额；

e 表示平均每位赛事相关人员的消费量，由于目前赛事相关人员可以细分为外来观众、媒体、本地观众等，故用 e_1，e_2 e_3……表示；

q 表示赛事相关人员的数目。

关于赛事相关人员给举办地带来的新资金额的获取，目前最为常见和有效的方法就是采用已有的相关数据进行推算。运用这一方法最重要的环节就是基础数据的获取，其结果的可靠性要受基础数据采集方法的影响（下面以外来人员的消费为例说明问题）。Larry Dwyer 等人为了能够预测未来澳大利亚举办的体育赛事所带来的新资金，搜集了包括 F1、摩托 GP 等多项赛事的相关信息，并利用平均值来预测未来相类似的赛事可能给举办地带来的新消费（表 7–4）。

表 7–4　澳大利亚体育赛事观众及消费相关数据一览表 [137]

赛事	外来人员人数		平均每位外来人员的消费量				给举办地带来的新的消费（澳元）
			在举办地逗留的天数		每天在举办地的消费		
	来自非举办地的本国观众	来自国外的观众	来自非举办地的本国观众	来自国外的观众	来自非举办地的本国观众（澳元）	来自国外的观众（澳元）	
一级方程式赛事							
1985	17920	1600	5.0	9.9	90	127	10,075,680
1988	22280	3400	5.7	11.7	98	66	15,071,088
1992	16082	2695	5.6	10.6	159	160	18,890,133
1996	11738	5176	4.8	5.6	242	379	24,620,403
平均	17005	3218	5.3	9.5	147	183	18,843,089

（续表）

赛事	外来人员人数		平均每位外来人员的消费量				给举办地带来的新的消费（澳元）
			在举办地逗留的天数		每天在举办地的消费		
	来自非举办地的本国观众	来自国外的观众	来自非举办地的本国观众	来自国外的观众	来自非举办地的本国观众（澳元）	来自国外的观众（澳元）	
世界摩托车锦标赛							
1989	38000	2505	6.2	11.1	110	208	31,699,544
1991	16720	1520	6.8	10.8	134	193	18,403,552
平均	27360	2013	6.5	11.0	122	201	26,147,223
印第车赛							
1991	16720	1520	5.4	15.9	204	185	22,889,832
1994	12939	4838	6.5	11.4	185	201	26,644,941
1995	9727	4086	6.8	10.8	134	193	17,380,101
平均	13129	3481	6.2	12.7	174	193	22,695,844
直线竞速赛							
1998	3151	498	N/A	N/A	N/A	N/A	N/A
世界田径锦标赛							
	5005	1088	4.9	8.0	189	119	5,670,907
世界成年人运动会							
	11361	3476	12.7	14.9	100	282	29,033,927
澳大利亚成年人运动会							
1987	1382	317	N/A	N/A	104	N/A	N/A
1989	2828	199	N/A	N/A	N/A	N/A	N/A
1993	970	1074	N/A	N/A	N/A	N/A	N/A
1994	3279	685	N/A	N/A	161	N/A	N/A
1995	4169	901	N/A	N/A	N/A	N/A	N/A
1997	N/A	N/A	N/A	N/A	160	N/A	N/A

注："N/A"表示数据缺失。

如果本地没有举办过类似的体育赛事，或虽然举办过，但相关资料搜集不全，这时要预测赛事给举办地带来的"相关人员的消费额"这一指标的数据就要困难得多。在这种情况下，只有寻找外地，甚至国外地区的相关数据进行推算，但这种推算方法肯定没有上述推算方法精确。

关于平均每位外来人员的消费量这一指标，很多学者通过旅游部门或政府经济部门的统计资料直接获取。但不可否认的是，不同的体育赛事，其参与者和观众的消费习惯也不同。因此，为了提高精确度，建立一个有关某地区体育赛事相关群体消费情况的数据库很有必要。

随着研究的进展，很多学者发现，在体育赛事的相关外来人员中，还分为多种类型，如观众、运动员、媒体人员等。因此，很多学者又针对赛事不同的外来人员分别进行数据搜集，尤其是在体育赛事经济影响的事后评估中。例如，加拿大体育旅游联盟专门开发了“体育旅游经济影响评估系统（STEAM）”，用以对在加拿大举办的并由加拿大体育旅游联盟资助的所有体育赛事进行事后评估。在该系统中，赛事给举办地带来的外来人员被分为 3 类，即赛事参与者（包括运动员、裁判员及其家属等）、观众、媒体人员 /VIP（表 7–5）。英国体育（UK Sport）则将赛事给举办地带来的外来人员分为观众、运动员、媒体人员、赛事官员和其他 5 种类型，通过对不同体育赛事相关数据的搜集和对比（表 7–6 和图 7–4）大大有利于未来赛事相关数据的预测工作。

表 7–5　2002 年北美土著居民运动会不同人群消费一览表 [138]

外来人员类型	消费总额（美元）
赛事参与者	317.9 万
观众	125.1 万
媒体 /VIP	15.7 万
合计	458.7 万

表 7–6　英国 6 个国际体育赛事的外来人员情况一览 [139]

外来人员类型	赛艇世界杯赛	欧洲 U19 足球赛	女子自行车锦标赛	欧洲马术锦标赛	世界青年帆船锦标赛	世界赛艇锦标赛	合计
运动员	136	95	31	87	382	397	1,128
观　众	978	1,427	135	1,491	44	2,114	6,189
媒体人员	54	36	16	167	9	170	452
赛事官员	18	29	45	45	151	32	320
其　他	120	30	20	418	31	217	836
合　计	1,306	1,617	247	2,208	617	2,930	8,925

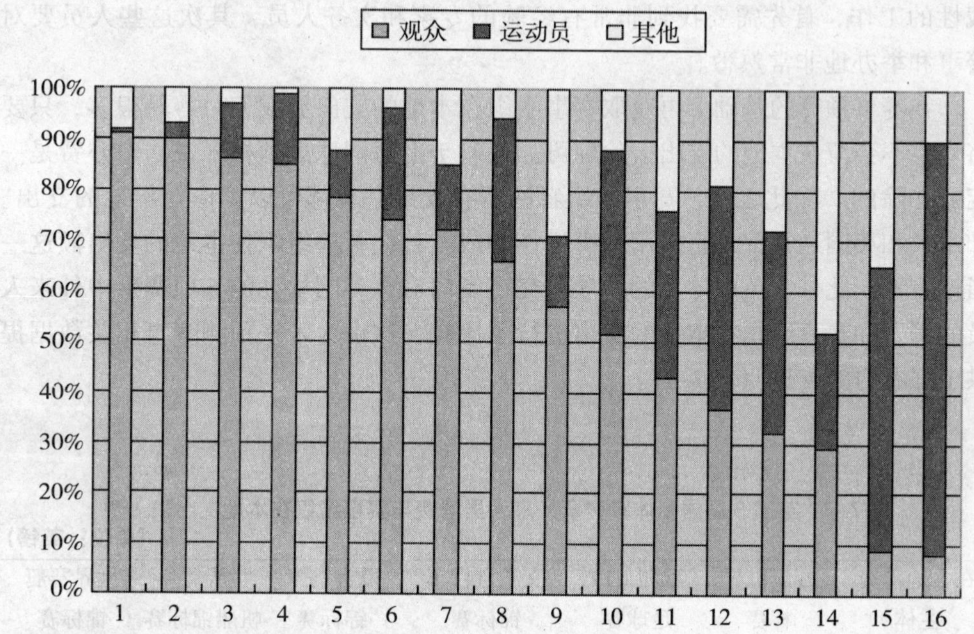

图 7–4　英国 16 大体育赛事不同外来人员消费额对比图 [140]

2. 赛事组织在本地的支出额

“赛事组织在本地的支出额”是赛事总支出的一部分，是赛事组织者在举办地的支出。除此之外，赛事的总支出中还包括一部分赛事组织者在举办地之外的支出。例如，上海网球大师杯赛的申办费就是赛事组织者在举办地之外的支出。“赛事组织在本地的支出额”这一指标数据与体育赛事的类型和级别关系密切，不同类型、不同级别的赛事，组织者在本地的支出都不相同。此外，赛事组织在本地的支出比例与举办地的城市发达程度和现代化水平有关，通常情况下，举办地的城市发达程度和现代化水平越高，赛事组织在本地的支出比例就越大，反之越小。

在实际操作过程中，对赛事组织在本地的支出额这一指标数据的获取最有效、最可行的方法就是从赛事预算中获取相关数据，这是目前几乎所有评估报告均采用的途径和方法。例如，Stephen S.Fuller 在对 2012 年华盛顿巴尔的摩地区举办奥运会的经济影响评估中就通过赛事预算获取了赛事组织在本地的支出额 [141]；George Vredeveld 等人同样是在一份关于 2012 年美国俄亥俄州和肯塔基州举办奥运会的经济影响评估报告中，也是根据前期的赛事预算获得了组委会和电视转播商的在本地的支出额 [142]。若在进行赛事综合影响事前评估时，

赛事预算还没有公布，则要请专业人员编制赛事预算。当然，这是一项颇具挑战性的工作，首先需要找到非常有经验的专家和实务人员，其次这些人员要对赛事和举办地非常熟悉。

在赛事预算的基础上再获取赛事组织在本地的支出额就相对容易很多，只要将肯定不会留在本地的支出去除即可。如对于上海网球大师杯来说，申办费是一定要扣除的。除此之外，赛事组织者的所有支出基本都可以算作在本地的支出。加拿大和英国通常都是直接用赛事运作的成本替代赛事组织在本地的支出额这一指标[143]。此外，英国体育的一项研究还专门对在英国举办的 6 项赛事中外来人员的消费和赛事组织在本地的支出进行了比较，这也为未来预测赛事相关数据提供了强有力的支撑（表 7-7）。

表 7-7　英国 6 项国际体育赛事外来人员消费与赛事组织在本地支出表[139]

（单位：英镑）

在本地消费主体	赛艇世界杯赛	欧洲 U19 足球赛	女子自行车锦标赛	欧洲马术锦标赛	世界青年帆船锦标赛	世界赛艇锦标赛
外来人员	446,088	560,13	49,877	1,914,498	274,845	2,680,070
赛事组织	117,811	192,65	6,537	202,201	74,529	588,633
合　计	563,899	752,78	56,414	2,116,699	349,374	3,268,703

二、对举办地宏观经济指标的影响

体育赛事对举办地宏观经济指标的影响是指由于体育赛事的举办而引致的举办地部分宏观经济指标的变化。从传统的凯恩斯主义宏观经济学角度上看，体育赛事的经济影响是一种需求冲击，即体育赛事引发对基础设施投资、旅游出口、商业贸易等需求的变化，通过直接效应和乘数效应影响举办地的产出、收入和就业水平。体育赛事对举办地宏观经济指标的影响与赛事给举办地带来的新的消费成正相关关系，赛事给举办地带来的新的消费越大，对宏观经济指标影响就越大。相反，如果赛事给举办地带来的新的消费额很小，那么该赛事对举办地宏观经济指标的影响就不会很大。

从图 7–5 可以明显看出体育赛事对举办地宏观经济指标影响的大致流程：赛事举办地居民通过税收的形式为本地区政府提供资金，政府部门再将其中一部分用于资助体育赛事的举办，体育赛事吸引来的非本地区居民在本地体育赛事和其他方面的消费，又促进了本地区 GDP 的增长、居民收入的增加、就业岗位的增多以及政府税收的增加，这就有助于经济发展的良性循环。赛事举办地只需提供原始投资，便可以在宏观经济上获得更多的投资回报。

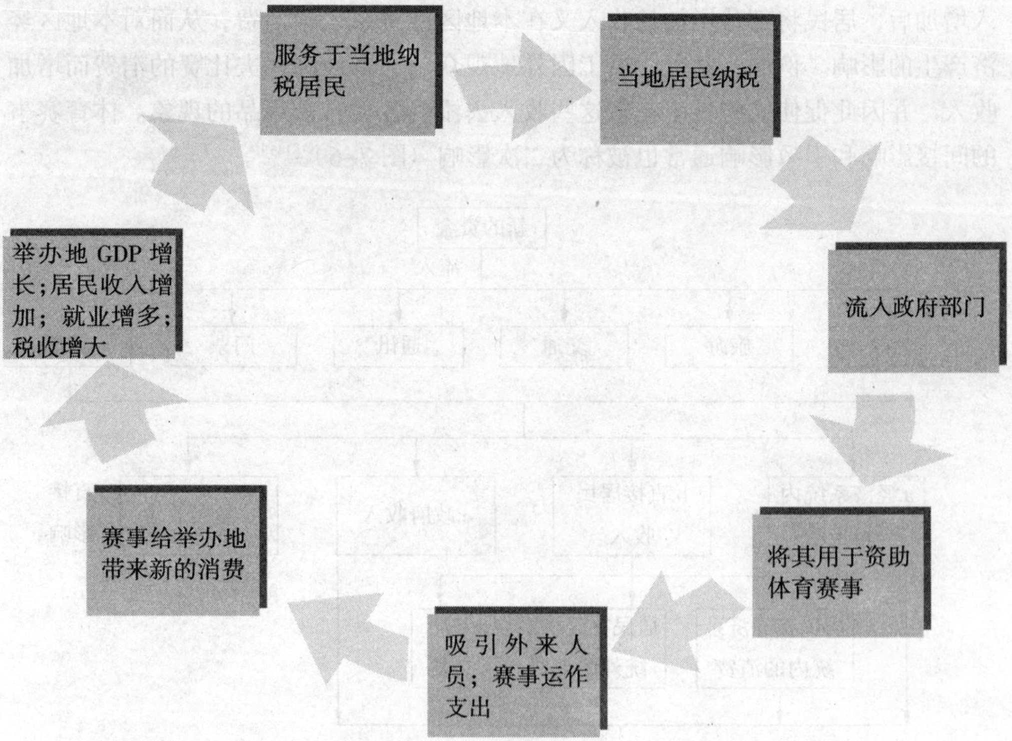

图 7–5 体育赛事对举办地宏观经济指标影响的概念性框架图

体育赛事对举办地宏观经济指标的影响共分为 3 个层级，即直接影响、间接影响和引致影响[144]。体育赛事对举办地经济的直接影响是指改变特定地区经济活动的第一次花费，即体育赛事给举办地带来的新的资金流入（这些新的资金主要流入到宾馆、餐饮、交通、中介服务等行业和部门）对当地经济产生的第一次影响。例如外来观众参加某地区举办的高尔夫赛事，或这些外来观众在本地的相关消费所导致的影响。其本意在于说明体育赛事第一波外来资金对于若干最终需求的投入所导致的经济活动变化程度。体育赛事对举办地经济的间接影响是指由于以上直接影响的结果而对举办地经济产生的影响，它是举办地相关产业因为前

述这些活动或者观众的外来资金投入所导致的各行各业经济活动的变化。例如宾馆饭店从本地区的供应商购买实物和服务时，这些购买者在销售过程中产生的额外的经济增长。通常影响较大者是旅馆、餐饮、零售以及与娱乐相关的产业。当赛事举行期间或者结束以后，在该地区仍会有各种相关产业持续发生买卖行为。简言之，间接影响在于衡量该特定地区的各行各业依靠体育赛事所带来的间接经济利益。引致影响指某特定地区的家庭单位因为上述体育赛事的直接或间接经济影响所增加的收入在当地的再消费程度，它是由体育赛事而引起的本地区居民收入增加后，居民将部分增加的收入又在本地区经济系统中消费，从而对本地区经济产生的影响。例如，某餐厅员工因外地观众参加本地高尔夫比赛的消费而增加收入，并因此促使这些员工花费这些收入去添购各类日常用品的现象。体育赛事的间接影响和引致影响通常也被称为二次影响（图 7–6）[145]。

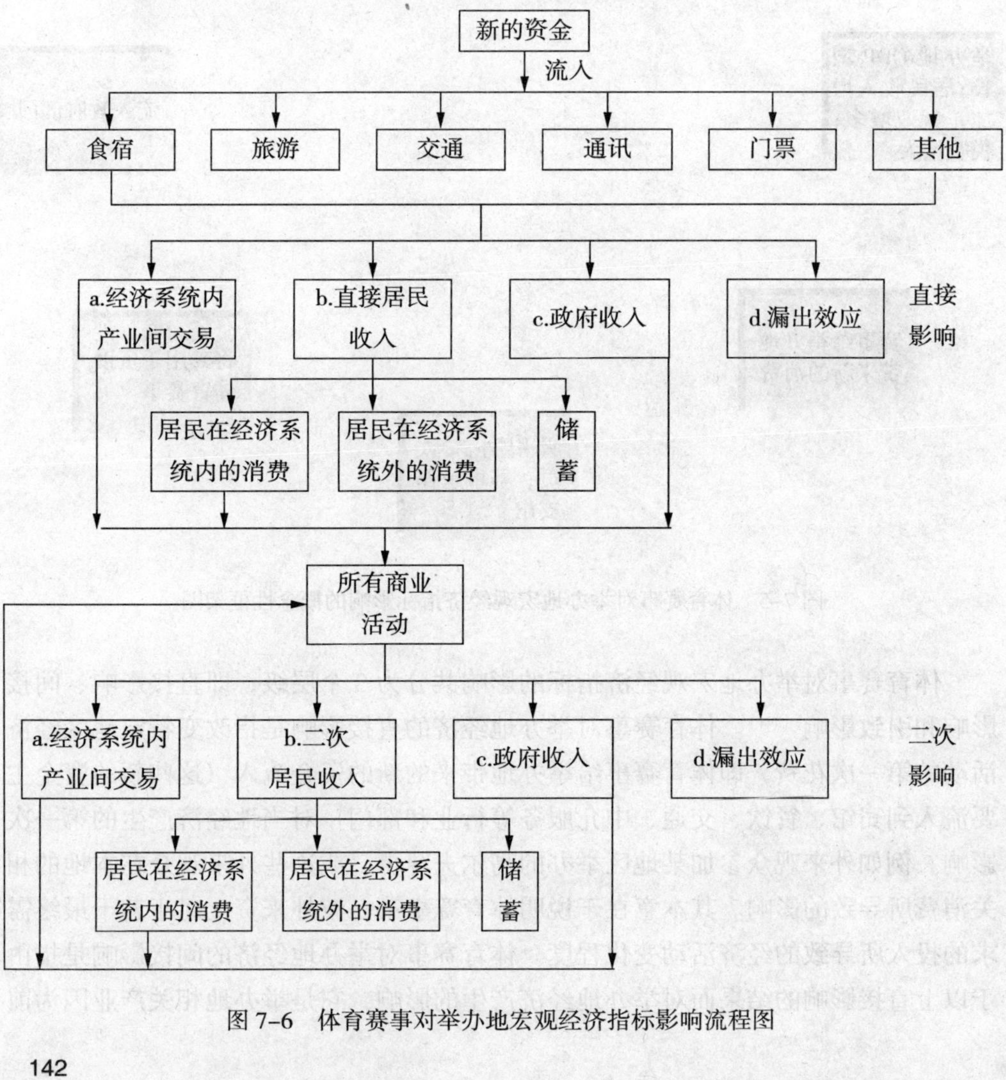

图 7–6 体育赛事对举办地宏观经济指标影响流程图

体育赛事对举办地宏观经济的影响主要包括对举办地 GDP 的影响、对居民收入的影响、对就业的影响以及对政府税收的影响[146]。通过本书作者在第三章中对具体赛事评估报告的分析，通常在赛事经济影响的评估报告中均涉及到上述四个方面的指标。本书经济影响二级指标“对宏观经济指标的积极作用”下属的四个三级指标分别为：对举办地 GDP 的贡献率、政府税收收入增加额、居民收入增加额和新增就业岗位数。这基本与现有的赛事经济影响涉及的指标相同。

（一）对举办地 GDP 的影响

GDP 是国内生产总值（Gross Domestic Product）的简称，指的是一个国家（或一个地区）在一年内所生产的所有最终产品和服务的市场价值之和。具体来说，是指在一个国家或地区的领土范围，一定时期（一般为一年）经济中所生产的全部最终产品和劳务的价值，它是对经济活动的基本度量。GDP 有 3 种表现形态，即价值形态、收入形态和产品形态。从价值形态看，它是所有常住单位在一定时期内所生产的全部货物和服务价值超过同期投入的全部非固定资产货物和服务价值的差额，即所有常住单位的增加值之和；从收入形态看，它是所有常住单位在一定时期内所创造并分配给常住单位和非常住单位的初次分配收入之和；从产品形态看，它是最终使用的货物和服务减去进口货物和服务。在实际核算中，GDP 的 3 种表现形态体现为 3 种不同的计算方法，即生产法、收入法和支出法。3 种方法分别从不同的方面反映 GDP 的大小及构成。

体育赛事对举办地 GDP 的拉动作用是体育赛事对举办地经济影响的一个主要方面。据研究，2002—2007 年间，北京因奥运会引起的投资和消费需求，拉动的 GDP 增长速度平均每年提高约 1.7 个百分点；在 2008 年 8 月 21 日的“奥运与北京经济”新闻发布会上，北京奥运经济研究会执行会长陈剑指出，北京奥运会在 2008 年后还将继续拉动北京市的 GDP 每年增长 1%。Blake 预计，2012 年伦敦奥运会对举办地伦敦市 2005—2016 年期间 GDP 的影响总计将达到 59 亿英镑，且在 2012 年达到峰值，为 9.25 亿英镑（图 7–7）❶。

体育赛事对举办城市或地区的 GDP 的拉动是一个长期的过程，通常包括体育赛事举办前期、体育赛事举办中期和体育赛事举办后期 3 个阶段，各个阶段对举办城市或地区 GDP 的拉动方式也是不一样的。体育赛事举办前期主要通过场馆设施和基础设施建设拉动举办地 GDP 的增长，中期则一般通过赛事组织者、观众及游客的消费带动举办地 GDP 的增长，后期一般是由于举办体育赛事而引起的举办地知名度和城市形象的提升所带来的旅游、投资等而拉动的举办地 GDP 的增长。

❶ 资料来源：根据 Adam Blake（2005）的研究整理。

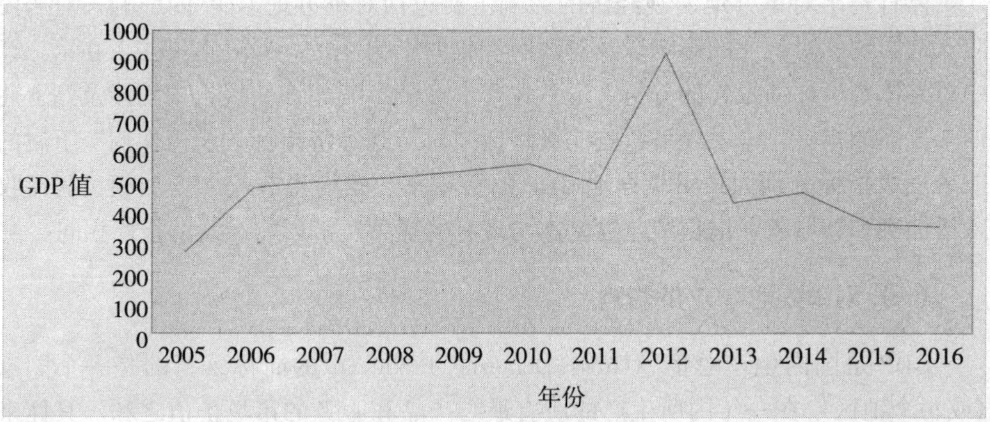

图 7–7　2012 年奥运会对伦敦 GDP 的贡献图

(二) 对举办地就业水平的影响

体育赛事对举办地就业的影响是体育赛事影响经济结构和经济发展的重要部分。对于一个城市或地区来说，体育赛事作为一个外加的经济活动，它的快速持续的发展，将带动就业的同步扩大。据测算，F1 上海站全年平均需要雇用 5000 名工作人员，其中包括接线员、管道工、木工和油漆工；每场比赛前后需要 60 名清洁工打扫卫生，清理现场；需要出动 30 辆救护车和 200 名医务人员以备不测；需要 2000 名厨师不停地制作三餐，至少需要 2000 名服务员为就餐者服务；赛道旁还需要 400 名志愿信号员、108 名志愿旗手、40 名警官、10 辆警车、12 辆救火车，以防发生意外❶。

与体育赛事的其他经济影响一样，体育赛事对举办地的就业水平的影响也有长期和短期之分，就举办体育赛事这一活动自身而言，由于持续的时间较短，因此，它所创造的就业岗位往往也是短期的。但由于体育赛事与其他很多产业都有较高的关联性，它的举办可以带动和刺激其他相关产业的发展，从而能够间接地带动举办地长期就业岗位和就业人数的增加。

近年来，国外很多学者对体育赛事给举办地带来的就业效应进行了实证研究。1994 年，Baim 通过对美国 15 个城市的研究发现，职业橄榄球和棒球联赛对这些城市的就业具有积极的促进作用[147]。佐治亚大学对 1996 年亚特兰大奥运会的就业效应进行了系统研究，结果发现，由于奥运会或其相关活动的举行对美国佐治亚州各个行业的就业影响是巨大的[148]。

❶ 上海赛车场一期投资 26 亿元，F1 盛宴惠泽多少中国人 [OL]. http://www.yunnan.cn，2004–04–20.

不过也有很多学者对体育赛事的就业效应表示怀疑，例如 Baade、Dye、Sanderson、Matheson、Hagn、Maennig 等人，他们运用计量经济模型将体育赛事举办地与非赛事举办地就业状况进行比较分析，结果表明体育赛事对举办地的就业效应很小。此外还有一些学者，如 Coates、Humphreys、Teigland 等人，甚至认为，体育赛事对举办地的就业产生了较大的消极影响。尽管在体育赛事对举办地就业水平影响问题上存在着不同的观点，但总体来说，目前大多数学者还是认为体育赛事对举办地的就业有一定的促进作用。因此，在对体育赛事经济影响的衡量时，通常都会对赛事给举办地带来的就业效应进行评估。

（三）对政府税收收入的影响

体育赛事给举办地政府创造税收收入也是赛事对举办地经济影响的一个方面。2001 年澳大利亚墨尔本举办的一级方程式汽车锦标赛仅为维多利亚州政府创造的税收额就接近 1000 万澳元[149]。据 AC 尼尔森调查显示：在上海举办的 2004 年一级方程式汽车大奖赛（中国站），仅门票销售一项就为上海带来了 1240 万元的税收收入；对旅游业的拉动则给政府创造了多达 8340 万元的税收[150]。

从国外经验看，政府往往会针对非本地居民征收一定的“软”税（在国外，财产税和营业税是地方政府为体育赛事提供补贴的传统税收来源，这两种税收有时被称为“硬”税。由于人们对大范围征税补贴体育赛事的抵触情绪越来越强烈，便产生了一系列补贴体育赛事的“软”税。由于它涉及的范围相对较小，并经过了严格筛选，因而易于征收，如旅游开发税、烟酒税、球员所得税等)，旅游开发税是其中一种。它实际上也是一种营业税，但它又不同于一般的营业税，其征税范围不是针对一般的销售交易，而是主要针对酒店住宿和汽车租赁两种消费。这样，其征税对象就落在了那些享受上述服务的外地来访者身上。在体育赛事举办期间，由于体育赛事而给举办地带来的非本地居民通常都会进行住宿和汽车租赁等消费，带来的最为直接的影响就是举办地住宿和汽车租赁等组织和单位收入的增加，从而进一步带动政府税收收入的增长。

由于税收体制不尽相同，我国虽然没有在赛事期间专门征收某一税种，但由于赛事给举办地带来的巨大的新资金，拉动了举办地旅游、住宿、交通等产业的发展，这势必也会对举办地政府税收产生一定的影响。

（四）对举办地居民收入水平的影响

举办体育赛事一般也会带来举办地居民收入的增加，这也是衡量体育赛事经济影响的一个重要指标。与其他几个指标一样，居民收入增加的原因也是体育赛事给举办地带来的新的资金，这些新的资金通过外来人员和体育赛事组织者的花

费流入举办地各个产业部门，带动了这些产业销售量的增长，从而增加了上述产业工作人员的工资和奖金，最终促进了举办地居民收入的增加（图 7–8）。

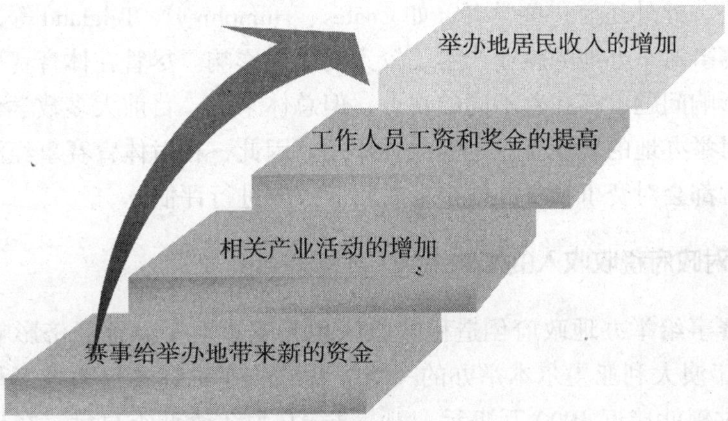

图 7–8　体育赛事带动举办地居民收入增长示意图

2000 年美国犹他州政府对 2002 年盐湖城冬奥会对该州不同产业居民收入的影响进行了评估，结果表明，与其他行业相比，从事服务业的居民收入水平受冬奥会举办地影响最大。在 2001 年，即冬奥运举办的前一年，赛事对举办地各个行业居民收入的影响达到了最大值[151]。

（五）体育赛事宏观经济影响评估的方法和模型

体育赛事对举办地宏观经济指标的数据获取问题一直是国内外学者研究体育赛事经济影响的热点。与其他指标数据的获取途径相比，二级指标中，对举办地宏观经济指标的影响下属的 4 个三级指标数据获取途径相对较为成熟，一般都是在赛事给举办地带来的新资金已知的基础上，利用乘数理论，最后获取相关指标数据，方法如下：

1. 直接运用乘数系数计算

乘数这个概念最早是英国经济学家卡恩在 1931 年所发表的《国内投资与失业的关系》中提出来的。后来，凯恩斯在卡恩论述的就业乘数这一基础上完善了乘数理论，把乘数和边际消费倾向联系起来，并把乘数作为国民收入决定理论的一个重要组成部分。在凯恩斯的乘数理论体系中，乘数是指在一定的边际消费倾向条件下，投资的增加（或减少）可导致国民收入和就业量若干倍的增加（或减少）。其原理的经济含义可以归结为，投资变动给国民收入带来的影响，要比投资变动更大，这种变动往往是投资变动的倍数。乘数理论形成后，其应用范围已

不仅仅局限于投资领域，对外贸易、就业、政府税收等很多方面都开始运用乘数理论分析问题，并形成了就业乘数理论、对外贸易乘数理论等，极大地丰富了乘数理论的内涵。

本书中的乘数概念是指体育赛事给举办地带来了大量的新资金刺激了当地的经济活动，为举办地带来了额外的销售额、个人收入、就业机会以及政府财政收入。乘数概念的基础是各种行业的相互依赖，也就是说，每个企业会在同一地区购买其他企业的产品或服务。外来观众的消费不仅会影响为他们提供商品或服务的企业，还会影响到这个企业的供应商，以及供应商的供应商等。

在体育赛事相关经济影响的实际评估中，经常会用到乘数来估算赛事给举办地经济方面带来的影响。目前常用的乘数有销售乘数、收入乘数、产出乘数、就业乘数、税收乘数等。计算公式分别为：

销售乘数 =（赛事给举办地销售带来的直接影响 + 间接影响 + 引致影响）/ 赛事给举办地带来的新资金额

收入乘数 = 举办地总收入的增加额 / 赛事给举办地带来的新的消费额

产出乘数 =（赛事对举办地产出的直接影响 + 间接影响 + 引致影响）/ 赛事给举办地带来的新资金额

就业乘数 =（赛事对举办地就业的直接影响 + 间接影响 + 引致影响）/ 赛事给举办地带来的新资金额

税收乘数 = 举办地税收的增加额 / 赛事给举办地带来的新资金额

这里需要说明的是，在乘数计算程序中，乘数一般包括两种不同的指标：一种是标准乘数（也称乘数系数），其计算公式为：

标准乘数 =（直接影响 + 间接影响 + 引致影响）/ 赛事给举办地带来的新资金额；

另一种是比率乘数，其计算公式为：

比率乘数 =（直接影响 + 间接影响 + 引致影响）/ 直接影响。

目前经济影响研究文献中的一个共识就是使用标准乘数或乘数系数，而不使用比率乘数。比率乘数只能表明直接收入每增加 1 单位，在其他经济领域的个人收入会成比例增加，但该指标并不能表明对个人收入究竟有多大的影响，因为它不能表明外来观众最初的消费会有多大的漏出比例。因此，使用标准乘数对决策者制定决策更有指导意义[152]。尽管有这样的共识，在赛事影响的实际评估中往往还是使用比率乘数，其原因是比率乘数所反映的数字较大[44]124-125。

目前美国的大多数城市都可以从统计部门获取标准乘数值，90%~95%的美国城市，收入乘数在 1.4~1.8 之间。不过，并不是每个国家和城市都能够从统计部门获取标准乘数的数值[153]。国内的城市是否能够直接获得标准乘数的数值目

前还不得而知，但通过统计部门的核算和处理就可以得到这一数值。

此外，在国内外体育赛事经济影响的实际评估中，专家和学者们也运用了一些乘数，如美国印第安纳波利斯市的产出乘数为 1.793，收入乘数为 0.65，政府税收乘数为 0.06 [154]。这也可以为体育赛事经济影响的事前评估提供一定的参考。

近年来上海举办的体育赛事评估中所采用的乘数值如表 7–8 所示：

表 7–8　近年来上海举办的体育赛事评估中所采用的乘数值一览表

体育赛事名称	评估机构	乘数值	乘数类型	参照标准
世界一级方程式汽车大奖赛（中国站）	AC 尼尔森	2.4	销售乘数	根据 AC 尼尔森多年评估数据推测
2007 年上海网球大师杯赛	上海体育学院体育赛事研究中心	2.1	投资乘数	直接采用上海世博会评估乘数
2008 年上海网球大师杯赛	上海体育学院体育赛事研究中心	2.1	投资乘数	直接采用上海世博会评估乘数

2. 投入产出法

投入产出法作为一种科学的方法来说，是研究经济体系（国民经济、地区经济、部门经济、公司或企业经济单位）中各个部分之间投入与产出的相互依存关系的数量分析方法，又称投入产出分析或部门间平衡经济数学模型，是系统工程的一种重要建模方法。

投入产出法是美国经济学家 W.列昂捷夫于 1936 年首先提出的，自那以后，此方法被广泛应用于经济领域。通过编制投入产出表和模型，能够清晰地揭示国民经济各部门、产业结构之间的内在联系，特别是能够反映国民经济中各部门、各产业之间在生产过程中的直接与间接联系，以及各部门、各产业生产与分配使用、生产与消耗之间的平衡关系。投入产出法还可以推广应用于各地区、国民经济各部门和各企业等类似问题的分析。当用于地区问题时，它反映的是地区内部之间的内在联系；当用于某一部门时，它反映的是该部门各类产品之间的内在联系；当用于企业或公司时，它反映的是内部各工序之间的内在联系。正因为投入产出法有强大的功能，目前它也被广泛应用于体育赛事经济影响的评估领域。

投入产出法具有以下几个特点：

第一，它从国民经济是个有机整体的观点出发，综合研究各个具体部门间的数量关系，既有综合指标又有按产品部门的分解指标，二者有机结合。利用投入产出法可以较好地了解国民经济的全局和局部的关系，做到在国民经济综合平衡的基础上，确定每个具体部门产品的生产和分配，从而成为计划和预测的一种重

要工具。

第二，投入产出表采取棋盘式，纵横互相交叉，能从生产消耗和分配使用两个方面来反映产品在部门之间的运动过程，也就是同时反映产品的价值形成过程和使用价值运动过程。

第三，通过各种系数，投入产出表一方面反映在一定技术水平和生产组织条件下国民经济各部门间的技术经济联系；另一方面用以测定和体现社会总产品与中间产品、社会总产品与最终产品之间的数量联系，既反映部门之间的直接联系，又反映部门之间的全部间接联系。

第四，投入产出表本身就是一个经济矩阵，是一个部门联系平衡模型，可运用现代数学方法和电子计算机进行运算。这不仅可以保证计划计算的及时性和准确性，而且可以进一步扩展，与数学规划和其他数量经济方法相结合，发展成经济预测和计划择优的经济数学模型。

投入产出法有两个基本假定：其一是同质性假定，即要求各个产业部门用单一的投入结构来生产单一的产品，并要求在不同部门的产品之间没有自动带用的现象；其二是比例性假定，要求每一个产业部门的各个投入是该部门产出水平的唯一线形函数，即任何部门所消耗的各种投入的数量跟该部门的总产出成正比例变动。这两个假定对于投入产出法的运用是极为重要的，不满足这两个假定的要求，就会导致不正确的结果。投入产出模型是建立在投入产出表和它基本平衡关系式基础之上的，是由系数、变量、函数关系所组成的数学表达式。传统的投入产出模型应用于分析一个国家的国民经济部门、产业间的关系。发展到现在，其应用领域得到了扩展，在对区域经济的分析中经常应用。即把某一区域作为研究对象而编制区域投入产出表，用于区域性的现状分析、预测和规划，特别是对于预测某一大型建设项目的区域性经济效果分析具有特殊的功用。

这一方法得以广泛应用主要有两个原因：第一，该模型应用相对简单、快捷、灵活。第二，该模型的数据获取相对比较容易。模型的核心是一张投入产出表，其架构大致如同表 7–9 所示，大概可分为中间使用部门、中间投入部门、最终需求部门以及原始部门。最终需求部门包含家庭消费（C）、固定投资（I）、政府消费（G）以及净出口（NX_i）等项目；原始投入（亦称附加价值）则包括劳务报酬（L）以及折旧、盈余、间接税等其他投入报酬（N）。此表几乎在国内外的地区和城市都使用。同时还可以根据要求，在一个地区投入产出表的基础上编制各种各样的子表。

运用投入产出法评估体育赛事对举办地宏观经济指标的影响有两个关键环节：

第一，确定由于体育赛事而给举办城市带来的新的资金流入，包括流入资金的性质、类别和数量。

表7–9 我国投入产出表结构（2002年）

产出 投入	中间使用					最终使用（Y）										进口	其他	总产出
						最终消费					资本形成总额（K）							
						居民消费												
	部门1	部门2	…	部门n	合计	农村居民	城镇居民	小计	政府消费	合计	固定资本形成总额	存货增加	合计	出口	最终使用合计			
部门1																		
部门2																		
……																		
部门n																		
合计																		
劳动者报酬																		
生产税净额																		
固定资产折旧																		
营业盈余																		
增加值合计																		
总投入																		

第二，追踪这些由于体育赛事而流入的新资金在举办地经济体系中的流转对该地区生产和消费的影响。而“乘数”就是用于衡量这种影响大小的一个参数，它来自于投入产出表。这一参数的大小取决于该经济体系的漏出效应的大小，通常情况下，一个地区经济越发达、区域越大那么它的漏出效应越小，乘数也就越大。

运用投入产出分析体育赛事对举办地的宏观经济指标完整步骤包括 5 个方面（图 7-9）：第一，确定与体育赛事相关的组织和团体；第二，估算这些组织和团体的总支出；第三，在这些组织和团体总支出中剔除掉不举办体育赛事仍会留在该经济体中的消费，从而得到这些组织和团体体育赛事方面的净支出；第四，将这些净支出（也被称为直接冲击）与投入产出表的部门产生联系。由于投入产出表和乘数都是基于不同产业的分类，但体育赛事相关组织和团体的支出表现出的是不同商品或服务的消费，例如住宿、餐饮、纪念品消费等，因此必须将体育赛事的这些支出对应到投入产出表中的不同产业中；第五，最终计算出体育赛事对举办地宏观经济相关指标影响的数值。

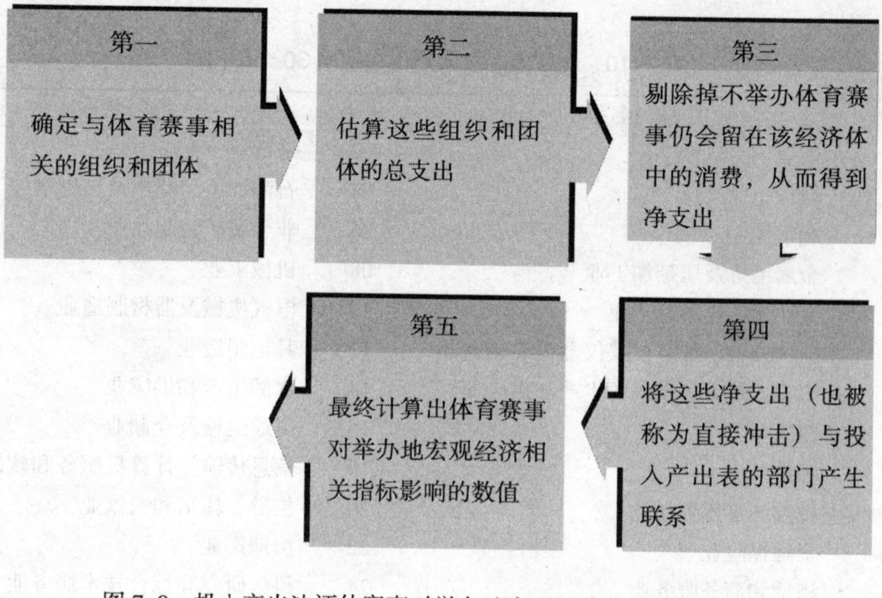

图 7-9 投入产出法评估赛事对举办地宏观经济指标影响的步骤

当然，投入产出模型本身具有一定的局限性，这在相关的文献中都有涉及，具体包括以下几个方面：

第一，必须假设产品的价格是不变的，而且不存在短缺问题。

第二，不容许变化部门的投入和产出之间的关系。

第三，不能评估体育赛事对整个经济的影响。例如，如果某体育赛事从 B 地

区引进了一批劳动力到举办地 A，运用投入产出分析只能分析它对举办地 A 的影响，不能分析对 B 地区影响。

第四，赛事举办地居民的消费偏好与旅游者的消费偏好一致。

最后需要说明的是，在对体育赛事对举办地宏观经济影响评估时，不同国家和地区的模型是不一样的，甚至有的国家会有几个不同模型，研究者要对评估模型进行选择。如果没有合适的模型，还要为此单独建立相关模型。加拿大在对体育赛事经济影响评估中通常使用的是“体育旅游经济影响评估模型(STEAM)”，美国使用的是 TDSM、RIMLOC、TEIM、IMPLAN 或 RIMS Ⅱ 模型 [153]23–48。近两年，我国也有部分学者为评估 2008 年北京奥运会的经济影响利用投入产出法建立了专门针对奥运经济影响的评估模型。廖明球等人为了适应北京奥运投入产出分析的需要，专门设计了北京奥运投入产出模型，该模型的规模为 30 个部门(表 7–10)，包括了国民经济所有行业，同时又突出了北京市要重点发展的行业，其行业划分完全采用新的国家标准。这 30 个部门中第一产业为 1 个部门，第二产业为 14 个部门，第三产业为 15 个部门 [60]67–69。

表 7–10　北京奥运投入产出模型的 30 个部门

代码	部门名称	代码	部门名称
01	农业	02	采选业
03	轻纺工业	04	石油加工、炼焦及核燃料加工业
05	化学工业	06	非金属矿物制品业
07	金属冶炼及压延加工业	08	机械工业
09	交通运输设备制造业	10	电气机械及器材制造业
11	通信设备、计算机及仪器仪表制造业	12	其他制造业
13	电力、热力、燃气的生产和供应业	14	水的生产和供应业
15	建筑业	16	交通运输及仓储业
17	邮政业	18	信息传输、计算机服务和软件业
19	批发和零售贸易业	20	旅游、住宿和餐饮业
21	金融保险业	22	房地产业
23	租赁和商务服务业	24	科学研究和综合技术服务业
25	环境管理及其他社会服务业	26	教育事业
27	卫生、社会保障和社会福利业	28	体育事业
29	文化和娱乐业	30	公共管理和社会组织业

3. 可计算的一般均衡模型（CGE）

近年来，脱胎于瓦尔拉斯一般均衡理论的可计算一般均衡（CGE）模型，在世界范围内得到了广泛而迅速的开发和应用。CGE 模型实际上就是描述经济系统

供求平衡关系的一组方程，用以描述供给、需求和市场关系。图 7–10 显示出 CGE 模型的基本结构，由于不同 CGE 模型的结构具有广泛的不同，图 7–10 中显示的结构只是 CGE 模型的一般性描述，但该图已经可以显示出经济体中各个部分高度的内生依赖性。

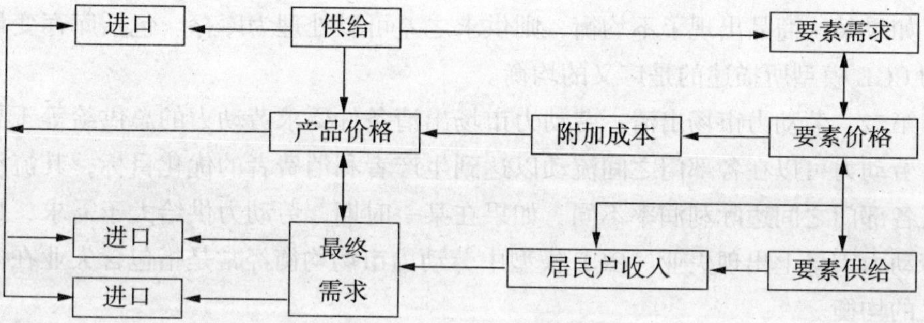

图 7–10 CGE 模型的基本结构图

从供给开始，生产导致对要素投入和作为中间投入的产品和服务的需求。中间投入包括进口以及本地生产的产品和服务；对于要素的需求与可得到的要素供给相互作用确定要素的价格。另外，税收和运输费等附加成分也增加了企业要素投入的成本，并将对产品的价格产生影响；要素的回报率以及要素供给量的相互作用确定了居民户的收入，收入则会影响到对于进口产品和本地生产的产品的需求。当产品价格变化到使对产品和服务的需求等于供给并且要素需求也等于供给时，经济体就被认为达到了均衡状态。

从 CGE 模型所要描述的经济结构和 CGE 模型所依据的一般均衡理论来看，CGE 模型的方程组可以分为供给、需求和供求关系 3 个部分。

在供给部分，模型主要对商品和要素的生产者行为以及优化条件进行描述，包括生产者的生产方程、约束方程、生产要素的供给方程以及优化条件方程等。CGE 模型的生产方程对在不同技术条件下生产者使用各种生产要素生产商品的过程进行了描述。由于它广为采用新古典理论框架下的生产函数，因而允许中间投入之间及生产要素之间存在着不完全弹性替代关系。为了描述各生产部门分散地追求利润最大化的企业行为，一般在 CGE 模型中均包括一阶优化方程，使各要素的报酬等于要素的边际生产率。在开放经济条件下，CGE 模型还要给出商品供给在国内外市场之间的不完全弹性转换关系。

在需求部分，一般把总需求分为最终消费需求、中间产品需求和投资需求 3 部分，把消费者分为居民、企业和政府 3 类。模型主要对消费者行为及其优化条件进行描述，包括消费者需求方程、约束方程、生产要素的需求方程、中间需求

方程及优化条件方程等。在开放经济条件下，CGE 模型的消费需求函数允许进口商品与国内商品之间的不完全替代。

供求关系部分由一系列市场出清条件和宏观平衡条件组成，主要包括：

第一，商品市场出清。商品市场出清条件要求在国内市场上任一商品的总供给等于对它的总需求，这不仅要求在数量上达到均衡，而且要求在价值上达到均衡。如果某一商品出现了不均衡，则供求之差可以处理为库存。包括库存变量在内的 CGE 模型所描述的是广义的均衡。

第二，劳动力市场出清。劳动力市场出清条件要求劳动力的总供给等于总需求。劳动力可以在各部门之间流动以达到生产者和消费者的优化目标，其流动原因是各部门之间边际利润率不同。如果在某一时期，劳动力供给大于需求，那么在劳动力市场上出现失业。CGE 模型中劳动力市场均衡经常是指包含失业在内的广义的均衡。

第三，资本市场出清。由于资本在短期内具有部门专有性，因此资本市场出清条件在短期内要求建立各部门在各时期的资本出清公式；但长期而言，资本可以在部门间流动，因此资本市场出清条件在长期内要求所有行业的资本需求必须等于外生给定的固定资本总量。

第四，储蓄投资平衡。储蓄投资平衡条件要求总投资等于总储蓄，如果投资规模与储蓄水平不相符，则通过出售债券、引入外资或增减政府财政储备来弥补，以达到平衡。

第五，政府预算平衡。如果政府支出不等于政府收入，那么把财政赤字当做一个变量加入政府收入就可以用一组均衡方程来表示政府预算的不均衡状态。

第六，国际收支平衡。外贸出超在 CGE 模型中表现为外国资本流入，外贸入超表现为本国资本流出，如果把国外净资本流入当做变量处理，那么国际收支也可以达到平衡 [61] 14-16。

由于投入产出模型存在一个固有的局限性，即它们对于价格机制在资源配置中占有重要地位，并且在生产和需求过程中存在重要的替代可能性的混合经济难以进行模拟分析。而在 CGE 模型中，价格和数量都是内生确定的，相对于投入产出而言这是一个重要的进步。正是由于 CGE 模型引入了经济主体的优化行为，刻划了生产之间的替代关系和需求之间的转换关系，用非线性函数取代了传统的投入产出模型中的许多线性函数，并引入了通过价格激励发挥作用的市场机制和政策工具，从而将生产、需求、国际贸易和价格有机地结合在一起，能够模拟在混合经济条件下，不同产业、不同消费者对由于政策变化或外部冲击所引致的相对价格变动的反应。

正因为可计算一般均衡模型较投入产出法有如上的优点，所以近几年在对体

育赛事经济影响评估的研究中，研究者们开始利用可计算一般均衡模型对赛事经济影响进行评估。澳大利亚很多学者在分析赛事经济影响时就使用了基于可计算一般均衡模型的 MMRF 模型。此外，也有为研究某一赛事经济影响而专门建立模型，英国在对 2012 年伦敦奥运会经济影响进行研究时，就针对奥运会专门建立了一个 CGE 评估模型。

与投入产出法一样，运用可计算一般均衡模型分析体育赛事的经济影响有两个方面要引起重视：

第一，确定由于体育赛事而给举办城市带来的新的资金流入，包括这些流入资金的性质、类别和数量。

第二，构造体育赛事对举办地宏观经济影响的冲击模型。

可计算的一般均衡模型，它不仅结合了投入产出模型的基本结构，还增加了系列相关函数，允许对变量进行动态调整。该模型在分析政策变量对复杂性社会经济系统内部各主要部门主要指标的影响及各部门之间相互影响方面，具有较强的分析功能，是国际学术界近十多年来普遍应用的一个政策分析工具。而动态 CEG 模型更加复杂，不过该模型也并没能够完全归纳体育赛事的效应。例如，根据此项研究，在 1999 年时一些学者就预测说，澳大利亚经济将极大受惠于悉尼奥运会所带来的旅游收入。但结果表明，研究结论明显夸大了事实，因为研究过程并没有考虑到一些游客因为奥运会而改变了赴澳洲的旅游计划安排 [155]。

运用可计算一般均衡模型分析体育赛事对举办地的宏观经济指标影响的具体步骤如图 7-11 所示 [156]。

第一步	计算不同部门的净支出，这与投入产出分析中第 1 至 4 步基本相同
第二步	确定描述市场经济行为和市场中代理人的方程（如消费者，中间需求和生产要素的使用），包括确定市场结构及其针对市场平衡的调整
第三步	对上述市场行为进行明确的理论假设，例如通常是假定家庭效用最大化（消费偏好）
第四步	获取方程的相关数据，以求得最初的平衡解，通常包括一张投入产出表和一些相关参数，例如弹性等
第五步	选择变量（这些变量有的是内生变量，有的是外生变量），并确定外生变量的值
第六步	输入内生变量并运行模型，以产生最后结果

图 7-11 CGE 评估体育赛事对举办地宏观经济指标影响的一般步骤

三、对赛事相关产业的拉动

（一）体育赛事对相关产业的影响机理

1. 产业关联与产业间的波及效应

产业关联的实质就是经济活动过程中各产业之间的技术经济联系，这种技术经济联系可以是实物形态的，也可以是价值形态的。产业关联的思想和方法应用范围十分广阔，在分析产业之间的相关性和数量、比例关系方面尤有意义。这里要强调的是，尽管产业之间的关联都是通过需求和供给的关系来实现的，但这种关联的方式却因各产业在整个产业链中的角色不同和位置不同而有很大的差异。产业关联方式就是指产业部门间的依托或基础，以及产业间相互依托的不同类型。依据各产业间不同的维系关系，可将产业间的关联方式大体分为前向关联关系、后向关联关系和环向关联关系等几类。

在各个产业之间，某产业在运作过程中的任一变化，都将通过产业间的关联关系而对其他产业发生波及作用。产业波及是指国民（区域）经济产业体中，产业部门的变化按照不同的产业关联方式，引起与其直接相关部门的变化，然后导致与后者直接和间接相关的其他产业部门的变化，并依次传递。这种由某产业变化而引起产业间的连锁反应，在理论上会无限扩展和持续下去，但其波及强度会越来越弱，最终趋于零。一般把产业波及对国民（区域）经济体的影响称为产业的波及效应。

2. 体育赛事的联动和波及效应

体育赛事具有综合性和复杂性的特点，一次体育赛事的举办能够吸引大量的媒体和观众，从而刺激了商品和劳务的消费需求，推动了旅游、餐饮、酒店、房地产、新闻、广告等产业的发展。有关资料表明，2004 年一级方程式大奖赛（中国站）对上海的赛事相关产业拉动达到了 20 亿元人民币左右，锦江国际集团在沪的 30 家星级酒店在一级方程式大奖赛（中国站）期间（9 月 19—26 日）较去年同期增加收入 3800 万元，增幅为 65.7%；香格里拉饭店 9 月 22—28 日这一周，客房收入比平时增加 780 万元；金茂大厦的凯悦酒店平时每周收入在 900 万元左右，9 月 22—28 日这一周的收入为 1560 万元，比上海举办 APEC 会议时期还高。另外，2004 年的前 11 个月，到上海旅游的游客就超过了 400 万人，而 2002、2003 年分别只有 270 万，这和 2004 年 F1 中国大奖赛在上海首次举办不仅仅是巧合。此外，根据上海体育学院体育赛事评估中心关于 2005 年上海网球大师杯赛综合效益测评报告显示，该赛事对上海其他相关产业的经济带动为2.49

亿元人民币。从以上的案例及调查数据可以看出，体育赛事举办对其他相关产业的经济有巨大的拉动作用[22]17–25。唐晓彤等人认为，体育赛事的联动及波及效应包括前向直接波及部门和后向直接波及部门[157]（图 7–12）。

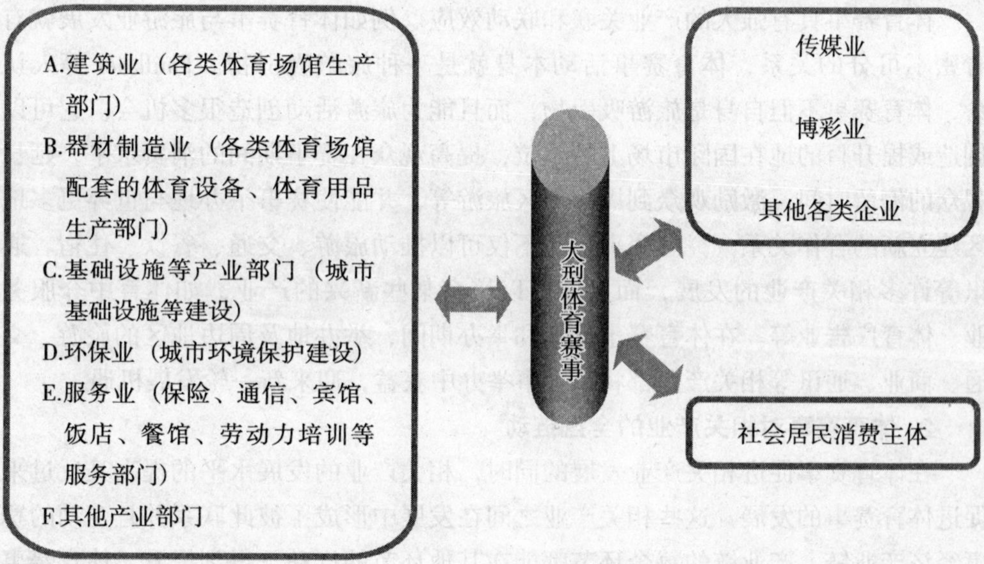

图 7–12　体育赛事前、后向直接波及产业部门图示

体育赛事与这些产业的关联性决定了体育赛事的举办会对其他相关产业产生影响面广、辐射力强的波及效应。这种经济波及不但会影响赛事举办地的各相关产业，而且还会辐射到周围地区的各产业。例如，上海举办的世界一级方程式汽车大奖赛不仅推动了上海经济的发展，还对整个长三角地区的众多相关产业产生经济辐射的作用。

3. 体育赛事发挥产业联动和波及效应的条件

(1) 具备较为现代和完备的体育场馆和基础设施体系。对于大规模、国际化和强影响的体育赛事活动来说，其功能作用的发挥需要配套的较为现代和完备的体育场馆和基础设施体系，没有这些硬件的强力保证，对其他产业的任何经济波及效果都会大打折扣。

(2) 经济条件成熟，市场机制完善，商业文化浓厚。硬件是保证，软件是灵魂，只有经济条件成熟，市场机制完善，商业文化浓厚，体育赛事的联动波及效应才具有比较足的动力和辐射力。

(3) 举办地具有良好的城市形象、外部声望和对外吸引力。这些因素对一个城市来讲本身就是一张王牌，打好这张牌，对于增强体育赛事活动的吸引力不言

而喻，一般越是重要的体育赛事活动，其经济的波及效应就越大。

（二）体育赛事对其他产业的影响方式

1. 体育赛事对其他产业发展的直接推动

体育赛事具有强大的产业关联和联动效应。例如体育赛事与旅游业发展就有着密不可分的关系，体育赛事活动本身就是一种旅游吸引物。Faulkner 等人认为，体育赛事不但自身是旅游吸引物，而且能为旅游活动创造很多机会。它可以创造或提升目的地在国际市场上的地位，提高观众在赛事期间的消费水平，延长观众的停留时间，激励观众到周边地区旅游等，并能使赛事举办地与世界更多地区建立新的合作关系[158]。赛事活动不仅可以推动旅游、交通、餐饮、住宿、通讯等许多相关产业的发展，而且还可以培育某些新兴的产业，如体育中介服务业、体育广告业等。在体育赛事筹备和举办期间，举办地及周边地区的旅游、交通、商业、通讯等相关产业都将从赛事举办中获益，迎来新一轮发展机遇。

2. 体育赛事对相关产业的全盘链动

在体育赛事促进相关产业发展的同时，相关产业的发展水平的提高又反过来促进体育赛事的发展。这些相关产业之间在发展中形成了彼此联系并且互动的赛事经济产业链，产业链的每个环节都能在其他环节的推动下得到提升。体育赛事通过强大、全面的人流、物流、信息流、资金流的相互扩展，全盘链动了赛事举办地的许多产业。如体育赛事推动了旅游业发展，而旅游业又能推动交通业发展，发达的交通业又能促进体育赛事的发展，从而形成赛事经济产业链彼此促动的良性循环（图 7-13）。

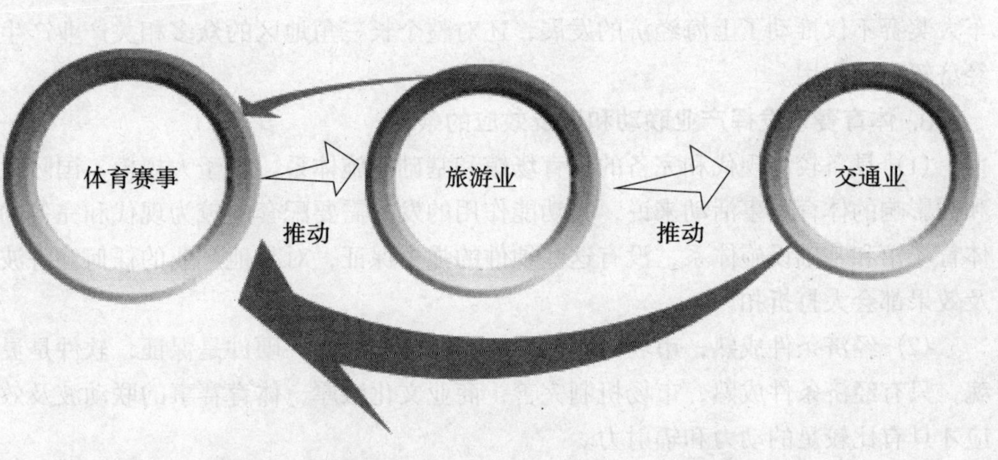

图 7-13　体育赛事产业链彼此促动（部分）图示

体育赛事对举办地相关产业的影响是多方面的。这种影响不仅表现为体育赛事直接带来的相关产业活动的强烈波动，而且也表现为对这些关联产业发展所产生的间接的、长远的影响，如促进赛事举办地产业结构升级和相关产业竞争力提升等。但认识和掌握赛事给相关产业带来的所有影响需要一个很长的阶段和过程，要在体育赛事举办之前就进行预测难度非常大。本书运用了“对赛事相关产业 GDP 的贡献率”这一个三级指标，从一个侧面在事前反映赛事对相关产业的拉动。这一指标主要是指体育赛事给举办地赛事相关产业所带来的最直接的拉动效应。

这一指标数据的获取途径，与体育赛事对宏观经济指标积极影响这一指标数据的获取途径相同。通常情况下，只要评估者能够将赛事给举办者带来的新的消费合理分配到具体行业，再通过投入产出法和“可计算的一般均衡模型”就可以较为便捷地得到相关数据。如 Adam Blake 就通过建立投入产出模型对 2012 年伦敦奥运会对相关产业 GDP 的拉动作用进行了评估[133]（表 7–11）。

表 7–11 2012 年伦敦奥运会对相关产业 GDP 的影响一览表

产业	2005—2011 年 GDP	2005—2011 年 变化（%）	2012 年 GDP	2012 年 变化（%）	2012—2016 年 GDP	2012—2016 年 变化（%）
农业	0	0.08	0	0.00	0	–0.07
渔业	0	0.11	0	0.08	0	–0.02
矿业	3	0.11	0	0.03	0	–0.03
制造业	–148	–0.10	–51	–0.22	–246	–0.24
能源业	25	0.16	1	0.06	10	0.09
建筑业	450	0.70	–160	1.59	16	0.03
物流业	278	0.16	–58	–0.21	88	0.07
宾馆餐饮业	18	0.25	19	1.65	25	0.51
交通业	121	0.16	17	0.15	61	0.12
金融业	170	0.10	–2	–0.01	55	0.05
商业服务业	434	0.08	305	0.37	456	0.13
公共行政和保安	–11	–0.02	36	0.45	–24	–0.07
教育	110	0.14	–13	–0.11	47	0.09
健康产业	18	0.02	–12	–0.09	–27	–0.05
其他服务业	53	0.06	–25	–0.17	43	0.07
家庭服务业	3	0.02	–6	–0.37	–13	–0.17
宾馆	70	0.49	56	2.51	83	0.86
其他住宿	13	0.49	10	2.31	15	0.83
饭店	83	0.44	5	0.18	80	0.62

（续表）

产业	2005—2011年 GDP	2005—2011年 变化（%）	2012年 GDP	2012年 变化（%）	2012—2016年 GDP	2012—2016年 变化（%）
酒吧	49	0.26	28	0.96	48	0.38
铁路运输	13	0.24	23	2.42	23	0.51
陆上旅客运输	29	0.22	90	4.50	–8	–0.09
空中运输	24	0.21	4	0.23	13	0.17
旅游	22	0.18	7	0.34	13	0.16
体育设施	–26	–0.15	55	2.66	309	3.00
旅游吸引	9	0.22	16	2.63	0	–0.02

四、提升城市知名度和城市形象

美国品牌专家Kevin Lane Keller教授在《战略品牌管理》一书中指出，地理位置或某一空间区域像产品和服务一样，也可以成为品牌。……与商品品牌一样，城市品牌也有其丰富内涵。要想使城市焕发独特的魅力和萌生鲜活的生命，要想在未来的城市商业化竞争中取胜，一个城市首先必须提炼出与众不同的核心价值，必须给予人们一种独特的体验，否则城市之间将缺乏本质上的差异性，失去吸引力，流于平凡。城市的魅力可以在不经意中形成，而城市品牌则需要刻意去塑造[30]57-112。

体育赛事因其聚集性特征而在提升城市知名度、打造城市形象、塑造城市品牌方面具有十分重要的作用。芝加哥经济发展部门的研究报告指出，芝加哥熊队赢得超级杯赛为芝加哥带来的知名度相当于花3000万～4000万美元进行宣传活动所产生的知名度；澳大利亚阿德莱德市的一级方程式汽车锦标赛在很短的时间内改变了该地区的形象，并将南澳大利亚与一级方程式汽车锦标赛联系在一起。一项在梅博斯进行的市场调查也得出了这一结论，梅博斯的当地居民认为，在未来12个月内，他们极有可能访问阿德莱德市，其中22%的人表示，他们访问的目的主要是因为一级方程式汽车锦标赛。在阿德莱德市可以明显感觉到，“阿德莱德有活动”的口号改变了该市长期以来的“寂静”“乏味”“教堂城市”的形象。阿德莱德市的原有形象无法让一些潜在的客人认为该地是一个旅游目的地。一级方程式锦标赛将该市的形象改变为旅游目的地，并为该市赢得了更广阔的市场[159]。此外，体育赛事在提升城市知名度和城市形象上的有效性可以用从卡尔加里市举办的冬奥会来加以说明。调查的样本是欧洲和美国的某些选定地点。调

查者用了 3 年的时间跟踪欧洲和美国居民对卡尔加里市关注程度的变化，其结果让人大吃一惊。将周边的埃德蒙顿市作为对比卡尔加里市知名度变化的参照系，在欧洲被调查者中，比赛前两年，不用作任何提示就可想起卡尔加里市的比例为 10.1%和 12%，埃德蒙顿市的这一比例为 5.3%和 5%；在卡尔加里市主办冬奥会的当年，上述比例升至 40%，而埃德蒙顿仍然停留在 6%的水平。在美国的调查中也观察到了类似的影响，但是其知名度只增加了 23%，略逊于欧洲 28%的纪录。调查结果还显示，该地区的城市形象发生了很大改变：在此次冬奥会之前，26%的被调查者提到每年一度的卡格利奔牛运动，而提到奥运会的只占 17%。冬奥会当年，被调查者中有 77%提及奥运会，而提到卡格利奔牛运动的只占 11%。在如此短的时间内，卡格利树立了其奥运会城市的形象，而且从这一形象中获得了利益，它不再是一个主办奔牛赛的养牛小镇[160]。

体育赛事主要通过以下途径传播城市知名度和城市形象（图 7–14）：第一，大量媒体报道；第二，赛事直接旅游者的口碑效应；第三，城市直接的广告和促销；第四，间接知情者的形象传播[30]72–81。

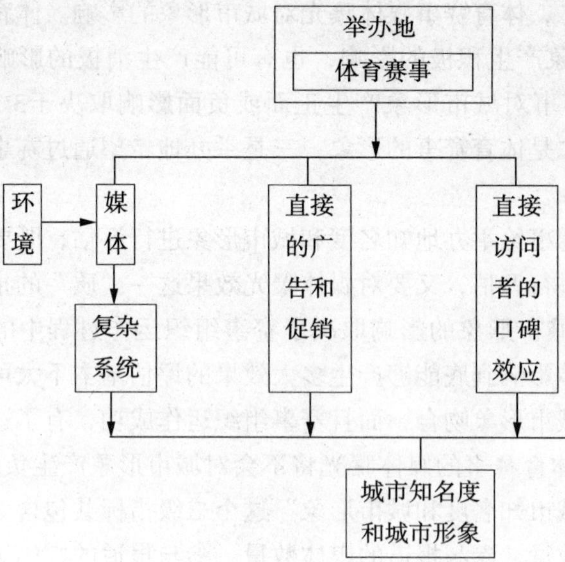

图 7–14　体育赛事举办地城市知名度和城市形象传播模型

体育赛事对城市知名度和城市形象的提升一般都可以转换成经济影响，比如法国的阿尔贝维尔、挪威的利勒哈默尔等城市都因主办冬奥会而长期受益。由于主办冬奥会，这两个城市的名声超过了奥地利和瑞士的阿尔卑斯滑雪胜地。奥运会也让全世界知道了巴塞罗那。加泰隆尼亚旅游委员会称："奥运会后，我们的

城市写入了地图，从此以后变成了一个著名的旅游城市。”这项声明在该市举办奥运会的7年之后发表，可见其受益期不短。美洲杯赛在澳大利亚的弗莱门托市举办后，有人观察到，从夜以继日赶赴弗莱门托市的人群可以看出，自从它被美洲杯“发现”后，就成了本地人和外地人旅游的目的地[44]78-92。这也是本书将该指标放在经济影响一级指标下的一个重要原因。

怎样评估体育赛事给举办地城市知名度和城市形象带来的影响也一直是学者们关心的热点问题。从国内外的研究看，目前主要从两个方面进行评估：第一，体育赛事的媒体曝光度，包括国内外曝光度两个部分。一些国内较为知名的城市，如北京、上海、广州等主要关注其境外曝光度。目前国内外已经有很多科研机构在作体育赛事媒体曝光度的研究，如上海体育学院体育赛事研究中心、AC尼尔森等。但他们都是对体育赛事媒体曝光度的事后评估，要准确进行事前评估非常之难，甚至可以说是基本不能实现。基于这一点，要解决这个问题有两个途径：一是通过事后评估的数据及结果进行推算、由于决定媒体曝光度的参数和变量较为复杂，在数据不充分的情况下，很难进行科学推算。二是事前获取可能参与的国家数量、报道的媒体数量及直播和转播的媒体级别，用以近似地反映某一赛事的媒体曝光程度。第二，体育赛事媒体曝光对城市形象的影响。体育赛事的媒体曝光既可能对城市形象产生积极的影响，也有可能产生消极的影响。Laurence Chilpe 认为，体育赛事对城市形象产生正面或负面影响取决于3 个因素：一是举办地的城市形象，二是体育赛事的形象，三是举办地希望通过赛事所表达的城市形象[161]。

从理论上讲，对体育赛事给举办地知名度和城市形象进行评估，既要对媒体曝光度这一“量”的指标进行评估，又要对媒体曝光效果这一“质”的指标进行评估。但由于体育赛事对城市形象的影响取决于赛事组织运作过程中的很多方面，要在事前给予一个媒体影响到底能够产生多大效果的评估基本不太可行。故本书假设赛事和举办地的城市形象吻合，而且赛事组织运作成功，有了这两个假设，我们就近似地认为，体育赛事的媒体曝光将不会对城市形象产生负面影响。最终，指标体系中“提升城市知名度和城市形象”这个二级指标共包含 3 个三级指标，即参与赛事的国家数量、参与报道的媒体数量、参与报道的媒体级别。通常情况下，当赛事确定后，这 3 个指标的具体情况就能够基本确定，因此，可以从赛事主办方或赛事组委会获取相关数据。

五、赛事运作的经济风险

对一个城市来说，运作赛事同样也存在着经济风险。1976 年蒙特利尔奥运

会的负债高达 69200 万英镑[162]，谢非尔德在举办 1991 年世界大学生运动会时也背负了一笔数额虽然不是非常巨大的债务，但是以每年 2500 万英镑分期还债的速度计算，也需要 25 年时间才能最终还清债务[163]。就国内举办体育赛事而言，通常情况下，赛事运作主体很难盈利，甚至会出现较大亏损，而这一亏损的部分往往由政府埋单。因此，对于举办地来说，赛事运作的经济风险就表现为政府为举办体育赛事而从财政中支出的数额大小，支出的数额越大，赛事运作的经济风险就越大。通常情况下，“政府财政支出额”这一指标的数据要通过赛事的预算获取。

第三节 实证研究——2009 年上海 ATP1000 网球大师赛经济影响评估

以上对体育赛事经济影响评估的指标和方法进行了较为详细的阐述，下面以 2009 年上海 ATP1000 网球大师赛为例，对体育赛事经济影响评估问题进行实证分析。通过前面的分析我们得知，对具体赛事经济影响进行评估时包括两个核心步骤：一是估算赛事给举办地带来的新资金流入；二是选择评估模型。下面就从这两个方面展开：

一、赛事给上海带来的新资金的估算

2009 年上海 ATP1000 网球大师赛给上海带来到的新资金包括两个部分：一是赛事相关人员带来的新资金，二是赛事组织在本地的支出额。下面从这两个方面一一进行估算。

（一）赛事相关人员带来的新资金额的估算

1. 关于人均每天消费的估算

上海体育学院体育赛事研究中心对 2006—2008 年连续 3 年的上海网球大师杯赛中观众的消费情况进行过调查（所得数据如表 7-12、表 7-13 所示），这为本书对 2009 年上海 ATP1000 网球大师赛中人均每天消费的估算提供了有效的参考，本书在该赛事人均每天消费具体的估算过程中取这 3 年的平均数来代替。

表 7-12　2006—2008 年上海网球大师杯赛现场观众餐饮消费和市内交通消费[1]

（单位：元 / 天 / 人）

年份 / 项目 / 观众类别	2006		2007		2008		总平均	
	餐饮消费	市内交通消费	餐饮消费	市内交通消费	餐饮消费	市内交通消费	餐饮消费	市内交通消费
上海的中国籍观众	76.12	45.11	63.72	48.39	106.80	70.20	82.21	54.57
非上海的中国籍观众	161.85	94.89	198.62	119.34	180.83	125.15	180.43	113.13
上海的外国籍观众	281.89	264.97	605.73	313.59	197.60	122.96	361.74	233.84
非上海的外国籍观众	568.15	373.11	912.60	487	573.90	234.13	684.88	364.75

表 7-13　非上海的现场观众住宿、旅游景点、观众购物和长途交通消费[2]

（单位：元）

		2006	2007	2008	总平均
非上海的中国籍观众	住宿	244.84	425.54	332.95	334.44
	旅游景点	195.85	215.85	172.56	194.75
	观众购物	1197.23	1436.46	1160.75	1264.81
	长途交通	881.09	1403.23	1302.35	1195.56
非上海的外国籍观众	住宿	1202.15	2373.21	1122.08	1565.81
	旅游景点	328.89	1465.61	630.09	808.20
	观众购物	3100.00	5294.63	1753.70	3382.78
	长途交通	8303.68	18286.50	5740.00	10776.73

2. 赛事观众逗留时间的估算

与人均每天消费的估算方法一样，2009 年上海 ATP1000 网球大师赛上海的现场观众观赛天数和非上海的现场观众逗留天数（表 7-14）取 2006—2008 年上海网球大师杯赛相关参数的平均值代替。

表 7-14　上海的现场观众观赛天数和非上海的现场观众逗留天数[3]

（单位：天）

	2006	2007	2008	总平均
上海的中国籍观众	2.99	3.05	3.30	3.11
上海的外国籍观众	5.31	3.55	3.36	4.07
非上海的中国籍观众	4.05	5.37	5.14	4.85
非上海的外国籍观众	7.93	5.66	5.62	6.40

[1][2][3] 资料来源：上海体育学院体育赛事研究中心，2006—2008 年上海网球大师杯赛评估报告。

3. 关于观看赛事总人次的估算

假设 2009 年上海 ATP 网球大师系列赛总人次 10 万人次，具体观众结构比例关系采用 2006—2008 年上海网球大师杯赛的观众平均比例关系，所得到的不同类别观众人数如表 7–15 所示：

表 7–15 现场观众来源地构成比例及 2009 年观众预测[1]

年份	上海中国籍观众（%）	非上海的中国籍观众（%）	上海的外国籍观众（%）	非上海的外国籍观众（%）
2006	58	12	13	17
2007	50.71	22.59	11.83	14.87
2008	41.00	25.10	7.50	26.50
平均	49.90	19.90	10.80	19.40
2009 年上海 ATP1000 网球大师赛人次（万）	4.99	1.99	1.08	1.94

4. 赛事观众带来的新资金额

假设上海的中国籍观众和上海的外国籍观众的花费中有 50%算作赛事给举办地带来的新资金流入。关于 2009 年上海 ATP1000 网球大师赛观众给赛事举办地带来的新资金额的估算如表 7–16 所示，该赛事给上海各个行业带来的资金流入如表 7–17 所示：

表 7–16 2009 年上海 ATP1000 网球大师赛观众给举办地带来的新资金

观众类型	带来的新资金额
上海的中国籍观众	(82.21+54.57) × 4.99 × 50%=341.27 万元
非上海的中国籍观众	(180.43+113.13+334.44) × 1.99+(194.75+1264.81+1195.56) × 1.99 ÷ 4.85=2339.14 万元
上海的外国籍观众	(361.74+233.84) × 1.08 × 50%=321.62 万元
非上海的外国籍观众	(684.88+364.75+1565.81) × 1.94+(808.20+3382.78+10776.73) × 1.94 ÷ 6.4=9611.04 万元
合　计	12613.07 万元

表 7–17 2009 年上海 ATP1000 网球大师赛观众给上海各行业带来的新资金

行　业	带来的新资金额
餐饮业	82.21 × 4.99 × 50%+180.43 × 1.99+361.74 × 1.08 × 50%+684.88 × 1.94=205.11+359.06+195.34+1328.67=2088.18 万元
城市公共交通运输业	54.57 × 4.99 × 50%+113.13 × 1.99+233.84 × 1.08 × 50%+364.75 × 1.94=136.15+225.13+126.27+707.62=1195.17 万元

[1] 资料来源：上海体育学院体育赛事研究中心，2006—2008 年上海网球大师杯赛评估报告。

（续表）

行　业	带来的新资金额
住宿业	334.44 × 1.99+1565.81 × 1.94=665.54+3037.67=3703.21 万元
旅游业	194.75 × 1.99 ÷ 4.85+808.20 × 1.94 ÷ 6.4 =79.91+244.99=324.90 万元
零售业	1264.81 × 1.99 ÷ 4.85+3382.78 × 1.94 ÷ 6.4 =518.96+1025.41=1544.37 万元
铁路、道路、水上、航空运输业	1195.56 × 1.99 ÷ 4.85+10776.73 × 1.94 ÷ 6.4 =490.55+3266.70=3757.25 万元

（二）赛事组织在本地的支出额估算

1. 基础数据

在对赛事组织在本地支出额估算的实证分析中，目前本书作者能够获取的基础数据为 2002 年上海网球大师杯赛中赛事组织的相关支出额，如表 7–18 所示：

表 7–18　2002 年上海网球大师杯赛中赛事组织在本地支出额一览表❶

（单位：万元）

支出项目	金　额
场地制作费用	500
赛场费用	360
球员接待费用	300
赞助商服务费	950
推广、宣传及印刷费	170
合　计	2280

2. 2009 年上海 ATP1000 网球大师赛中赛事组织在本地支出的估算

考虑到通货膨胀以及物价等因素，假设 2009 年所有价格较 2002 年增加 60%。此外，由于赛事规模的扩大，比赛场地增加，假设场地制作费用较 2002 年上海网球大师杯赛增加 200%；赛场费用增加 100%；球员接待费用增加 500%；赞助商服务费增加 50%；赛事推广、宣传及印刷费用增加 50%。由此估算出 2009 年上海 ATP1000 网球大师赛中赛事组织在本地的支出如表 7–19 所示：

❶ 资料来源：上海新新体育文化发展有限公司。

表 7–19　2009 年上海 ATP1000 网球大师赛中赛事组织在本地支出额一览表

（单位：万元）

支出项目	金　额
场地制作费用	500×（1+60%）×3=2400
赛场费用	360×（1+60%）×2=1152
球员接待费用	300×（1+60%）×6=2880
赞助商服务费	950×（1+60%）×1.5=2280
推广、宣传及印刷费	170×（1+60%）×1.5=408
合　计	9120

根据 2009 年上海 ATP1000 网球大师赛赛事组织在本地支出的项目，本书作者将以上 5 项支出按照所属行业分别划分到餐饮、住宿、零售等 4 大行业，具体情况如表 7–20 所示：

表 7–20　2009 年上海 ATP1000 网球大师赛中赛事组织给上海各行业带来的新资金

（单位：万元）

行　业	带来的新资金额
餐饮业	1500
住宿业	2000
租赁业和商务服务业	4620
零售业	1000

（三）2009 年上海 ATP1000 网球大师赛给举办地各行业带来的新的资金流入

通过上面的分析，我们分别得到了 2009 年上海 ATP1000 网球大师赛赛事相关人员以及赛事组织给举办地不同行业带来的新资金，将这两部分新资金加总，就得到了 2009 年上海 ATP1000 网球大师赛给举办地各行业带来的新的资金流入量，具体情况如表 7–21 所示：

表 7–21　2009 年上海 ATP1000 网球大师赛给上海各行业带来的新资金

（单位：万元）

行　业	带来的新资金额
餐饮业	3588.18
城市公共交通运输业	1195.17
住宿业	5703.21
租赁业和商务服务业	4620
旅游业	324.90

（续表）

行　业	带来的新资金额
批发和零售贸易业	2544.37
铁路、道路、水上、航空运输业	3757.25
合　计	21733.08

二、方法和模型的选择

在本章的前面部分，我们已经对体育赛事经济影响的评估方法和模型进行了较为深入的分析，在实证部分，本书将选择运用“投入产出”模型对2009年上海ATP1000网球大师赛的经济影响进行评估。

本书使用的“投入产出”模型根据2002年上海市投入产出表的有关数据以及其他相关数据编制而成，将与体育赛事活动相关性高的部门单列，例如城市公共交通业，铁路、道路、水上、航空运输业，批发和零售贸易业，文化、体育事业和娱乐业，住宿业、餐饮业等部门，而将一些和体育赛事相关度低的部门合并，重新归类为30个部门产业关联表，具体如表7-22所示：

表7-22　2009年上海ATP1000网球大师赛投入产出模型的30个部门

调整后部门名称	2002年42部门分类对照	2002年130部门分类对照
01 农业	01 农业	
02 矿产业	02 煤炭开采和洗选业　03 石油和天然气开采业 04 金属矿采选业　05 非金属矿采选业	
03 食品制造及烟草加工业	06 食品制造及烟草加工业	
04 纺织及成衣业	07 纺织业　08 服装皮革羽绒及其制品业	
05 木材加工及家具制造业	09 木材加工及家具制造业	
06 造纸印刷及文教用品制造业	10 造纸印刷及文教用品制造业	
07 石油加工、炼焦及核燃料加工业	11 石油加工、炼焦及核燃料加工业	
08 化学工业	12 化学工业	
09 非金属矿物制品业	13 非金属矿物制品业	
10 金属冶炼及压延加工业	14 金属冶炼及压延加工业	
11 金属制品业	15 金属制品业	
12 通用、专用设备制造业	16 通用、专用设备制造业	
13 交通运输设备制造业	17 交通运输设备制造业	

（续表）

调整后部门名称	2002 年 42 部门分类对照	2002 年 130 部门分类对照
14 电力、电子机械器材及仪器仪表制造业	18 电气、机械及器材制造业 19 通信设备、计算机及其他电子设备制造业 20 仪器仪表及文化办公用机械制造业	
15 其他制造业	21 其他制造业 22 废品废料	
16 公共事业	23 电力、热力的生产和供应业 24 燃气生产和供应业 25 水的生产和供应业	
17 建筑业	26 建筑业	
18 铁路、道路、水上、航空运输业	27 交通运输及仓储业	94 铁路旅客运输业 95 铁路货运业 96 道路运输业 98 水上运输业 99 航空旅客运输业 100 航空货运业
19 城市公共交通运输业	27 交通运输及仓储业	97 城市公共交通运输业
20 其他运输业及仓储邮政业	27 交通运输及仓储业 28 邮政业	101 管道运输业 102 仓储业 103 邮政业
21 信息传输、计算机服务和软件业	29 信息传输、计算机服务和软件业	
22 批发和零售贸易业	30 批发和零售贸易业	
23 住宿业	31 住宿和餐饮业	107 住宿业
24 餐饮业	31 住宿和餐饮业	108 餐饮业
25 金融保险业及房地产业	32 金融保险业 33 房地产业	
26 租赁业和商务服务业	34 租赁业和商务服务业	
27 旅游业	35 旅游业	
28 社会及其他个人服务业	36 科学研究事业 37 综合技术服务业 38 其他社会服务业 39 教育事业 40 卫生、社会保障和社会福利业	
29 文化、体育事业和娱乐业	41 文化、体育事业和娱乐业	
30 公共管理和社会组织	42 公共管理和社会组织	

三、结　果

通过将 2009 年上海 ATP1000 网球大师赛给举办地各个行业带来的新的资金流入带入“投入产出”模型中，得到 2009 年上海 ATP1000 网球大师赛对举办地各个行业的经济影响，具体如表 7–23 所示：

表 7–23　2009 年上海 ATP1000 网球大师赛对举办地的经济影响一览

部门	产出效果（万元）	所得效果（万元）	税收效果（万元）	就业效果（人）
01 农业	1241.26	459.29	28.97	267
02 矿产业	1878.57	1318.75	177.80	5
03 食品制造及烟草加工业	3244.24	993.17	463.76	
04 纺织及成衣业	680.83	134.20	21.93	
05 木材加工及家具制造业	345.40	48.84	6.23	
06 造纸印刷及文教用品制造业	1711.00	364.15	83.94	
07 石油加工、炼焦及核燃料加工业	1841.49	398.01	135.44	
08 化学工业	2921.24	725.38	186.35	
09 非金属矿物制品业	558.12	141.57	22.11	555
10 金属冶炼及压延加工业	1703.89	384.89	116.14	
11 金属制品业	682.21	116.43	21.27	
12 通用、专用设备制造业	745.32	170.36	29.28	
13 交通运输设备制造业	1045.27	277.92	119.17	
14 电力、电子机械器材及仪器仪表制造业	1732.31	345.13	59.51	
15 其他制造业	241.94	113.34	6.02	
16 公共事业	1484.98	649.58	165.74	23
17 建筑业	1003.27	218.98	34.72	37
18 铁路、道路、水上、航空运输业	6442.84	1486.42	236.97	
19 城市公共交通运输业	1490.04	595.34	48.72	380
20 其他运输业及仓储邮政业	237.09	131.32	13.18	
21 信息传输、计算机服务和软件业	794.50	413.54	38.24	24
22 批发和零售贸易业	4606.96	2507.57	1387.88	626
23 住宿业	5848.64	2845.16	710.55	654
24 餐饮业	3820.22	1202.11	316.78	
25 金融保险业及房地产业	4087.09	2568.09	573.89	51
26 租赁业和商务服务业	5976.92	2243.67	654.10	1528
27 旅游业	410.30	68.43	11.75	56

（续表）

部门	产出效果（万元）	所得效果（万元）	税收效果（万元）	就业效果（人）
28 社会及其他个人服务业	772.86	390.66	36.96	27
29 文化、体育事业和娱乐业	995.85	418.45	90.85	63
30 公共管理和社会组织	4.60	2.33	0.09	0
合　计	58549.25	21733.08	5798.33	4296

从表 7–23 可以得知，2009 年上海 ATP1000 网球大师赛对举办地经济影响主要是：产出效果 5.85 亿元；所得效果 2.17 亿元；税收效果 0.58 亿元；就业效果 4296 人。

第八章　体育赛事社会影响评估

本章是体育赛事事前评估的第四大子系统——体育赛事社会影响评估系统，将深入探讨体育赛事社会影响评估的指标与方法问题。

第一节　体育赛事社会影响评估的指标

所谓体育赛事的社会影响，是指体育赛事的举办给举办地带来的社会心理、社会价值观、社会政治等方面的影响。Getz 认为，体育赛事社会影响包括当地居民的态度、文化遗产的增加、传统的保护、舒适性的丧失或增加、公众行为和美感的改变等。从影响的效果看，则包括积极影响和消极影响，积极影响包括形成社区自豪感、城市改造与更新和增强社会凝聚力；消极影响包括失去舒适性、造成环境破坏、噪音干扰和交通堵塞[164]。约翰·艾伦等认为，体育赛事活动的社会影响包括对社会生活和团队福利的影响、活动所激发的自豪感，以及对一个地方或旅游目的地形象所造成的长期影响等[19]33–38。总而言之，有关赛事社会影响的论述较多，且各有侧重点。一般而言，赛事社会影响评估的主要内容是关于赛事对“居民的影响”的评价，即分析举办体育赛事可能的后果对举办地居民有什么影响（包括个人、组织和社区）。其目的是预测、分析、评价各种可能的影响，包括对人口、健康、安全、教育、文化娱乐、风俗习惯和社区凝聚力等方面的影响，以便为决策提供科学依据。通过两个轮次的德尔菲法专家咨询，本书认为体育赛事的社会影响是除了赛事对举办地经济影响、环境影响之外的其他影响，该评估指标体系中共包括 4 个方面的内容，其中“增强居民自豪感”“提高居民生活质量”和“扰乱居民正常生活”都属于赛事对居民的直接影响，而“安全隐患及恐怖主义”则是对举办地城市的影响（表 8–1）。

表 8–1　体育赛事社会影响事前评估指标一览表

一级指标	二级指标	三级指标
4 社会影响	4.1 增强居民的自豪感	4.1.1 居民自豪感的价值量
	4.2 提高居民生活质量	4.2.1 居民获得休闲机会的概率
		4.2.2 居民增强体育健身意识的概率

（续表）

一级指标	二级指标	三级指标
		4.2.3 居民学习新事物、新技能机会的概率
		4.2.4 居民直接参与赛事及相关活动的概率
	4.3 扰乱居民的正常生活	4.3.1 交通堵塞及拥挤成本
		4.3.2 噪音污染的损害价值量
		4.3.3 犯罪及破坏公物行为的危害程度
		4.3.4 消费指数的上升程度
	4.4 安全隐患及恐怖主义	4.4.1 安全隐患及恐怖主义事件发生的概率

一、增强居民的自豪感

所谓自豪感是人的一种高级情感，是指因为自己或与自己有关的集体或个人具有优秀品质或取得重大成就而产生的一种豪迈的情感。本书所说的居民自豪感是指举办地居民因为赛事在本地举办而产生的一种对本地区和民族的一种油然而生的感情。

体育赛事的举办可能会给那些希望本地区的名字能在全国乃至全球广泛传播的居民带来自豪感，让他们和外地人相信他们居住的是一个重要的地方。在法国，环法自行车赛不仅是一项体育赛事，更是一种国家性格和民族自豪感的表征。Gary Armstrong 和 Hans Hognestad 通过对挪威白兰恩足球俱乐部的实证研究发现，该俱乐部的出色战绩极大地促进了卑尔根市居民的自豪感[165]。亚特兰大奥运会申办成功使居民异常兴奋。他们认为，申奥成功说明了他们居住的亚特兰大是一个真正的城市。有了奥运会，曾经被称为“失败之城”的亚特兰大一跃成为“光辉之城”。类似的例子还有很多，如 1998 年足球世界杯举办地法国的居民、2008 年奥运会举办地北京的居民、2010 年足球世界杯举办地南非居民等。

从表面上看，体育赛事给举办地居民所带来的自豪感只是定性的描述，并没有市场价格，属于非市场价值的范畴，这种价值没有一个明显的价格尺度，很难被量化。但近年来，经济学家开始意识到很多社会关注的物品或服务由于没有市场，其价值在市场经济中难以反映，大大影响了市场机制的运行以及社会或政府的行为决策，他们开始对如何评估没有市场的物品或服务的价值这一问题展开了深入研究，也取得了实质性进展。当前在经济学领域中已经存在着一些评估诸如愉悦感、自豪感等没有市场价格，且不能通过消费者的直接支付反映出来的物品或服务价值的方法，其中具有代表性的方法有 CVM（Contingent Value Method，条件价值评估法）、TCM（Travel Cost Method，旅游成本法）和 HPM（Hedonic

Price　Method，资产价值法)。但 HPM 和 TCM 属事后评估方法，只有在消费者已经消费了被评估物品的情况下运用，仅能推估体育赛事利用价值中的非市场价值部分，赛事的其他非市场价值难以包括其中。因此，衡量体育赛事较为完整的非市场价值，CVM 是唯一可行的评估方法，也是目前应用最广泛、最成熟的方法。国外一些学者在近几年开始利用 CVM 对体育赛事、体育场馆以及职业球队给居民带来的自豪感等非市场价值进行评估。最先利用这种评估方法的是 Johnson & Whitehead，他们对肯塔基州的两个篮球馆给居民带来的公共产品价值进行了评估，结果发现，其价值远小于政府给场馆建造的出资；2001 年，他们又对美国职业冰球联盟中 Penguins 队给匹兹堡市居民带来的自豪感进行了评估，研究结果表明，其价值在 1720 万～4830 万美元之间。此外，Fenn & Crooker、Rappaport & Wilkerson、Siegfried & Zimbalist 等也进行了相关方面的研究，这里就不再赘述。利用 CVM 评估体育赛事的非市场价值包括 4 个步骤：第一，明确价值和评估目标，即确定被评估的体育赛事非市场价值的类型以及影响人群；第二，调查设计，即对这些非市场价值进行操作性定义，并找出测量它们的最佳途径；第三，对相关群体实施具体调查以获取能够测算非市场价值的指标；第四，处理调查结果，对结果进行解释[37]11–18。

居民自豪感的价值量 P_n 的计算通常采用条件价值评估法，即通过询问人们的意愿来评估体育赛事所带来的居民自豪感的真实价值。可采用的方法是，用人们为获得体育赛事所带来的自豪感的意愿 WTP_n 来表示。

$$P_n=\frac{WTP_n}{2}=\frac{\beta X_{wtp}N}{2}$$

其中 WTP_n 可以通过人均支付意愿的平均值 βX_{wtp} 乘以居民总人口数 N 来表示。

二、提高居民的生活质量

“生活质量”这个概念是美国制度经济学派的主要代表人物加尔布雷斯 1958 年在所著的《丰裕社会》一书中最早提出来的，美国经济学家萨缪尔森所著《经济学》也曾经专列一章论述生活质量问题。从形成生活质量概念的历史渊源看，理论家们曾经一度把生活的效益和享受理解为生活质量，实际上生活质量是一个多层次的概念，不同的学科对生活质量有不同的定义。随着人类发展研究的深入，生活质量这个概念不仅被各国的政治家所关注，而且也成了经济学、社会学等多学科研究的热点[166]。经济学家关注的生活质量，往往是从某一经济学流派的理论概念出发，从消费与福利的关系、经济增长与物质财富的聚集、资源环境与经济的可持续发展的关系，以及产业结构的调整对生活质量的影响等角度展开

研究，通过“生活质量”这个指标，综合地表征社会经济发展的程度和水平；社会学家研究生活质量则着眼于社会结构、社会分层、社会公正、治安状况、教育以及人的健康状况，并从某种文化、宗教和意识形态出发作出价值判断，试图通过“生活质量”这个指标描述一个区域、一个人群的人们是在一种什么样的状态下生活。由于不同学科、不同专家对“生活质量”的定义和内涵的不同理解，造成了观察视角和研究目的的差异。半个多世纪以来，许多国际机构和国家相继推出了一些描述和评价“生活质量”的指标体系和综合指数，但也都有些局限，无法像 GDP 核算那样被普遍应用与推广[167]。目前，大多数学者认为它不仅包含生活的物质层面，如生活水平、自然和社会的基础设备的充分程度，而且还包含一些无形的生活层面，如良好的健康状况、娱乐和休闲机会等。有些研究覆盖面更为广泛，甚至包括基本的生活结构，如权利、特权以及社会生活中的决策角色。

本书是从社会学视角研究体育赛事对提升居民生活质量的作用。在本书第三章的分析中，已经提出体育赛事的主办社区是体育赛事的利益相关者之一，赛事的举办必然会在一定程度上对主办社区产生一定的影响，尤其是对主办社区的居民。Soutar & Mcleod 在有关弗莱门托市居民如何看待美洲杯帆船赛的研究显示，人们感到这一活动改善了弗莱门托市的生活质量[168]。Jeffrey Gerald Owen 认为，举办体育赛事可以让居民获得休闲和交往的机会，会对举办地居民的体育消费意识产生积极影响，还能够提供居民接受新事物的机会[118] 121-139。在本书中，二级指标“提高居民生活质量”共包含了 4 个三级指标，即居民获得休闲机会的概率，居民增强体育健身意识的概率，居民学习新事物、新技能机会的概率，居民直接参与赛事及相关活动的概率。由于“生活质量”本身就是一个可以从多维度、多视角、多层面观察的丰富多彩的概念，再加上目前关于体育赛事对居民生活质量的影响方面还没有一个统一的框架，这 4 个指标很可能还难以全面反映体育赛事对举办地居民生活质量的积极影响，但这也是本书作者在充分考虑到指标的科学性和可行性之后，作出的较为合理的选择。

与社会影响的其他指标一样，要在体育赛事举办之前就获取这几个指标的数据难度非常大，这也是国外学者所遇到的一大难题。本书认为，可以通过市民调查或德尔菲方法等获取相关数据，当然，这两种获取数据途径的科学性和有效性还有待进一步探讨。此外，需要强调的是数据的质量与方法运用的科学性和合理性关系密切，应在方法实施过程中加强监控。

三、扰乱居民的正常生活

体育赛事举办期间会有数以万计的外地观众来到举办地，这在给举办地带来好处的同时，也对当地居民的正常生活产生了一定负面影响。人员的大量涌入，

使居住在赛场附近的居民正常生活受到打扰，如交通拥挤[1]、噪音污染[2]、犯罪行为增加[3]等，这在国外有关赛事影响的文献中涉及很多，这里就不再列举。体育赛事对居民正常生活的影响是多方面的，而且不同性质的赛事对居民正常生活的影响也不尽相同。如 F1 大奖赛、摩托 GP 等汽车赛事以及一些马拉松等户外比赛对居民的噪音污染影响更大；奥运会、足球世界杯等大规模赛事对消费指数的拉动更为明显。本书共包括 4 个扰乱举办地居民正常生活的因素，即交通拥挤 、噪音污染 、犯罪行为增多和消费指数上升。从总体而言，这几个因素都是由于赛事期间举办地人数激增而引发的。下面对这些指标的数据获取途径一一阐述：

(一) 交通堵塞及拥挤成本

由体育赛事造成的交通堵塞及拥挤表现在由行车速度减慢、交通密度增大引起的行车时间、交通事故、环境污染以及燃油消耗的增加上。由此可知，拥挤的成本包括 4 部分：额外的行程时间成本、环境污染成本、交通事故成本和燃油消耗成本。计算公式为：

交通堵塞及拥挤成本 = 额外时间成本 + 环境污染成本 + 交通事故成本 + 燃油消耗成本，即 $C=C_{time}+C_{envi}+C_{acci}+C_{fuel}$ 。

1. 额外时间成本

交通拥挤给人们带来的最直接影响就是出行时间的增加。额外时间成本 c_{time} 就等于增加的出行时间 c_{extra} 与平均时间价值 u 以及拥挤出行人次 P_c 的乘积。

其中，u 可以通过城市平均收入 I_a 除以平均工作时间 T_a 得到的平均单位时间收入来表示。T_{extra} 则是通过拥挤带来的平均车速下降计算。用 l 表示平均出行距离，V_c 表示拥挤时的平均车速，V_o 表示不拥挤时的平均车速。

$$T_{extra}=l\times\left(\frac{l}{\nu_c}-\frac{l}{\nu_o}\right)$$

$$C_{time}=T_{extra}\times u\times P_c=l\times\left(\frac{l}{\nu_c}-\frac{l}{\nu_o}\right)\times\frac{I_a}{T_a}\times P_c$$

---

[1] 如 1994 年在坦伯利召开的高尔夫球英国公开赛给举办地的交通带来了严重的危害，使之在 1994—2009 年没有再举办过体育赛事。

[2] 一般体育赛事涉及的噪音污染主要是赛事交通工具的噪音、赛事期间的活动噪音。在赛事期间，噪音已经成为赛事影响居民正常生活的重要因素。噪音污染干扰睡眠，损伤听力，影响人的生理和心理，干扰语言交流和损害建筑物。

[3] 有研究表明，美国的凶杀率在电视转播高度公众化的拳击比赛后迅速上升；国家队的失败带来的挫折感也会在观众身上积聚攻击性；1985 年澳大利亚阿德莱德一级方程式大奖赛前后 5 周时间里，道路交通事故伤亡人数与前 5 年同期相比增加了 34%，尽管将那些年里道路交通伤亡人数呈上升趋势这一因素考虑其中，但仍计算出有 15%的增长率无法解释。这表明，伤亡人数增加可能是由于人们对大奖赛式驾驶速度的越轨性模仿。

2. 环境污染成本

交通拥挤造成的环境污染包括空气污染、噪声污染和水污染等。但是拥挤造成的那部分污染是很难从整个交通活动造成的污染当中分离出来的。可采取的方法是，在总的交通环境污染成本中以一定比例算出，即拥挤相关环境成本 c_{enwi} 与总交通环境成本 c_{te} 的比例用拥挤产生的额外时间占总出行时间的比例 P_t 来表示。不过，由于拥挤和不拥挤时排污强度不同，拥挤时的车辆低速和怠速会造成更大的空气污染，因此增加参数 ξ_e 来反映这一问题。

$$P_t=\frac{t_{extra}}{t_{total}}=\frac{\frac{1}{\nu_c}-\frac{l}{\nu_o}}{\frac{l}{\nu_c}}=1-\frac{\nu_c}{\nu_o}$$

$$c_{enwi}=c_{te}\times P_t\times\xi_e=c_{te}\times\xi_e\times\left(1-\frac{\nu_c}{\nu_o}\right)$$

3. 交通事故成本

拥挤交通事故成本 c_{acci} 的计算通常采用事故损失估计方法，即用拥挤引起的交通事故概率 P_a 乘以交通事故总成本 c_{te} 来计算。由于交通事故与行车速度和密度有关，拥挤带来的速度减小和密度增大从不同方向上影响了交通事故的发生（速度降低使事故发生率下降；密度增大使事故发生率上升），因此，P_a 在 P_t（拥挤产生的额外时间占总出行时间的比例）的基础上增加了参数 ξ_a 的影响。

$$P_a=\xi_a\times P_t$$

$$c_{acci}=c_{ta}\times P_t=c_{ta}\times\xi_a\times\left(1-\frac{\nu_c}{\nu_o}\right)$$

4. 燃油消耗成本

虽然出行者对于拥挤当中的燃油消耗总支出是可知的，但是很难意识且测出由于拥挤带来的过度燃油消耗；即使已知自己的燃油成本，但并没有为给其他车辆带来的燃耗增加支付补偿。因此由拥挤带来的燃油过度消耗也是一项外部成本。拥挤相对于不拥挤增加的燃料消耗主要是因为起步、停车、低速、怠速行驶增加燃料消耗，可以通过两种不同交通状态对应的速度来计算，拥挤过度消耗的燃油成本 c_{fuel} 与拥挤行驶时总的燃油消耗 c_{tf} 关系如下：

$$\frac{c_{fuel}}{c_{tf}-c_{fuel}}=\frac{\nu_o}{\nu_c}$$

$$c_{fuel}=c_{tf}\times\frac{\nu_0}{\nu_0+\nu_c}$$

（二）噪声污染的损害价值量

噪音污染的损害价值量 P_n 的计算通常采用条件价值评估法，即通过询问人们的意愿来评估体育赛事对举办地噪音污染的真实价值损失。可采用的方法是用人们为减少体育赛事所带来的噪音污染的意愿支付 WTP_n 加上忍受体育赛事所带来的噪音污染的意愿补偿 WTA_n 之后再除以 2 获得。

其中 WTP_n 可以通过人均支付意愿的平均值 βX_{wtp} 乘以居民总人口数 N 来表示，WTA_n 则可以通过人均受偿意愿的平均 βX_{wtp} 乘以居民总人口数 N 来表示。

$$P_n=\frac{WTP_n+WTA_n}{2}=\frac{\beta X_{wtp}N+\beta X_{wta}N}{2}$$

（三）犯罪及破坏公物行为的危害程度

以举办地或其他地区以往举办大型活动犯罪行为的相关资料和数据为基础，由犯罪预测方面的专家打分获得最终结果。

（四）消费指数的上升程度

以举办地或其他地区以往举办大型活动消费指标变化的相关资料和数据为基础，由统计部门负责测算赛事对举办地消费指数的影响程度。如北京市统计局于 2001 年对北京奥运会对北京消费指数的上升程度进行了预测[169]。

四、安全隐患及恐怖活动

自 1972 年恐怖分子把慕尼黑奥运会作为袭击目标之后，安全和恐怖活动问题成为一直困扰体育赛事的一个难题。2001 年的“9·11”事件之后，恐怖活动已经成为重大体育赛事中最受关注的风险因素。2008 年因为受到基地组织恐怖分子的威胁，达喀尔组委会被迫宣布取消在马里境内的两个赛段比赛，而在相对安全的毛里塔尼亚举办了 9 个赛段；2009 年达喀尔拉力赛又是因为恐怖分子的威胁而被迫取消。为了保证赛事的安全，赛事组委会不惜重金投入安保领域，2004 年雅典奥运会，希腊政府建立了奥运史上规模最大的防范体系，创纪录地投入 5 万人的安全力量，其中包括军人、警察、海岸警卫队的精锐部队。随着邻国土耳其不断的自杀爆炸事件、伊拉克的恐怖活动、马德里的火车袭击等不断发生，雅典组委会的安全预算达到了 10 亿欧元。此外，赛事安全和恐怖活动问题已经不单单是一件影响赛事本身的事件，它还对举办地产生了直接的影响，对居民正常生活的干扰是其中的重要部分。

要在赛事举办之前获取这一指标相关数据很难，必须对国际、国内政治形势

及恐怖分子活动动态有足够的了解。因此，需要由安全方面专家对这一指标进行评判。

第二节 体育赛事社会影响的评估方法
——条件价值评估法

条件价值评估法（Contingent Valuation Method）起源于美国。经过近 40 年的不断完善，这一方法逐步被越来越多的人所接受，其应用领域也由最初林地宿营、狩猎、娱乐的价值评估扩展到自然资源休憩娱乐、灾害损失、政策效益的价值评估。近年来，条件价值评估法也经常被国外学者运用在体育赛事的社会影响评估方面。可以说，条件价值评估范围非常广泛，它不仅适用于非市场物品使用价值评估，而且还特别适用于非使用价值的评估。

一、条件价值评估法的发展历程

CVM 的基本思想是由资源经济学家 Ciriacy-Wantrup 在 1947 年首先提出的。继 Ciriacy-Wantrup 之后，经济学家 Robert K.Davis 于 1963 年首次把这一方法应用到实践中，所以现在人们又称其为 Davis Technique。CVM 付诸实践后即在学界引起广泛反响。一方面，在 Bockstael、McConnel、Mitchell、Carson 等人的带动下，CVM 在世界范围内迅速流行起来。据 Carson 不完全统计，在 CVM 付诸实践的短短 30 余年中，已有 40 多个国家的 1600 余项研究成果在不同学术刊物上发表，评估对象涉及空气、水体质量、开敞空地、湿地等诸多领域。另一方面，学界对 CVM 的批评也从未间断。Kahnemann、Hausman、Diamond 等人对 CVM 的缺陷作了详尽研究，竭力主张摒弃此方法。为了验证 CVM 的科学性，美国政府部门和各大学术团体展开了一系列的调查研究。Sorg & Loomis 对 20 世纪 60 年代中期以来发表的文献研究后认为，在修正了研究方法、研究对象所处地域和通货膨胀等因素导致的差异后，CVM 的评估结果是准确的且令人信服的。Smith 也主张进一步推广 CVM 的应用。1986 年美国联邦政府内务部正式规定，在评价自然环境损失过程中，当损失程度不能用市场法评估时可以采用 CVM。1992 年，美国国家海洋与大气管理局（NOAA）委托诺贝尔经济学奖得主 Arrow & Solow，会同其他 4 位知名专家组成评议委员会对 CVM 的科学性进行了权威测评。1993 年 1 月该委员会最后提交的报告认为，虽然 CVM 确实存在许多尚待完善的地方，但是在严格的限定条件下，CVM 不失为一种非市场价值评估的重要方法。

二、条件价值评估法的经济学基础

CVM 是从主观满意度出发，利用效用最大化原理，让被调查者在假想的市场环境中回答对某物品的最大支付意愿（Maximum Willingness to Pay，WTP），或者是最小接受补偿意愿（Minimum Willingness to Accept，WTA），采用一定数学方法评估其价值。

个人的效用受市场商品 x、公共物品或服务 q 以及个人偏好 s 的影响，假定个人偏好 s 不变，则个人效用函数可表示为 $u(x, q)$。在收入和市场商品价格 p 的约束下，个人消费效用(u) 最大化可以通过求解方程（1）实现：

$$Max \quad u(x, q) \qquad (1)$$

其中 $\sum p_i x_i \leqslant y$（i=1，2，3，…，n，为市场商品的种类）

通过方程（1）可求得一组需求函数：$x_i=h_i(p, q, y)$，在此基础上可定义间接效用函数 $v(p, q, y)=u[h_i(p, q, y), q]$。假设 p 不变，公共物品和服务 q 从 q_0 变为 q_1，如果这种变化是对原有状况的改进，则个人的效用会提高，即 $u_1=v(p, q_1, y) \geqslant u_0=v(p, q_0, y)$。可以用间接效用函数来表示这种效用的提高：

$$\nu(p, q_1, y-C)=\nu(p, q_0, y) \qquad (2)$$

式（2）中的收入补偿变化量 C 就是指当原有状况改进时，由 q_0 变化到 q_1（假设是一种改善），个人为保持效用不变所愿支付的金钱数量。CVM 方法就是通过问卷调查的方式引导出被调查者的补偿变化 C，C 表示的就是个人的 WTP。

则总价值（T）为：

$$T=\sum_{i=1}^{N} WTP_i=N\times E(WTP)$$

其中 N 是假想市场的大小（人口数、家庭数量等），$E(WTP)$ 是被调查者 WTP 的期望值。

三、条件价值评估法的操作程序

CVM 自产生以来的 40 多年里，其理论与方法始终处于不断的修正和完善过程之中。但或许是由于 CVM 方法的灵活性，在具体操作时却缺乏统一的操作程序和行文规范，其科学性和可信度受到人们的质疑。诺贝尔经济学奖获得者 Arrow 等人在提交给 NOAA 的报告中对此曾作过评价，他们认为，所有已经发表的 CVM 应用文献都不够规范，甚至存在明显失误。NOAA 报告提交至今已有 10 余

年的时间了，CVM 的理论方法体系也已取得了新的进展。在查阅分析国外大量 CVM 应用文献资料的基础上，同时参照 NOAA 报告中提出的标准，我们把一项完整的 CVM 非市场价值评估工作概括为 4 个阶段的内容，即前期准备、问卷设计、问卷测评与实地调查、数据处理。每一个阶段都有不同的细节问题需要特别注意和妥善处理。

（一）CVM 前期准备

在 CVM 前期准备过程中必须确定几个方面的问题。首先，明确本次评价的公共物品价值内涵及价值影响区域。一般而言，公共物品提供的功能多种多样，价值内涵构成十分复杂，只有在评价前对其价值内涵作出清晰界定，才能防止漏评或重复评价。其次，确定调查的方式。CVM 主要有电话调查、信函调查、面对面调查 3 种方式。研究人员依据价值评估问题的复杂程度、预算限制、项目评估精度要求等因素决定具体的调查方式。第三，初步拟定支付意愿引导方式。第四，明确价值影响人群范围，按照统计抽样调查的原则初步确定调查样本的总量和分布。

（二）CVM 问卷设计

CVM 成败关键在于问卷设计。一份理想的调查问卷不仅可以极大地提高价值评估的精度，而且还可以避免潜在的种种偏差，减少数据处理工作强度。具体而言，问卷设计中应着手解决以下问题：

1. 提供详细的背景信息，避免信息偏差

建立假设的交易市场是 CVM 成功运用的第一步。假设市场成功与否，关键在于使被调查者相信假设市场的真实性，同时还要提供回答问题时所需的足够的背景信息，避免信息偏差。在这个阶段应向被调查者传递以下信息：对评估对象的描述、相应措施计划的描述、支付方式等信息。经验表明，精准的文字配合恰当的图片资料构成的图文并茂的调查问卷，不仅可以提高答题者的兴趣，传递回答问题必备的知识，而且还可以极大地减少信息偏差发生的可能性。

2. 选择适当的支付方式

陈述偏好价值评估方法的最大特点就是通过假设市场模拟交易行为，依据参与者的回答实现价值评估。模拟市场中的参与者并非仅就抽象意义上的某种禀赋的资源价值作出判断，而是对能够提供这一资源的政策和公众为此付费的具体方式作出综合的价值判断（AlnaRnadan，1998）。因此，模拟市场中的每一个环节都至关重要，不恰当的支付方式很可能导致答题者的零支付。一般而言，以征收个人收入所得税、财产税，收取公共事业费，建立特殊基金等方式作为支付手段

有助于打消答题者的顾虑，有可能较为准确地引导出被调查者的真实支付意愿。

3. 选择恰当的 WTP 引导技术

CVM 应用初期，主要采用开放式和支付卡引导技术引导 WTP。这两种引导技术的共同点是通过直接询问受访者愿意支付的最大货币金额获得 WTP，方法简单、易用，不需要太多的统计学技术。相比之下，离散型条件价值评估法无论在方法设计还是数据处理原理方面都要复杂得多。二分法问卷答题简单，回答者只需对给定的货币金额作出“是”或“不是”的判断。因双边界二分法的计算效率最高，故当前国际主流 CVM 研究方法多以此法引导受访者最大支付意愿。

4. 收集被调查者个人社会经济基本信息

收集问卷回答者性别、年龄、家庭结构、家庭或个人收入状况、文化程度、工作性质、工作经历、个人偏好等基本信息。

（三）CVM 问卷测评与实地调查

经过问卷的预调查—修改—预调查—修改多次循环，直到问卷测评证明调查问卷的表达方式能够被大众理解接受，问卷设计能够达到预期效果后，就可进入实地调查阶段。

针对电话调查和信函调查问卷回收率低的缺陷，如果采取相应的辅助措施，可以提高回收率。比如在答题者收到问卷后的几天，调查人员打电话提醒答题者按时填答、返回问卷；为了激励答题者，对每个返回问卷的人员给予一定奖励；在信函调查中附带信封和邮票，便于答题者寄回问卷。

对于重大研究项目，CVM 问卷调查必须采用面对面调查的方式进行。面对面调查的随机抽样需要注意两方面的内容：一是要严格按照统计学原理随机抽样，在不同的调查地点合理分配问卷；二是如果采用二分法问卷模式，还应该注意投标点的分布问题。对于精度要求不高的研究项目可采用简易的调查方法，即在大型购物广场、商场、游乐园、大学校园等人群聚集的地方展开问卷调查。面对面调查中还应当注意的一个问题是防止答题时间偏差。根据国外经验，一般回答问卷的时间最好控制在 20~30 分钟，如果答题时间太长或太短都会影响到整个调查的精度。

（四）CVM 数据处理

1. 调查问卷分类

CVM 问卷调查的目的就是要了解参与者在面对公共物品供给时的真实支付意愿。不同于真正的交易市场，CVM 研究人员必须鉴别出愿意而且能够支付的参与者。

表 8–2 CVM 假设市场中被调查者的支付愿意与支付能力

	愿意支付	不愿意支付
有支付能力	(A) 有能力支付而且愿意支付	(B) 有能力支付但不愿意支付
无支付能力	(C) 无能力支付但愿意支付	(D) 无能力支付也不愿意支付

表 8–2 表示我们把所有参与者分为 4 种类型：A 类是有能力支付而且愿意支付人群，B 类是有能力支付但不愿支付人群，C 类是无能力支付但愿意支付人群，D 类是无能力支付也不愿支付人群。比较容易判断 A 类人群符合 CVM 调查目的，此类问卷提供的数据可以进入数据处理阶段。D 类人群是没有经济支付能力，而且即使在其收入提高后也不会形成对待估价对象的有效需求，因此 D 类问卷应该排除在数据处理阶段之外。B、C 两类人群是问卷鉴别的关键，其中 B 类问卷参与者有经济支付能力，但是对于公共物品的供给没有真实的需要，因此在真实的交易市场中不会发生购买行为。但是，在 CVM 假设的市场中，出于满足某种精神上的虚荣或者获取调查人员好感的目的，一些人会表达出一定数额的支付意愿，这时就会导致评估出现偏差，致使公共物品价值评估结果偏高。同样，C 类问卷的参与者没有支付能力，但是出于对待估价对象的关注，很有可能不顾实际经济收入的约束而表达出一定的支付金额。如果把这种没有支付能力的需要混同为需求就会出现偏差，同样会导致对公共物品价值的过高估价。

2. 无效问卷的鉴别与处理

无效问卷主要有 3 种类型，即整体性无应答、项目性无应答和抗议性无应答。整体性无应答是指问卷丢失或答题者返回未答问卷；项目性无应答是指答题者对问卷的一个或几个关键问题未作回答；抗议性无应答是指回答内容在逻辑上前后矛盾的问卷。

问卷数据的初判并非如同想象中那样简单，比如判断零支付究竟代表答题者的真实支付意愿还是属于抗议性支付就要颇费周折。出现抗议性支付的原因可能是由于答题者对评价物品缺乏兴趣，也可能出于对 CVM 调查形式的反感，但不论哪种情况，如果不能正确作出数据初判都将对评价的最后结果产生重大影响。不论是采用二分法还是开放式问卷模式，一般都可以通过设计专门的问题协助完成数据初判。

如何处理无效问卷直接关系到价值评估的最终结果。对无效问卷通常有两种处理办法：一是简单地剔除不符合要求的问卷。这样做的优点是简化了问卷处理的程序，弊端是缩小了样本的数量，这无疑将影响到最后的评估结果。二是用剩余样本的平均值替代无效问卷数据或者组织问卷补充调查弥补无效问卷数据。由于价值影响区域内的个人偏好是各不相同的，通过简单的算术平均或者小样本补

充调查来弥补原设计样本量的数据必然无法有效避免样本选择偏差。

3. 特殊统计分析检验

CVM 是把经济学原理与统计分析技术完美结合的价值评估方法，因此价值评估模型确立后应该从 3 方面对其科学性进行检验：经济学理论检验、统计检验、CVM 自检验。前两种检验不需多加解释，这里要强调的是 CVM 自检验。由于 CVM 自身的特点决定了必须对其可能出现的各种偏差进行验证。NOAA 特别强调对 CVM 内嵌作用的检验。所谓内嵌作用是指支付意愿的一种趋同状态，表现为答题者对不同禀赋物品赋予相近或相同货币金额的一种倾向。针对 CVM 应用过程中存在发生内嵌作用的可能性，研究人员必须对问卷数据进行排序检验，尤其要做累加检验。

4. 求取非市场价值

相关校验通过后，即可利用被调查者对公共物品的 WTP 或 WTA 等基础数据计算非市场物品的经济价值。CVM 在非市场价值评估应用中的详细流程图如图 8–1 所示：

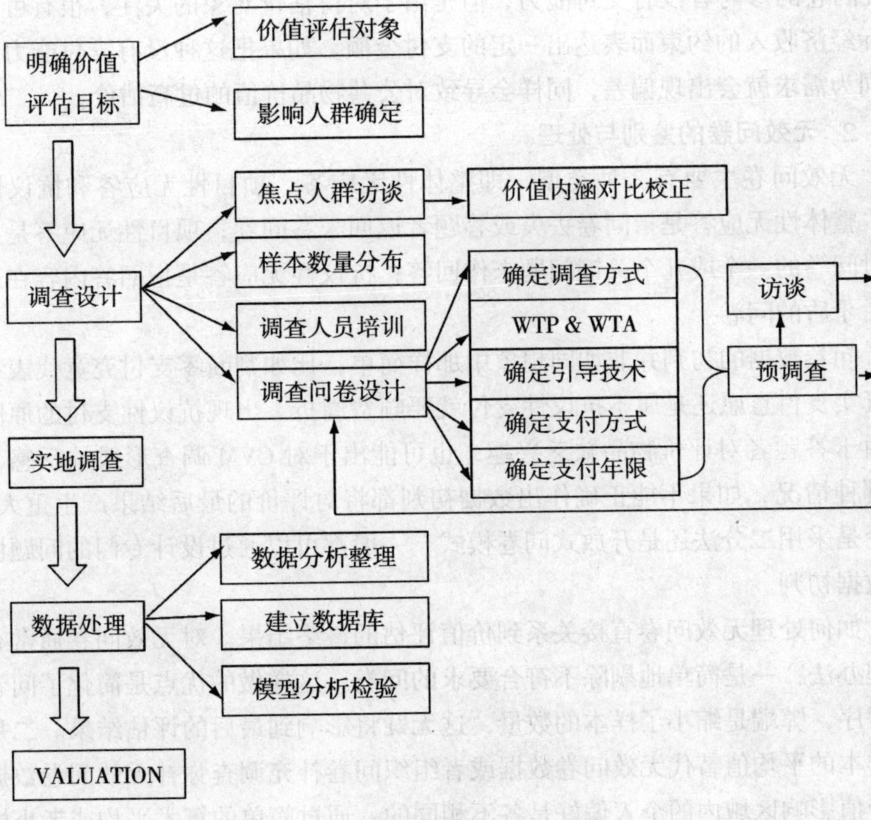

图 8–1　CVM 非市场价值评估流程图

第三节 实证分析——2009 年上海 ATP1000 网球大师赛居民自豪感评估

我国历来重视体育赛事的社会影响，例如赛事举办对体育事业的发展作用、对丰富居民文化生活的作用等。但到目前为止，关于赛事的社会影响问题尚停留在描述层面，并没有针对某一具体问题进行深入分析和研究。本研究在上述理论分析的基础上，运用条件价值评估法对 2009 年上海 ATP1000 网球大师赛的居民自豪感的价值量进行评估。

一、问卷的设计与组成

在问卷设计过程中，我们借鉴了 Mitchell 等总结的 CVM 问卷的主要组成部分，并通过多次预调查完善问卷内容，以增强 CVM 结果的可靠性。本次调查的问卷由以下 3 部分内容组成：

（一）居民对 2009 年上海 ATP1000 网球大师赛社会影响认知的调查

“您觉得上海网球大师赛对上海有哪些积极影响？”“您认为上海网球大师赛对您个人有哪些积极影响？”“您认为上海网球大师赛对居民有哪些负面影响？”对这些问题，我们给出了多个答案，以判断上海市居民对此赛事社会影响的认知水平。

（二）居民对 2009 年上海 ATP1000 网球大师赛产生自豪感的意愿价值的调查

此方法是本次调查的一项革新，用来克服一般人支付意愿偏低、受偿意愿偏高而造成评估结果的偏差。关于居民自豪感价值量的调查由两部分构成。在进行居民自豪支付意愿（WTP）的调查时，被调查者先要回答“您是否为该赛事在上海举办而感到自豪？”这一问题，只有回答是的被调查者才进入下一个问题，即“就您个人而言，您愿意为获得这种自豪感付出多少钱？”这种方法称为两方程模型，即先区别 WTP=0 和 WTP＞0 两种情况，只有当 WTP＞0 时，再进一步引导最大支付意愿。

（三）被调查者社会经济情况的调查

询问受访者的年龄、性别、职业、文化程度、年收入，以方便分析和解释统

计结果。

二、调查过程

问卷设计完成之后，组织调查员进行了短期培训，并针对目标人群作了先期调查，对问卷的质量进行了前期测试，在此基础上对问卷作了局部修改。

根据 NOAA 的 25 条准则，确定本次调查采用面对面的方式，发放问卷 1200 份。在条件限制的情况下，采用街头调查的形式，在地铁口、超市门口以及小区门口等人群聚集地进行调查。调查范围包括浦东、徐汇、宝山、静安、杨浦、闸北、嘉定、虹口、闵行和长宁 10 个区，并采用随机抽样的方式。所以，此问卷符合 CVM 所要求的广泛代表性。

三、抽样的误差分析

调查在 2009 年 5 月到 6 月进行，样本量为 1800 份，实际回收样本数为 1732 份，排除答题率较低的 102 个样本，有效样本为 1630 个，回收率的有效样本率为 90.5%。抽样的标准差为：

$$\mu_p = \sqrt{\frac{pq}{n} \times \frac{N-n}{N-1}} = 0.0053$$

其中 N 为上海市户籍人口数 1391.04 万人，n 为有效样本数 1630 个，p 为样本回收率 90.5%，q 为无效样本比率（9.5%）。95%的置信区间内（Z=1.96），抽样系统误差为：

$$\Delta_p = Z\mu_p = \pm 1.03\%$$

总误差控制在 2.06%，可靠性较高。由于再提高统计的准确性需要大幅增加样本量，耗用巨大的人力物力，而且从现实角度看也没有这个必要，所以本次研究以 95%左右的准确性来确定抽样的样本数。

四、调查结果

（一）问卷基本信息统计

在本次调查的所有 1630 份有效问卷中，不知道该赛事的有 601 人，知道的有 1029 人。在知道这一赛事的被调查者中，选择“您为该赛事在上海举办而感到自豪”的共计 656 人，在这些选择该选项的人中，WTP 为零元的 135 份。当

然，大量零支付意愿是 CVM 调查研究中最为常见的问题。主要原因有：第一，抗议性回答；第二，尚无收入或收入较低，家庭经济负担重；第三，认为体育赛事是企业运作行为，不应该由政府出资（反映了被调查者的免费搭车心理等）。共有 521 位被调查者具有正支付意愿，但是支付方式的差异较大，主要有：第一，每年向政府缴纳定额的税款；第二，在家庭经济不受影响的情况下，每年拿出一定数量资金捐给政府建立的体育赛事运营基金，以减轻政府的资金压力；第三，直接给赛事运营企业一定数量的资金（表 8-3）：

表 8-3 问卷基本信息统计表 (N=1029)

选择为赛事举办而感到自豪的人数和比例		占有效问卷的比例					
		WTP=0			*WTP*>0		
是	否	抗议性回答	无（低）收入	不该由政府出	交税	向基金捐赠	直接给运营企业
656 (40.2%)	373 (23.0%)	15 (0.9%)	34 (2.1%)	86 (5.2%)	320 (19.6%)	174 (10.7%)	27 (1.7%)

（二）支付意愿分布

统计结果如预期一样，*WTP* 分布曲线既不光滑也不呈正态分布，选择为赛事举办而感到自豪的被调查者的支付意愿分布情况如表 8-4 所示。这些被调查者的支付意愿主要分布在 20 元、50 元、100 元、150 元和 200 元 5 个值，几乎所有选择为赛事举办而感到自豪的被调查者的支付意愿均在 500 元及以下，50 元支付意愿的人数最多，占选择为赛事举办而感到自豪的被调查者总人数的 26.8%。

表 8-4 选择为赛事举办而感到自豪的被调查者支付意愿分布一览表 (N=656)

统计项目	*WTP* 的数值								
	0 元	10 元	20 元	50 元	100 元	150 元	200 元	500 元	1000 元
人数	135	46	87	176	139	27	43	2	1
占有效问卷的比例	20.6%	7.0%	13.3%	26.8%	21.2%	4.1%	6.6%	0.3%	0.2%

（三）平均支付意愿计算

正支付意愿的数学平均数 WTP_1 为 75.9 元 / 人。考虑到不知道该赛事、支付意愿为零以及认为“该赛事并不会产生居民自豪感”的被调查者的人数，精确的平均支付意愿需要经过一定的计量经济学处理，Kristrom 提出了 Spike 模型，该模型对开放式问卷和两分式问卷均有效，由于支付卡式问卷的平均支付意愿计算

原理与开放式问卷相似，故模型同样可以应用于该研究。经过 Spike 模型调整后的平均支付意愿 WTP_2 等于 WTP_1 乘以正支付意愿占全部有效问卷的比例，所以 WTP_2 =75.9×（521/1630）=24.2 元 / 人。

（四）回归分析

零支付意愿的存在，甚至是占大部分的现象是条件价值评估回归分析中的常见问题，国外两分式问卷的两步回归分析模型较为成熟，该模型对于零支付意愿的处理方法通常有两种：第一种方法认为零支付意愿是随机因素引起的，在回归分析中不予考虑；第二种方法认为零支付意愿有效，在回归分析中以相对小的支付意愿代替零支付意愿。本书中采用了第二种方法，即认为零支付意愿有效，并以相对小的支付意愿代替之。

由于支付卡式问卷与两分法问卷所引起的支付意愿的方式不同，所以在分析中省略了两分式问卷回归分析中的第一步概率模型，以相对小支付意愿（1 元）代替零支付意愿，进入第二步对数转换最小二乘模型。分析中的被解释变量 WTP 取决于被调查者的支付能力，而支付能力又与性别、年龄、职业、学历和收入水平等因素相关，根据 Johnson & Whitehead 以及 Harry Walton 等人的研究经验，本书选择性别、年龄、学历、收入水平、收入与学历的乘积这 5 个因素作为自变量建立如下多元线性回归方程：

$$InWTP=\beta_0+\beta_1(Gen)+\beta_2(Age)+\beta_3(Edu)+\beta_4(InInc)+\beta_5[In(Inc\times Edu)]$$

式中：$InWTP$ 为被调查者的意愿支付的自然对数，β_0 为常数项，β_1，β_2，β_3，β_4，β_5 为所求的回归系数。Gen 为被调查者的性别：男性 =1，女性 =2。Age 为被调查者的年龄：20 岁以下 =1，20~30 岁 =2，31~40 岁 =3，41~50 岁 =4，51~60 岁 =5，60 岁以上 =6。Edu 为被调查者的学历：高中以下 =1，大专 =2，本科 =3，硕士研究生 =4，博士研究生 =5。$InInc$ 为被调查者家庭年收入（万元 / 年）的自然对数，$In(Inc\times Edu)$ 为被调查者家庭年收入与学历乘积的自然对数。统计分析结果如表 8-5 所示。由于调查中存在部分不确定性因素，t 检验结果表明除了年龄这一变量的系数统计不显著外（在表8-5 中省略），其余 4 个变量的系数显著性水平较好，这与国外部分相关研究也很相似。决定系数 $R_2=0.607$，$F=2.865$ $(\alpha=0.05)$。

建立待检验假设 H_0：$\beta_1=\beta_3=\beta_4=\beta_5$

$k=4$，$n=1029$，取 $\alpha=0.05$，那么 F_α（k，$n-k-1$）$=F_{0.05}$（4，1023）=2.37，$F>F_\alpha$，因此，否定原假设 H_0，即回归方程显著，这表明 $InWTP$ 与各个自变量之间存在线性相关关系。

表 8–5　多元回归分析结果

系数	回归值(标准偏差)	t 检验值（显著水平）
β_0	40.243（0.013）	2.743（0.01）
β_1	–1.472（0.716）	–2.286（0.05）
β_2	1.572（1.036）	1.863（0.10）
β_3	3.531（1.394）	2.873（0.01）
β_4	5.308（1.267）	2.417（0.01）

（五）影响支付意愿的因素

根据模型计算结果，居民对 2009 年上海网球大师赛居民自豪感的支付意愿的影响因素主要有以下几点：第一，性别是影响居民支付意愿的因素之一。性别的系数在 0.05 的水平上显著，而且为负数。这说明在其他条件不变的情况下，男性比女性的支付意愿要高。第二，学历是影响居民支付意愿的重要因素。学历的系数在 0.10 的水平上显著，而且为正值。这说明在其他条件不变的情况下，学历越高的居民支付意愿越强。第三，家庭年收入对支付意愿具有较为显著的正向影响。收入水平的系数在 0.01 的水平上显著，而且为正值。表明在其他条件不变的情况下，家庭年收入水平越高，居民的支付意愿越高。第四，家庭年收入与学历乘积的综合指标对居民支付意愿有重要影响。这一指标的系数在 0.01 的水平上显著，而且是正值。说明在其他条件不变的情况下，学历越高、家庭年收入越高，则对 2009 年上海网球大师赛居民自豪感的意愿支付越高。

（六）CVM 问卷偏差及其避免

本次 CVM 研究可能存在的主要偏差及其避免方法如下：

1. 假象偏差

此偏差是 CVM 的根本弱点。从心理学的角度来说，完成调查问卷与实际支付是完全不同的两件事。这是导致条件价值评估法存在不确定性的最重要因素，对调查结果影响也最大。为了尽可能地克服这一问题，在具体调查中，调查员通常都要与被调查者进行沟通。

2. 支付方式偏差

由于设计支付方式的不当会导致偏差，因此本次 CVM 设计了每年向政府缴纳定额的税款、每年拿出一定数量资金捐给政府建立体育赛事运营基金以及直接给赛事运营企业资金等多种支付方式，由被调查者选择自己喜欢的支付方式。

3. 策略性偏差

部分被调查者低估自己的支付意愿，或对调查者存在警惕心理，故意隐瞒了自己的真实支付意愿。调查过程中调查者强调支付意愿只是一种意向，采取了部分激励亲合机制，在一定程度上避免了该偏差。但受到目前居民对赛事的居民自豪感认识程度还较低等因素的影响，部分被调查者不可避免地低估了自己的支付意愿，对本次调查结果产生了一定影响。

4. 调查时间的偏差

人们对体育赛事居民自豪感的价值判断与其所处的状态有关，从心理学角度看，居民对该赛事的印象越深刻，则为赛事居民自豪感的支付意愿就越高；而当居民对赛事的印象逐渐减弱时，被调查者将不愿出资从而产生大量的零支付意愿。本次调查的时间为 2009 年 5 月至 6 月份，这一时间距离 2009 年上海网球大师赛的举办还有四五个月时间，距 2008 年上海网球大师赛也已有 7 个月左右时间，故该次调查的时间因素可能导致支付意愿偏低。

除以上因素外，CVM 还存在其他常见的偏差，如起点偏差、调查方式偏差、模拟市场行为偏差、信息偏差、部分—整体偏差等。调查过程中通过与被调查者相互沟通，并向被调查者强调了导致上述偏差的因素，已尽量减少了上述偏差。

（七）2009 年上海 ATP1000 网球大师赛居民自豪感价值量的估算

在以上分析中，本书已经得到 2009 年上海 ATP1000 网球大师赛的平均支付意愿，只要在此基础上乘以总体就能估算出该赛事的居民自豪感价值总量。另据上海市经济年鉴显示，2008 年底上海市户籍人口的数量为 1391.04 万人，根据这一数据，可以估算出 2009 年上海 ATP1000 网球大师赛居民自豪感价值总量 $CVMWTP_1$ = 24.2 元 / 人 × 1391.04 万人 = 3.37 亿元，当然这是一个上限值。考虑到本次调查是针对个人的调查，很有可能被调查者反映的是其家庭的意愿支付，假设上海市平均每个家庭拥有 4 人，则据此估算出 2009 年上海 ATP1000 网球大师赛居民自豪感价值总量下限 $CVMWTP_2$ = 24.2 元 / 人 × 1391.04 万人 /4=8415.79 万元。

通过以上分析，可以得出 2009 年上海 ATP1000 网球大师赛居民自豪感价值量介于 8415.79 万元到 3.37 亿元之间。

第九章 体育赛事环境影响评估

本章是体育赛事事前评估的第五大子系统——体育赛事环境影响评估系统，也是体育赛事事前评估的最后一个子系统，将从体育赛事环境影响及其评估的概念、赛事环境影响评估的指标与方法等角度进行深入分析。

第一节 体育赛事的环境影响及其评估的概念

一、体育赛事的环境影响

在阐述赛事环境影响之前，首先需要明确的是，这里的环境概念是指自然环境，即影响人类生存和发展的各种天然的和经过人工改造的自然因素的总体，包括大气、水、海洋、土地、矿藏、森林、草原、野生动物、自然遗迹、自然保护区、风景名胜区、城市和乡村等[8]126。与体育赛事的经济影响和社会影响相比，体育赛事的环境影响是人们长期忽视的一个领域。近年来，随着三重底线评估方法在体育赛事对举办城市综合影响评估中的应用，国外学者对体育赛事的环境影响开始逐渐关注。但总体而言，关于体育赛事环境影响的研究成果还不多，不过学术研究不多并不表示体育赛事对环境的影响就不重要。一份由 Collins，Flynn，Mundy 和 Roberts 等人组织开展的、针对威尔士卡迪夫千年体育场举办的 2004 年国际足联世界杯决赛“生态足迹”的研究，说明了体育赛事对环境潜在影响的巨大。这个研究小组把比赛日所消耗的能量与资源转换成“生态足迹”（定义为为了提供体育赛事举办所需要能源而破坏生态环境的面积）。这个方法给了这项比赛一个相当于 3051 公顷的生态足迹。Collins 等人解释说，这个足迹的大部分是由 73000 名赛事观众去比赛现场看球而产生的（据统计观众的行程约有 4200 万公里）。此外，对食品的供应与消费是产生生态足迹的第二大原因，其数值大约为 1381 公顷[170]。

对于体育赛事来说，它对举办地环境影响的领域很多，而且越是规模大的体育赛事就越容易产生更大范围以及更大程度的环境影响。例如奥运会，作为公认

的世界规模最大的体育赛事，它必然会对举办地环境的各个方面产生较大影响。1994 年在挪威利勒哈默尔举办的第 17 届冬季奥运会首次考虑到了体育赛事对环境的影响问题，利勒哈默尔地区的居民在赛事筹备期间强迫挪威奥组委在赛事的筹备和组织过程中对环境加以重视，这也使得挪威成为第一个尝试去办一届"绿色奥运"的国家。当前，"绿色传统"已经牢牢地根植在奥林匹克文化中，国际奥委会在对奥运申办城市提出的强制要求中，将环境保护问题置于很高的位置，对主办城市明确提出了 5 大要求：第一，尊重自然环境；第二，主动收集相关环境信息；第三，所有行动都要按照环境法则来执行；第四，组织者必须满足即使是最少数公众的要求；第五，尽可能采取有效措施改善环境[171]。

在 2000 年夏季奥运会的申办过程中，国际奥委会的各位投票委员对环境问题"情有独钟"，而北京第一次申办的失利，一个很重要的原因就是当时在环境方面难以与最终申办成功的悉尼相比。悉尼在申办报告中，明确提出要办一届"绿色奥运"，而且悉尼奥组委承诺要在能源保护、水资源保护、防止浪费、污染处理和重要自然与文化环境的保护等 5 个主要领域关注环境问题。在悉尼奥运会的整个筹备和运作中，无不体现了对赛事环境影响的关注，并专门制定了《体育与环境手册》。奥林匹克协调委员会（OCA）还改进了一项环境策略，并建立了一个效法 ISO14001 的环境运作系统（EMS），其中包括：第一，应用新建的轨道交通线，观众与工作人员广泛使用公共交通；第二，将垃圾填埋法转变为其他方式的废物处理方式；第三，促进能源有效利用及对水的保护；第四，在奥林匹克遗址或所在地采取措施保护珍贵生态环境等。针对 2000 年悉尼奥运会的环境问题，澳大利亚政府在 1995 年还成立了一个由 5 个州以及国家环境小组组成的绿色奥运观察联盟（GGW2000），其作用是作为一个独立的监督委员会来检查与评估 2000 年奥运会的环境影响。GGW2000 在最终的报告中认为：悉尼奥运会在环境保护方面有很多成功之处，如公共交通的增加、太阳能的使用、环保的建筑材料的使用、建设垃圾的回收、环境的敏感投标政策、能源与水的保护、湿地的保护与恢复。但是，该组织也提出了很多不足，如不恰当的社区评议会、政府批准的有危险的植物移植、不可持续的树脂精油、松节油原料的使用、没有能提供承诺过的 LPG（液体石油气）汽车、不承担环境责任的奥运会经商者、PVC 塑料的使用、没有清除红宝树湾的污染沉淀、后奥运时代对千年公园和有毒的垃圾填埋场的经管责任不明确等[172]。

围绕着奥运会的环境保护传统至今仍然保持着，而且不容置疑地在这个领域得到了的重视。Price Waterhouse Coopers 在他主持的一项对 2012 年伦敦奥运会相关潜在影响的研究中，把环境影响分成了如下 9 类：陆地 / 水 / 空气；生物多样性 / 生态学；能源使用；废弃物；文化 / 传统 / 建筑形态；福利设施或便利设

施；交通运输；住房；对于环境服务的支持。值得商榷的是，文化 / 传统 / 建筑形态以及住房方面的影响似乎更具有社会性而不是自然性，把这项研究暂且搁在一边，这个分类表也证明了对环境影响所能波及的范围的认识日益增加。他的这项研究是针对广泛的自然范围，而不是深入探讨某特定事物的具体影响。然而这份报告还是为日后对潜在的环境影响的研究构建了一个框架，无论是在地理学方面还是在时间背景方面。从地理角度来说，他认为某些影响可能会扩散到很大范围的地区，比如空气污染；有些可能会在局部地区造成很严重的后果，比如废弃物（垃圾）。其基本框架把这个方面分为对当地造成的影响（利亚山谷地区）、对伦敦造成的影响和对整个英国造成的影响 3 种规模。这其中的每一种影响也都划分为事前、事中和事后 3 个阶段。举个例子来说，在 Lower Lea 这个地方的文化 / 传统 / 建筑形态方面造成的影响在事前被认为是相当负面的，在事中以及事后也都被认为是负面的。然而，在伦敦这个更广泛的规模层面来说，这种影响在事前被认为是中立的，在事中以及事后都被认为是积极的。从英国这个规模层面来说，这种影响在事前和事后都被认为是中立的，但是在事中则被认为是积极的。作为这项研究的总结，PwC 认为，总体来说，奥运会在建设阶段会给 Upper Lea 带来一些负面的环境影响，但是他们还是相信这种影响从整个伦敦及英国范围看，还是有积极影响的 [173]。

此外，对于一些发生在海洋环境中的体育赛事同样会对环境产生较大影响，例如美洲杯帆船赛。2002 年新泽西州奥克兰举行的“美国之杯”帆船赛所产生的废弃物和污染，不仅仅对海洋环境，甚至对陆地环境也有影响。比赛期间，2000~3000 艘观众游船发出的噪音以及排泄的废物对环境造成了很大的威胁。此外，由于很多运动员用打破玻璃饮料瓶的方式庆祝胜利，因此玻璃废弃物也成为“美国之杯”运动员村里的一大环境问题。Green（1999）还详细叙述了这项赛事对海洋野生动物，包括船只撞击小蓝企鹅、宽吻海豚、普通海豚以及布氏鲸等的影响 [174]。

二、体育赛事环境影响评估的概念

所谓体育赛事环境影响评估，是指在体育赛事项目实施之前，在充分调查研究的基础上分析赛事项目可能给环境带来的影响，然后作出全面科学的定量与定性的预测，最终利用各种赛事项目环境影响分析的结果指导体育赛事项目的决策与实施工作。

体育赛事环境影响评估是一项综合性很强的技术工作，它需要预测赛事筹备和举办期间对举办城市空气、噪音、水资源等环境要素的影响，分析各种环境要

素变化给举办城市带来的好处或造成的危害，并就赛事对环境的影响作出综合的分析。

第二节　体育赛事环境影响评估的指标与方法

根据针对体育赛事综合影响事前评估指标体系所进行的两轮德尔菲法所得的结果，体育赛事环境影响事前评估指标共包括 3 个二级指标和 7 个三级指标（表 9–1）。

表 9–1　体育赛事环境影响事前评估指标一览表

一级指标	二级指标	三级指标
环境影响	5.1 环境改善	5.1.1 对居民进行环保宣传的概率
		5.1.2 进行城市环境治理的概率
	5.2 环境污染与破坏	5.2.1 破坏自然环境的面积
		5.2.2 产生的垃圾量
		5.2.3 二氧化碳的排放量
	5.3 资源消耗	5.3.1 水资源消耗量
		5.3.2 能源消耗量

与其他活动一样，体育赛事的举办与举办地的自然环境要素和自然环境系统之间相互影响、相互作用、相互联系、相互制约。运作体育赛事所运用和利用的资源和能源都来自于自然界；同样，举办地也会利用赛事举办的机会对城市环境进行综合治理。但本书作者认为，除了一些以自然环境为依托的体育赛事，如帆船、滑雪、山地自行车、攀岩、马拉松等项目比赛，以及奥运会等一些大型综合性赛事外，自然环境与体育赛事的关联度一般都不大。但从可持续发展的视角说，体育赛事的环境影响还是比较重要的，它是体育赛事事前评估的一个重要内容。下面对环境影响中包括的 3 个二级指标分别进行阐述：

一、环境改善

体育赛事对举办地环境的改善是赛事对举办地的一个主要遗产，很多城市都将改善环境纳入赛事规划的范畴。如在北京奥运会的规划中，“绿色奥运”是

2008年北京奥运会的3大主题之一，是贯穿申办、筹备和举办奥运会全过程的话题。在“绿色奥运”的宏伟蓝图中，北京奥运会的活动中心和主体育场所在地的奥林匹克公园将建成北京市内规模最大的绿色生态园区，奥运村将通过地热等清洁能源取暖，大规模使用太阳能照明系统，垃圾实现无害化处理等，使其成为一座绿树成荫、鸟语花香的绿色家园，绿地覆盖率达到48%，达到纽约、东京等国际大都市的水平。

体育赛事主要通过两个途径来改善举办地的自然环境：第一，提高居民的环保意识。如法国就让体育赛事与环保“联姻”，通过体育赛事宣传环保意识。2007年世界杯橄榄球赛中，法国卫生、青年与体育部部长罗斯利娜·巴舍洛·纳尔坎、环境与可持续发展部部长让·路易·博洛等官员，以及法国世界杯橄榄球赛组委会主席拉帕塞联合宣布将本次比赛办成“环保型比赛”，并采取在赛场及举办城市张贴环保行为宣传画等方式宣传环保意识[175]。在国内，体育赛事也成为宣传环保意识的一个有力工具。青海在环青海湖公路自行车赛中就树立了绿色环保的办赛理念，为把这种理念落实到赛事中，赛事组委会还和一些环保机构建立了良好的联系。中国绿化基金会、中国环保学会、中国野生动物保护协会都是环青海湖公路自行车赛的协办单位。在赛事筹备组织工作中，青海省也很注重环境保护的宣传工作，组委会成员单位中包括林业、环保等部门。自赛事活动举办以来，青海省环保部门已组织环保志愿者200多人，通过印发环保科普宣传材料、制作宣传展板和横幅等方式，向当地居民和国内外游客普及环保知识，起到了良好的效果[176]。此外，一些赞助商也通过赞助体育赛事宣传环保意识，如东风本田汽车就通过赞助2008年北京国际马拉松赛，达到宣传环保的精神、回报社会的目的[177]。第二，进行城市环境治理。通常而言，赛事举办之前，举办地都要对城市环境进行一定程度的综合治理，尤其是一些大型的、综合性赛事。2008年北京奥运会从降低颗粒物污染、控制工业扬尘和机动车污染、大力种草植树入手，对北京市环境进行综合治理。

针对上述两个途径，在“环境改善”二级指标中，本书设置了两个三级指标，即“对居民进行环保宣传的概率”和“进行城市环境治理的概率”。这两个指标数据的获取，通常要以赛事申办报告或赛事规划为基础，由专家进行评判。

二、环境污染与破坏

体育赛事的举办同样会对环境产生污染和破坏。一方面，体育场馆等基础设施的建设会对自然环境的面积产生一定的破坏，如2010年温哥华冬奥会计划修建的北欧滑雪赛场就对当地灰熊的生存环境产生了较大影响，悉尼奥运会在红宝

树湾奥林匹克场馆建筑过程中也侵占了部分农田和林地。另一方面，大量人流的涌入会对城市的环境产生严重污染，如城市垃圾、二氧化碳排放等。Rickard 认为，对于在城市中举办的体育赛事而言，二氧化碳的排放是对主办城市自然环境影响较大的一个因素，比赛期间聚集的大量观众以及他们的交通工具等都会给主办城市带来大量二氧化碳的排放[178]。据法国环境及能源管理署评估，2007 年世界杯橄榄球赛举办过程中，250 万观众留在赛场的垃圾将达 780 吨，整个比赛活动将产生 57 万吨二氧化碳温室气体排放，其中 84%由运动员及观众的交通运输造成。此外，赛车运动也是一项空气污染很成问题的赛事。Schmidt（2006）以美国举办的 NASCAR 汽车拉力赛为例（因为这一系列赛的组织者允许参赛运动员使用含铅汽油），说明了该赛事对环境的污染问题。由于汽车发动机用含铅的汽油能够使赛车跑得更顺畅，因此赛车手们一直都在用这种汽油比赛，但因为铅是一种对神经有害的物质，会使人，尤其是儿童的智商降低，例如 O'Neil，Steele，McNair，Matusick 和 Madlem 发表的一份研究发现，NASCAR 赛车队中一些机械工程师和工作人员血液中的铅含量明显过高，因此，2006 年 1 月，在洁净空气观察组织（Clean Air Watch）的压力下，NASCAR 同意在 2008 年之前改用无铅汽油。

在本书的“环境污染与破坏”二级指标中，共包括 3 个三级指标，即“破坏自然环境的面积”、“产生的垃圾量”和“二氧化碳的排放量”。在具体评估过程中，“破坏自然环境的面积”这一指标通常根据赛事申办报告及场馆建设和规划可以测算；“产生的垃圾量”（R）这一指标可以用观众总人数（Q）乘以人均产生的垃圾量（p）获得相关数据，用公式表示为$R = Q \times p$；二氧化碳的排放量（C）等于观众正常的排放量（S）加交通运输造成的排放量（T），其中观众正常的排放量（S）等于外来观众总人数（q）乘以人均正常的二氧化碳排放量（c），交通运输造成的排放量（T）等于车辆每公里的二氧化碳排放量（t）乘以总里程数（m），用公式表示为 $C = S + T = q \times c + t \times m$。其中，人均正常的二氧化碳排放量（$c$）、车辆每公里的二氧化碳排放量（$t$）可以通过环保部门获取。

三、资源消耗

资源消耗已经成为经济社会可持续发展的主要瓶颈，全球对此都非常关注。近年来，随着我国社会经济的发展，经济增长方式也开始从粗放型向集约型转变，节约资源已经成为各级政府关注的核心问题。体育赛事作为一项大型的活动势必会消耗大量的资源。如据法国环境及能源管理署评估，2007 年世界杯橄榄

球赛，12 个赛场的照明用电超过 470 万千瓦时；再如澳大利亚能源机构估计，有将近 3850 万千瓦时能量在悉尼奥运会的举办过程中被消耗掉。

因此，很多赛事举办者，尤其是大型赛事举办者，都很重视节约资源。例如悉尼奥组委的环境纲领中明确指出了节约能源的重要性，并提出了如下提倡：第一，尽可能地设计太阳能建筑；第二，使用隔热材料并自然通风；第三，最大限度利用可再生能源；第四，高效能的灯光系统以及最大限度地采用自然光线；第五，使用能源节约型器具；第六，精密的建筑管理和控制系统协助促进管理处理服务，在每一场馆最小化能源需求。

在本书的体育赛事综合影响事前评估指标体系中，为了能够反映赛事对举办地资源的消耗量，特选择了“水资源消耗量”和“能源消耗量”这两个与赛事关系最直接的指标来表示。其中水资源消耗量（W），包括外来观众的水消耗量（w_s）加上运作赛事的水资源消耗量（w_p），外来观众的水消耗量（w_s）等于外来观众人数（q）乘以人均水消耗量（$\bar{w}$），用公式表示为 $W = w_s + w_p = q \times \bar{w} + w_p$。人均水消耗量（$\bar{w}$）可以通过相关部门获取，运作赛事的水资源消耗量（$w_p$）由专业人员测算。

第三节 实证分析——2009 年上海 ATP1000 网球大师赛环境影响评估

以上对体育赛事环境影响评估的指标和各个指标的评估方法进行了较为详细的阐述，下面以 2009 年上海 ATP1000 网球大师赛为例，对体育赛事环境影响评估问题进行实证分析。需要说明的是，由于多指标的综合评估问题将在后面详细论述，故在此只对体育赛事环境影响评估指标体系中的每一个三级指标的评估问题进行分析。

一、基础资料收集

第一，通过对该赛事承办企业上海久事国际赛事有限公司相关人员的访谈了解到，由于该赛事举办地在上海郊区——闵行区的旗忠村，与城区距离较远，因此，进行城市环境治理的概率较小；而且从对赛事组织者的访谈中，我们也进一步了解到久事公司并没有对居民进行环保宣传的意识。

第二，虽然该赛事需要新建两个场馆，但由于它早已在规划范围之内，故不存在因为场馆建设而破坏自然环境的问题。

第三，根据澳大利亚一项研究表明，每位赛事观众每天所产生的垃圾量约0.01立方米；每天消耗能源约为2千瓦；每天用水量为400升左右[179]98。

第四，根据预测2009年上海ATP1000网球大师赛观众总人数10万人次，其中外来观众人数约为5万人次。

第五，根据澳大利亚温室气体办公室的资料，不同交通出行方式产生的二氧化碳如表9–2所示：

表9–2 不同交通出行方式产生的二氧化碳量[179]118

交通方式类型	每乘客每公里的 CO_2–e（千克）
自行车/步行	0.00
轨道交通	0.058
公交车	0.11
小型车	0.18
家庭车	0.28
大型车，四驱车	0.37

第六，根据对2007年上海网球大师赛观众调查可知，采用公交方式出行的占48%；采用小型车出行的占24%；采用家庭车出行的占29%[1]。

第七，从市中心到比赛举办地的距离约为25公里。

二、三级指标数据的测算

根据以上基础数据，并通过专家评判等方式，本书作者对2009年上海ATP1000网球大师赛环境影响的每一个三级指标进行了估算，结果如表9–3所示：

表9–3 2009年上海ATP1000网球大师赛环境影响三级指标评估结果表

三级指标	评估结果（%）
对居民进行环保宣传的概率	5
进行城市环境治理的概率	5
破坏自然环境的面积	0
产生的垃圾量	$0.01 \times 100000=1000$ 立方米
二氧化碳的排放量	$[(0.11 \times 48000)+(0.18 \times 24000)+(0.28 \times 29000)] \times 25=443$ 吨
水资源消耗量	$400 \times 50000=20000$ 立方米
能源消耗量	$2 \times 50000=100000$ 千瓦

[1] 资料来源：上海体育学院体育赛事研究中心。

三、评估结果

第一，通过对2009年上海ATP1000网球大师赛每一个三级指标的评估结果看，该赛事对举办地上海的自然环境所产生的影响，主要是与外地观众到上海观看比赛而造成的资源消耗和废弃物的排放有关，但总体来说，对上海的环境影响并不明显。赛事组织者在该赛事筹办过程中，可以考虑从对居民进行环保意识的宣传以及在赛事中采取一些节能减排的措施来提升和改善该赛事对举办地环境的正面影响。

第二，从二级指标“环境改善”的下属两个三级指标的评估结果看，2009年上海ATP1000网球大师赛对举办地环境改善的可能性很小。为了能够通过该赛事的运作而对举办地的环境起到一定的改善作用，建议赛事组织者可以在赛事推广和举办过程中对居民的环保意识进行一系列宣传。

第三，从二级指标“环境污染与破坏”的下属3个三级指标评估结果看，2009年上海ATP1000网球大师赛可能会给举办地产生一定的垃圾量，同时还会增加在举办地二氧化碳的排放量。为了使该赛事对举办地的环境污染和破坏减小到最小，建议赛事组织者要做好垃圾分类处理，并且倡导观众采取公共交通的形式前往比赛场馆。

第四，从二级指标“资源消耗”的下属两个三级指标的评估结果看，2009年上海ATP1000网球大师赛由于规模较大、观众（尤其是外来观众）人数较多，致使该赛事对举办地的水资源及能源都会产生一定数量的消耗。为了使这种消耗减小到最小，建议赛事组织者在整体赛事筹备和举办过程中始终贯彻节约能源的理念，选择使用一些能够节能的设备，尽量使该赛事的资源消耗最小化。

第十章　体育赛事事前综合评估

前几章分别论述了体育赛事项目各子系统评估的内容、方法和指标体系，对于体育赛事项目来说，仅有各个子系统的专项评估是不够的，还必须在各个子系统评估的基础上进行体育赛事事前综合评估，才能从赛事举办地的视角，科学、全面地判断体育赛事举办的可行性和必要性，为体育赛事的申办决策提供科学的依据。本章重点阐述体育赛事事前综合评估的指标体系、体育赛事事前综合评估的方法，并以实际案例论证赛事事前综合评估的可行性。

第一节　体育赛事事前综合指标体系

一、体育赛事事前综合评估的要素

对于体育赛事来说，进行事前评估是保证赛事申办科学决策的重要手段。通常情况下，都会从财务、运行条件，以及对城市带来的综合影响等角度对体育赛事进行分析论证，以判断这一赛事项目对于举办地来说是否可行，是否必要。但由于申办决策主体和体育赛事项目自身的多目标、多属性，要对某一赛事项目给出具体的决策建议，就需要进行赛事项目的事前综合评估。

构成体育赛事事前综合评估问题的共有5个要素：第一，评估对象，通常为一些大型的体育赛事项目。由于赛事项目运营成本巨大，风险较高，因此，需要进行事前评估。第二，评估指标。一项体育赛事事前评估工作就是一个系统，这个系统又由一系列子系统组成，而每个子系统又由若干个指标构成，每项评估指标都从不同的侧面反映系统的某些信息。评估指标的建立要视具体评估问题而定。第三，权重系数。相对于某种评估目的来说，评估指标之间的相对重要性是不同的。这种相对重要性的大小，可用权重系数来表明。很显然，当被评估对象及评估指标（值）都给定时，综合评估的结果就依赖于权重系数了，即权重系数确定得合理与否，关系到综合评估结果的可信程度如何，因此对权重系数的确定应特别谨慎。第四，综合评估模型。所谓综合评估是指通过一定的数学模型（或

算法）将多个评估指标值“合成”一个整体性的综合评估值。可用于“合成”的数学方法很多，问题在于如何根据评估目的及体育赛事评估系统的特点来选择较为合适的合成方法。第五，评估者。由于体育赛事事前评估较复杂，故评估者通常由很多相关领域的专家组成。评估目的的给定、评估指标的建立、评估模型的选择、权重系数的确定都与评估者有关，评估者在评估过程中的作用是不可轻视的。考虑到独立性问题，体育赛事事前评估最好委托第三方来完成。

二、体育赛事事前综合评估指标体系框架

在本书的第5—9章中，通过认真分析和研究，得到了体育赛事事前评估5大子系统的指标体系，本章中将这5个子系统的所有指标汇总起来，得到了体育赛事事前综合评估的指标体系，如表10–1所示。在这一指标体系中共包括5个一级指标、20个二级指标和52个三级指标。

表 10–1 体育赛事事前综合评估指标体系

体育赛事事前综合评估 Y	体育赛事运行环境 y_1	体育赛事项目宏观环境条件 X_1	举办地的政治环境 x_{11}
			举办地的经济环境 x_{12}
			举办地的法律环境 x_{13}
			举办地的自然环境 x_{14}
			举办地的整体发展战略 x_{15}
			举办地政府的参与和支持 x_{16}
			举办地居民的支持 x_{17}
		体育赛事项目的资源条件 X_2	城市基础设施建设 x_{21}
			体育场馆设施条件 x_{22}
			赛事项目的技术要求和条件 x_{23}
			举办赛事所需资金 x_{24}
			赛事运作团队与赛事运作经验 x_{25}
			媒体转播条件 x_{26}
			比赛的档期 x_{27}
			住宿、餐饮等条件 x_{28}
			赛事的安保条件 x_{29}
			赛事所有方提出的其他条件 x_{210}
		体育赛事项目的市场条件 X_3	赛事的知名度 x_{31}
			赛事的成长性 x_{32}
			与举办地形象的吻合程度 x_{33}
			赛事与居民需求的吻合程度 x_{34}
			是否能与举办地的旅游战略整合 x_{35}

（续表）

体育赛事事前综合评估 Y	体育赛事运行环境 y_1	体育赛事项目的竞争环境 X_4	申办成功的可能性 x_{41}
			赛事举办期间内的其他活动 x_{42}
	体育赛事财务 y_2	全部投资利润率 X_5	——
		资本金利润率 X_6	——
		自有资金收益率 X_7	——
		全部投资收益率 X_8	——
	体育赛事经济影响 y_3	给举办地带来的新资金流入 X_9	赛事相关人员带来的新资金额 x_{91}
			赛事组织在本地的支出额 x_{92}
		对宏观经济指标的积极影响 X_{10}	对举办地 GDP 的影响 x_{101}
			对举办地就业水平的影响 x_{102}
			对政府税收收入的影响 x_{103}
			对举办地居民收入水平的影响 x_{104}
		对赛事相关产业的拉动 X_{11}	对赛事相关产业 GDP 的贡献率 x_{111}
		提升城市知名度和城市形象 X_{12}	参与赛事的国家数 x_{121}
			参与报道的媒体数 x_{122}
			参与报道的媒体级别 x_{123}
		赛事运作的经济风险 X_{13}	政府财政支出额 x_{131}
	体育赛事社会影响 y_4	增强居民自豪感 X_{14}	居民自豪感的价值量 x_{141}
		提高居民生活质量 X_{15}	居民获得休闲机会的概率 x_{151}
			居民增强体育健身意识的概率 x_{152}
			居民学习新事物、新技能机会的概率 x_{153}
			居民直接参与赛事及相关活动的概率 x_{154}
		扰乱居民的正常生活 X_{16}	交通堵塞及拥挤成本 x_{161}
			噪音污染的损害价值量 x_{162}
			犯罪及破坏公物行为的危害程度 x_{163}
			消费指数的上升程度 x_{164}
		安全隐患及恐怖主义 X_{17}	安全隐患及恐怖主义事件发生的概率 x_{171}
	体育赛事环境影响 y_5	环境改善 X_{18}	对居民进行环保宣传的概率 x_{181}
			进行城市环境治理的概率 x_{182}
		环境污染与破坏 X_{19}	破坏自然环境的面积 x_{191}
			产生的垃圾量 x_{192}
			二氧化碳的排放量 x_{193}
		资源消耗 X_{20}	水资源消耗量 x_{201}
			能源消耗量 x_{202}

三、体育赛事事前评估指标的权重

明确了体育赛事事前评估的指标体系之后，最重要的事情就是确定指标的权重。目前指标权重的确定可分为两大类：一是主观赋权法。即由专家根据经验判断各评价指标相对于评价目的而言的相对重要程度，然后经过综合处理获得指标权重的方法，如专家调查法、层次分析法、模糊评价法等。主观赋权法认为，权重的本质是各评价指标相对于评价目标的相对重要程度的量化值。由于这种相对重要程度是一种客观存在的模糊概念，所以对其度量的依据是客观的，但又必须通过主观判断来获得。二是客观赋权法。即直接依据被评对象指标属性值数列的离散程度确定各指标权重的方法，如主成分分析和因子分析法、变异系数法、熵权系数法、局部变权法等。客观赋权法认为，权重的大小取决于各评价指标属性值数列的离散程序的相对大小。也就是说，如果某指标的各属性值均相同无差异，则该指标的权重值应为0。否则，指标属性值的差异（即离散程度）越大，则赋予的权重值也越大，即该指标在综合评价中的作用也越大。客观赋权法的特点是消除了主观赋权法的“主观随意性”，但有其局限性，它适应于评价突出各评价对象的差异的情况[180]。

总体而言，目前指标权重的确定还是以主观赋权法为主，尤其是层次分析法和模糊评价法。层次分析法的基本原理是根据问题的性质和目标，按照因素之间的相互影响和隶属关系分层聚类组合，由专家根据个人对客观现实的判断对模型中每一层次因素的相对重要性给予定量标度，确定每一层次全部因素相对重要性次序的权值，通过综合计算各因素相对重要性的权值，得到相对重要性次序的组合权值。层次分析法判断矩阵的一致性问题是制约其应用的关键，而且在实践中，由于客观事物的复杂性，用准确的数据来描述相对重要性不甚现实。模糊评价法可以看做层次分析法的改进，由于层次分析法评价指标体系中存在许多难以精确描述的指标，故可以用模糊集来取代判断矩阵中的数，然后根据判断矩阵求出指标的模糊权重。这种方法既考虑了模糊判断，又提出了解决模糊判断一致性问题的一些方法，使其较层次分析法更具科学性。

对于体育赛事而言，不同的项目，其评估指标体系中各个指标的权重是不同的。因此，本书中没有给出体育赛事事前评估指标的权重值。在后面的实证分析中，我们将针对具体的案例对体育赛事事前综合评估指标的权重问题作进一步探讨。

第二节　体育赛事事前评估的多指标评价方法

评价是人类社会中一项经常性的、极为重要的认识活动，随着我国社会经济发展与科学技术的进步，人们对一个事物的评价常常要涉及多个因素或多个指标。这时，评价是在多因素相互作用下的一种综合判断。例如考察国家的综合国力、居民生活的小康水平、不同地区社会经济发展的综合评价等，在这一背景下，多指标综合评价已经成为人们十分关心而且迫切希望解决的热门课题。多指标综合评估方法是对多指标进行综合的一系列有效方法的总称，它具备以下特点：第一，评价包含了若干个指标，这些指标分别说明被评价事物的不同方面；第二，评价方法最终要对被评价事物作出一个整体性的评判，用一个总指标来说明被评价事物的一般水平。由于体育赛事项目的多样性和复杂性，对它进行评估所涉及的因素多且各因素的描述方式不尽相同。例如，本书所构建的体育赛事事前评估指标体系中，有的指标可定量描述，有的则只能以定性方式描述。因此，选择合适的多指标评价方法是体育赛事事前评估的一个重要环节。

通常而言，多指标的综合评价主要包括评价目的、被评价对象、评价者、评价指标、权重系数、综合评价模型以及评价结果 7 个重要方面。从操作程序角度讲，多指标综合评价通常要经历确定评价对象和评价目标、构建体育赛事事前评估指标体系，选择定性或定量评价方法，选择或构建综合评价模型，分析综合评价结果等过程［12］2-6，具体如图 10–1 所示：

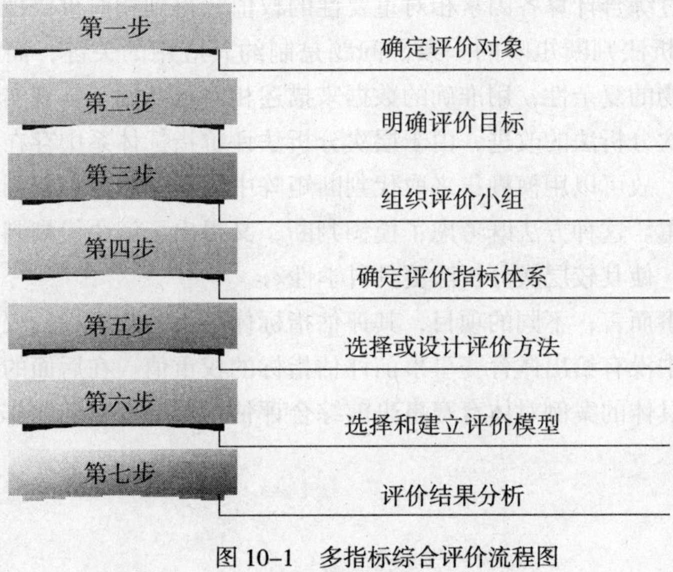

图 10–1　多指标综合评价流程图

就多指标综合评价的方法而言，目前国内外常用的有价值分析法、数据包络分析法、层次分析法以及模糊综合评价法等[181]。具体方法介绍如下：

一、价值分析法

价值分析法的实质是根据各单项评价指标的权重，以及在单项指标作用下系统的价值，通过加权得到综合指标，其数学模式为：

$$V = \sum W_i V_i = \sum W_i f_i(x_i)$$

式中：V 表示系统综合评价指标；

$V_i = f_i(x_i)$ 表示以第 i 项指标为标准时系统的价值（效果）；

W_i 表示第 i 项指标在综合评价中的权重。

其特点是简单明了，计算方便，但系统的价值（效果），尤其是各指标权重的确定是比较困难的。

二、数据包络分析法（Data Envelopment Analysis，DEA）

此法是 1978 年由美国 A.Charnes 和 W.W.Cooper 等人首先提出的，这一模型是用来研究具有多个输入，特别是具有多个输出的“生产部门”的一种较理想且有效的方法。其优点是不需要给出输入输出的函数关系，但也存在一些局限。此方法不允许输入输出数据是随机变量，且没有反映决策者的偏好。其应用范围局限于具有多输入、多输出的对象系统的相对有效性的评价。

三、层次分析法（Analytic Hierarchy Process AHP）

此分析法是 20 世纪 70 年代美国著名运筹学专家 T.L.Saaty 提出的，首先将整个系统划分为目标、准则和方案 3 个层次，然后对方案用两两比较的方法确定判断矩阵，把判断矩阵的最大特征值相对应的特征向量的分量作为相应的系数，综合出各方案的权重。由于让评价者对照一个相对重要性函数表而给出因素集合中两两比较的重要性等级，因而可靠性高，误差小。层次分析法凭借着概念简明，使用方便，具有一定实用性，经常与其他评价方法组合使用，用于评价指标权重的确定。

四、模糊综合评价法（Fuzzy Comprehensive Evaluation，FCE）

这是一种用于涉及模糊因素的对象系统的综合评价方法。其原理是由评价对象集、评价指标集和各评价对象的隶属函数，得到模糊综合评价矩阵，然后利用矩阵的模糊复合运算得到模糊综合评估的结果集。此分析法较好地解决了大型建设项目综合评价中的模糊性（如指标类属性不清晰）问题，克服了传统数学方法中“唯一解”的弊端，可根据不同的可能性得出多层次答案。

以上这些多指标评价方法各具特色，根据具体项目的定量与定性分析指标的复杂程度，可以任选一种或几种进行评价。对体育赛事事前评估而言，由于人们在对体育赛事的运行环境、财务状况，尤其是给举办地经济、社会、环境等方面所产生各种影响的判断往往具有一定的模糊性，因此选择模糊综合评价法对体育赛事进行事前评估更有利于得出比较客观的结论。而且体育赛事事前评估的指标较多，层次也较复杂，通常需要进行多层次模糊综合评价，建立数学模型，得出客观合理的评价结论。故本书选择模糊综合评价法对体育赛事进行事前评估。

第三节　体育赛事事前评估的模糊综合评价模型和步骤

模糊综合判断是借助模糊数学的一些概念，对实际的综合评价问题提供一些评价的方法。具体说，模糊综合评价就是以模糊数学为基础，应用模糊关系合成的原理将一些边界不清、不易定量的因素定量化，从多个因素对被评估事物隶属等级状况进行综合性评价的一种方法。模糊综合评价就是对评价对象的全体，根据其特性，求出一个评价矩阵，通过评判函数，每个对象确定一个评价指标，再据此排序择优。

模糊综合评价作为模糊数学的一种具体应用方法，最早是由我国学者汪培庄提出的。它主要分为两步：第一步先按每个因素单独评价；第二步再按所有因素综合评价。其优点是：数学模型简单，容易掌握，对多因素、多层次的复杂问题评价效果比较好，是别的数学分支和模型难以代替的方法。模糊综合评价方法的特点在于：评价逐对进行，对被评对象有唯一的评价价值，不受被评价对象所处对象集合的影响。这种模型应用广泛，在许多方面，采用模糊综合评价的实用模型取得了很好的经济效益和社会效益[12]38–52。下面对体育赛事事前评估中具体的评估模型和步骤进行阐述：

一、确定模糊综合评价的因素集

因素集是描述体育赛事项目的各种因素，即评估指标。用公式表示为：

$$U=(u_1, u_2, \cdots, u_m)$$

其中 u_i（$i=1, 2, 3, \cdots, m$）表示反映体育赛事项目的各种因素。

前面我们已经得到了体育赛事事前评估指标体系，它较为全面、系统地概括了体育赛事项目的各种因素。从理论上讲，这一评估指标体系就是一个全面反映体育赛事项目的因素集。在实际操作中，可以直接运用这一较为全面、系统的因素集。为了节约评估工作量与成本，也可以根据被评估的具体赛事的实际情况，先对体育赛事事前评估指标体系进行合理筛选，遴选出与被评估的具体赛事可能直接相关的指标，并形成因素集。

二、建立综合评判的评价集

评价集就是评判者在赛事举办前，对体育赛事可能作出的各种总的评价结果组成的集合。评价集为：

$$V=(v_1, v_2, \cdots, v_n)$$

其中 v_j（$j=1, 2, 3, \cdots, n$）表示体育赛事事前评估指标由好到差的各级评语，通常情况下 n=5，如评价集 =（很好，较好，一般，较差，很差）。

三、构造隶属矩阵

首先对体育赛事事前评估的单个指标 u_i（$i=1, 2, 3, \cdots, m$）作单因素评判，从因素 u_i 着眼体育赛事项目对评价集 v_j（$j=1, 2, 3, \cdots, n$）的隶属度为 r_{ij}，这样就得出第 i 个因素 u_i 的单因素评判集：

$$r_i=(r_{i1}, r_{i2}, \cdots, r_{im})$$

这样 m 个因素或指标的评判集就构造出一个总的评价矩阵 R。即每一个被评估的体育赛事项目确定了从 U 到 V 的模糊关系 R，它是一个矩阵：

$$R=(r_{ij})\ m\cdot n=\begin{bmatrix} r_{11} & r_{12} & \cdots & r_{1n} \\ r_{21} & r_{22} & \cdots & r_{2n} \\ \vdots & \vdots & \cdots & \vdots \\ r_{m1} & r_{m2} & \cdots & r_{mn} \end{bmatrix},\ (i=1, 2, \cdots m;\ j=1, 2, \cdots n)$$

其中 r_{ij} 表示从因素 u_i 着眼，该评判对象能被评为 v_i 的隶属度。具体地说，r_{ij} 表示第 i 个因素 u_i 在第 j 个评语 v_j 上的频率分布。

确定隶属矩阵的方法很多，有等级比重法、专家评分法、集值统计法等。一般来说，用等级比重确定隶属矩阵的方法，可以满足对体育赛事项目进行模糊综合判断的要求，其最大优点是简单、方便、实用。在用等级比重法确定隶属度时，为了保证可靠性，一般要注意两个问题：第一，评价者人数不能太少。只有这样，等级比重才趋于隶属度；第二，评价者必须对被评估的体育赛事项目有相当的了解。由于体育赛事项目涉及的领域很多，针对不同领域最好组织不同的专家团队进行评判。

四、确定指标权重

得到上述模糊关系矩阵，还不足以对体育赛事项目作出评价。体育赛事事前评估指标体系中的各个指标在“评价目标”中有不同的地位和作用，换言之，各个指标在综合评价中占有不同的比重。拟引入 U 上的一个模糊子集 A，称权重或权数分配集，$A=(a_1, a_2, \cdots, a_m)$，其中 $a_i \geq 0$，且 $\sum a_i=1$。它反映对诸因素的一种权衡。至于指标权重的确定方法，在前面已经作了详细分析，这里不再赘述。

五、建立评判模型

R 中不同的行反映了体育赛事项目从单个指标来看对各等级模糊子集的隶属程度。用模糊权向量 A 将不同的行进行综合，就可得到体育赛事项目从总体上来看对各等级模糊子集的隶属程度，即模糊综合评价结果向量。

引入 V 上的一个模糊子集 B，称为模糊评价，又称决策集，$B=(b_1, b_2, \cdots, b_n)$。它是对体育赛事项目总体状况分等级的程度描述。

令 $B=A*R$（* 为算子符号），称之为模糊变换。

$$B=A*R=(a_1, a_2, \cdots, a_m)*\begin{bmatrix} r_{11} & r_{12} & \cdots & r_{1n} \\ r_{21} & r_{22} & \cdots & r_{2n} \\ \vdots & \vdots & \cdots & \vdots \\ r_{m1} & r_{m2} & \cdots & r_{mn} \end{bmatrix}=(b_1, b_2, \cdots, b_n)$$

b_j 表示体育赛事项目具有评语 v_j 的程度。各个评判指标，具体反映了体育赛事项目在所评判的特征方面的分布状态，使评判者对赛事项目有更深入的了解，并能作各种灵活的处理。如果要选择一个决策，则可选择最大的 b_j 所对应的等级

v_j 作为综合评判的结果。

六、进行模糊综合评判

模糊综合评判 $B=A*R$ 是通过模糊评判矩阵 R（也称模糊关系矩阵）将运算模糊向量转变为等级模糊向量 B。$A*R$ 采取不同的计算模式，可得到不同的综合评判数学模型。一般采用的数学模型（模糊算子）有取大取小模型、相乘取大模型、加权平均模型。其中加权平均型综合评判模型较适用于要求整体性指标的情形，因此本书在实证分析中选择了加权平均模型作为广义模糊算子。

七、对评判结果的处理

如果最后结果 $\sum_{j=1}^{n} b_j \neq 1$，还要再作归一化处理。说明如下：

令 $b=b_1+b_2+\cdots+b_n=\sum_{j=1}^{n} b_j$

归一化：

$$B'=\left(\frac{b_1}{b},\ \frac{b_2}{b},\ \cdots,\ \frac{b_n}{b}\right)=\left(b_1',\ b_2',\ \cdots,\ b_n'\right)$$

B' 即为目标层指标 U 对于评语集 V 的隶属向量。

八、评估结果的综合判定和解析

对于经过模糊综合评判得到的隶属向量（b_1'，b_2'，…，b_n'），必须对其进行处理，以得到最终的评判结果。具体处理的方法有最大隶属度法、加权平均法、模糊分布法、评定等级法等，其中最大隶属度法是目前最常用的方法之一。

在对体育赛事事前评估中，可以按最大隶属度原则确定其等级 V_j，而所得的等级 V_j 即为体育赛事事前评估的最终结果。当然，也可以运用加权平均法，即对于每一级评语 V_j 赋予一个权重 f_i 来反映该级评语的重要程度，据此可求出 B' 中各分量的加权平均值，最终得出体育赛事事前评估的最后结果。

第四节 实证分析——2009 年上海 ATP1000 网球大师赛事前综合评估

为了验证模糊综合评判法在体育赛事事前评估中的可行性，本书以 2009 年上海 ATP1000 网球大师赛为实证分析的案例，对该项体育赛事进行模拟综合评估。

一、赛事及承办单位概况

ATP 大师系列赛是一项拥有 9 项网球巡回赛的系列赛，是 ATP（Association of Tennis Professionals）巡回赛的一部分，每年在欧洲和北美举行，贯穿全年。该项系列赛在 1996 年提出，从 1996 年到 1999 年最初的赛事命名为梅赛德斯－奔驰超 9（Mercedes-Benz Super 9 series）系列赛，从 2000 年开始称为网球大师系列赛（Tennis Masters Series，TMS）。赛事是高排位男子职业网球选手的强制赛事，该系列赛包括了一些除了四大满贯公开赛之外的最富盛名的赛事。

虽然奖金还没有四大满贯公开赛或年终的网球大师杯赛（Tennis Masters Cup）那么丰厚，但是 ATP 大师系列赛还是可以为选手带来比常规巡回赛更多的世界排名积分。按照赛制规则，ATP 排名前 45 名的球员将自动进入正选，且排名世界前 20 位的选手必须参加，否则这名球员不但将损失 ATP 为所有 TOP20 球员所设立的总数高达 750 万美元的额外奖金中的部分奖金，而且 ATP 还将禁止其参加他上一年成绩最好的一项“1000 赛事”。这意味着大师系列赛拥有更多的网坛职业顶尖球员参赛。

2007 年 8 月 31 日，ATP 宣布自 2009 年起赛制作出重大改变，大师系列赛更名为千分大师赛（Masters 1000），每个夺冠的选手可额外获得 1000 分的排名积分，是仅低于四大满贯赛事的网坛顶级赛事。此外，汉堡大师赛被降级，蒙特卡洛大师赛虽获得保留，但未来 ATP 将不强制选手参赛。作为亚洲第一个 ATP1000 大师系列赛的举办城市，上海将永久拥有该赛事的举办权。

2009 年上海 ATP1000 网球大师赛于 10 月 11 日至 18 日在上海举办，它是仅次于四大满贯赛事的网球职业巡回赛，是全球 8 站中的一站，也是在亚洲唯一的一站，赛事总奖金 400 万美元。这一赛事将有超过 100 名球员来沪参赛，比赛要经过 8 天的正选赛和 2 天的预选赛，总共包括 55 场正选赛（单打）、21 场预选赛（单打）和 23 场双打赛事。比赛期间，将有 8 个球场投入使用，其中包括 1 个容纳 15000 人的主赛场、1 个容纳 5000 人的 2 号球场、1 个容纳 2000 人的 3

号球场以及多个容量在 200~300 人的小球场，每天最多能够接待 2.4 万名球迷。

2009 年上海 ATP1000 网球大师赛的承办单位——上海久事国际赛事管理有限公司是由巴士集团上海新新体育文化有限公司和上海国际赛车场经营有限公司整合形成，隶属于上海久事集团。经过多年的赛事运作积累，久事赛事公司现拥有资深的运作团队、多元化的国际背景、良好的沟通渠道和丰富的资源保障，其旗下拥有和经营的主要赛事有 F1 中国大奖赛、MotoGP 中国大奖赛和上海 ATP1000 大师赛等世界顶级赛事。这些赛事为提升上海城市知名度、打造国际大都市形象作出了积极贡献。

二、实证研究的数据建立与评价

（一）确定评估指标

由于上海已经获得了 2009 年上海 ATP1000 网球大师赛的举办权，在本书的实证研究部分再对该赛事的运行环境进行评估的意义不大。而且，我们对这一赛事进行评估的目的，主要是为了验证模糊综合判断在体育赛事事前综合评估中应用的可行性，故本书只选择对体育赛事的经济、社会和环境影响进行事前评估。

为了能够较为全面、客观地反映 2009 年上海 ATP1000 网球大师赛对举办地上海的影响，本书在构建的体育赛事事前评估指标体系的基础上，由该赛事承办单位——上海久事国际赛事管理有限公司的有关人员，从举办该赛事的目的出发，针对每一个评估指标按照重要、较重要、一般、较不重要、不重要 5 个等级进行选择，课题组按照 5、4、3、2、1 分别赋值，并分别从经济影响、社会影响、环境影响 3 个方面对指标进行了选择，结果如表 10–2 所示：

表 10–2 2009 年上海 ATP1000 网球大师赛事前评估指标体系表

指标名称	
1 经济影响	1.1 赛事相关人员带来的新资金额
	1.2 对举办地 GDP 的贡献率
	1.3 对举办地就业水平的影响
	1.4 参与报道的媒体数量
2 社会影响	2.1 居民自豪感的价值量
	2.2 居民获得休闲机会的概率
	2.3 居民增强体育健身意识的概率

（续表）

指标名称	
3 环境影响	3.1 对居民进行环保宣传的概率
	3.2 产生的垃圾量
	3.3 水资源消耗量

（二）单项指标数值的确定

确定单项指标的数值是体育赛事事前评估过程中一个非常重要的环节。由于体育赛事项目所涉及的领域众多，对上述指标评估需要由一个多学科和专业的专家组成团队共同完成，需要大量的资金和时间。考虑到在本书的实证部分，仅为了论证指标体系运用的可行性，故部分单项指标的数值采用模拟数字。

（三）确定综合评判的评价集

在本次评估中对 2009 年上海 ATP1000 网球大师赛赛事前评估的评价集设 5 个等级，即评价集 =（很好，较好，一般，较差，很差）。

（四）构造隶属矩阵

本书选取了 5 位体育赛事领域的专家组成评判组，分别对 2009 年上海 ATP1000 网球大师赛的经济影响、社会影响和环境影响进行评判，最终得到的评判矩阵如下：

$$R_1=\begin{bmatrix}0.6 & 0.2 & 0.2 & 0 & 0\\0.2 & 0.4 & 0.4 & 0 & 0\\0 & 0.4 & 0.4 & 0.2 & 0\\0.8 & 0.2 & 0 & 0 & 0\end{bmatrix}$$

$$R_2=\begin{bmatrix}0.6 & 0.4 & 0 & 0 & 0\\0.4 & 0.4 & 0.2 & 0 & 0\\0.8 & 0 & 0.2 & 0 & 0\end{bmatrix}$$

$$R_3=\begin{bmatrix}0.4 & 0.4 & 0.2 & 0 & 0\\0 & 0 & 0.4 & 0.4 & 0.2\\0 & 0 & 0.2 & 0.2 & 0.6\end{bmatrix}$$

对 2009 年上海 ATP1000 网球大师赛单项指标评估结果如表 10-3 所示：

表 10–3 2009 年上海 ATP1000 网球大师赛单项指标评估结果表

指标名称	评估结果
1 经济影响	
1.1 赛事相关人员带来的新资金额	11950.18 万元（第七章评估结果）
1.2 对举办地 GDP 的贡献率	5.85 亿元（第七章评估结果）
1.3 对举办地就业水平的影响	4296 人（第七章评估结果）
1.4 参与报道的媒体数量	共有来自世界各国的 150 余家媒体报道（据该赛事运营公司预测）
2 社会影响	
2.1 居民自豪感的价值量	11.42 亿元 ~45.70 亿元（第八章评估结果）
2.2 居民获得休闲机会的概率	有 0.1%的居民认为赛事举办将使他们获得休闲的机会（通过问卷调查获取）
2.3 居民增强体育健身意识的概率	有 0.2%的居民认为赛事举办将增强他们体育健身的意识（通过问卷调查获取）
3 环境影响	
3.1 对居民进行环保宣传的概率	5%（第九章评估结果）
3.2 产生的垃圾量	1000 立方米（第九章评估结果）
3.3 水资源消耗量	2 万立方米（第九章评估结果）

（五）确定指标权重

在本次评估中，指标的权重分两个过程获取。首先由专家对一级指标，即经济影响、社会影响和环境影响进行打分，最终确定 3 个一级指标的权重分别为 0.6、0.3、0.1；其次，利用模糊评判法获取的各个二级指标的 Y_I 的值，分别求得所有二级指标的权重，具体权重数值如表 10–4 所示：

表 10–4 2009 年上海 ATP1000 网球大师赛事前评估指标权重表

指标名称	Y_i	P_i
1 经济影响		0.6
1.1 赛事相关人员带来的新资金额	7.2708	0.1526
1.2 对举办地 GDP 的贡献率	6.4917	0.1363
1.3 对举办地就业水平的影响	6.7708	0.1421
1.4 参与报道的媒体数量	8.0458	0.1689
2 社会影响		0.3
2.1 居民自豪感的价值量	6.5729	0.1107
2.2 居民获得休闲机会的概率	5.3750	0.0905
2.3 居民增强体育健身意识的概率	5.8667	0.0988

（续表）

指标名称	Y_i	P_i
3 环境影响		0.1
3.1 对居民进行环保宣传的概率	6.1271	0.0330
3.2 产生的垃圾量	6.4875	0.0349
3.3 水资源消耗量	5.9563	0.0321

（六）建立评价模型

根据模糊综合评价的方法要求，2009 年上海 ATP1000 网球大师赛事前评估的评价模型为：

$$B=W*R=(w_1,\ w_2,\ \cdots,\ w_m)*\begin{bmatrix} r_{11} & r_{12} & \cdots & r_{1n} \\ r_{21} & r_{22} & \cdots & r_{2n} \\ \vdots & \vdots & \cdots & \vdots \\ r_{m1} & r_{m2} & \cdots & r_{mn} \end{bmatrix}=(b_1,\ b_2,\ \cdots,\ b_n)$$

（七）二级指标评价结果

在前面构造的 3 个隶属矩阵与各个指标权重结果的基础上，运用 MATLAB 软件计算，得到二级指标评价结果如下：

$$B_1=(0.1526,\ 0.1363,\ 0.1421,\ 0.1689)*\begin{bmatrix} 0.6 & 0.2 & 0.2 & 0 & 0 \\ 0.2 & 0.4 & 0.4 & 0 & 0 \\ 0 & 0.4 & 0.4 & 0.2 & 0 \\ 0.8 & 0.2 & 0 & 0 & 0 \end{bmatrix}=$$

(0.2539，0.1757，0.1419，0.0284，0)

$$B_2=(0.1107,\ 0.0905,\ 0.0988)*\begin{bmatrix} 0.6 & 0.4 & 0 & 0 & 0 \\ 0.4 & 0.4 & 0.2 & 0 & 0 \\ 0.8 & 0 & 0.2 & 0 & 0 \end{bmatrix}=(0.1817,\ 0.0805,$$

0.0379，0，0)

$$B_3=(0.0330,\ 0.0349,\ 0.0321)*\begin{bmatrix} 0.4 & 0.4 & 0.2 & 0 & 0 \\ 0 & 0 & 0.4 & 0.4 & 0.2 \\ 0 & 0 & 0.2 & 0.2 & 0.6 \end{bmatrix}=(0.0132,\ 0.0132,$$

0.0270，0.0204，0.0262)

对上述结果进行归一化处理结果为：

1. 经济影响

$B_1^{'}$ = (0.4232，0.2929，0.2365，0.0474，0)，用柱状图表示如图 10-2：

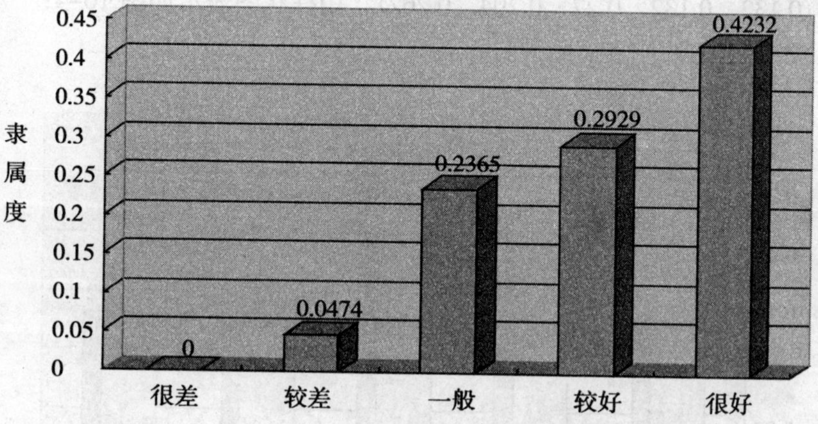

图 10-2　2009 年上海 ATP1000 网球大师赛经济影响事前评估结果图

根据最大隶属度方法评判，可见“2009 年上海 ATP1000 网球大师赛经济影响”的结果隶属“很好”级评语，隶属度为 0.4232。

2. 社会影响

$B_2^{'}$= (0.6055，0.2682，0.1263，0，0)，用柱状图表示如图 10-3：

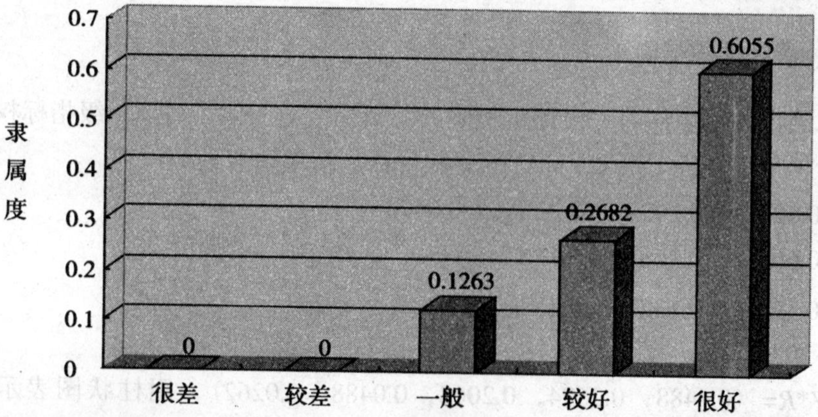

图 10-3　2009 年上海 ATP1000 网球大师赛社会影响事前评估结果图

根据最大隶属度方法评判，可见“2009 年上海 ATP1000 网球大师赛社会影响”的结果隶属“很好”级评语，隶属度为 0.6055。

3. 环境影响

B_3'=（0.132，0.132，0.27，0.204，0.262），用柱状图表示如图 10-4：

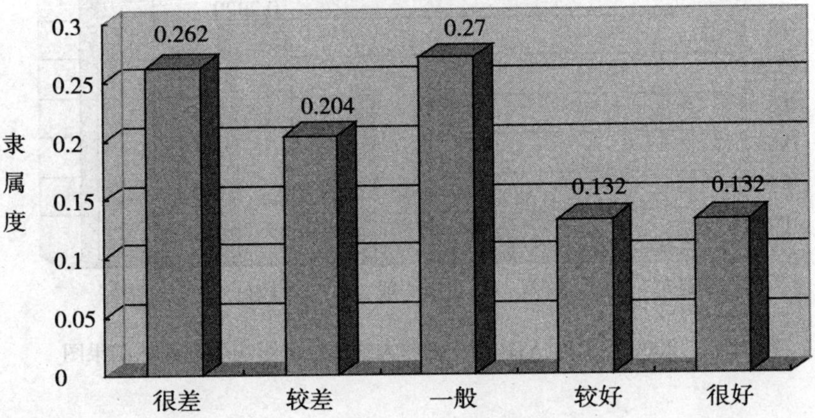

图 10-4　2009 年上海 ATP1000 网球大师赛环境影响事前评估结果图

根据最大隶属度方法评判，可见“2009 年上海 ATP1000 网球大师赛环境影响”的结果隶属“一般”级评语，隶属度为 0.27，而且结果为“很差”级评语的隶属度也达到了 0.262。

（八）最终评估结果

将二级评价结果作为一级评价矩阵的源数据，记为 R，结合一级指标权重进行计算，得最终评价结果 B，MATLAB 软件计算结果如下：

$$R=\begin{bmatrix}0.4232 & 0.2929 & 0.2365 & 0.0474 & 0\\0.6055 & 0.2682 & 0.1263 & 0 & 0\\0.132 & 0.132 & 0.27 & 0.204 & 0.262\end{bmatrix}$$

W=（0.6，0.3，01）

$B=W*R$=（0.4488，0.2694，0.2068，0.0488，0.0262），用柱状图表示如图 10-5：

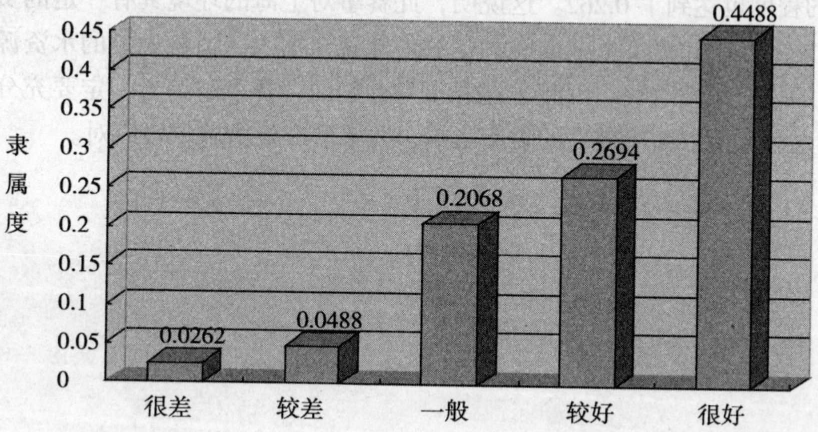

图 10-5 2009 年上海 ATP1000 网球大师赛事前评估结果图

根据最大隶属度方法评判，可见“2009 年上海 ATP1000 网球大师赛”事前评估的结果隶属“很好”级评语，隶属度为 0.4488。

三、评估结果分析

第一，2009 年上海 ATP1000 网球大师赛事前评估的结果属于“很好”评判级，其隶属于“很好”的程度为 0.4488。说明，从赛事的经济影响、社会影响和环境影响层面看，上海举办此赛事是很有必要的。但另一方面，0.4488 这一数值尚未超过 0.5，并不是一个非常理想的数值。说明对于举办地上海这样一个国际大都市来说，此赛事给举办地带来的综合影响程度也是较为有限的。

第二，2009 年上海 ATP1000 网球大师赛对举办地的经济影响属于“很好”评判级，其隶属于“很好”的程度为 0.4232。说明此赛事的举办将对上海的经济产生较为积极的影响，这可能与此赛事的举办将会给上海带来大量新的消费流入和媒体关注有关；但另一方面，由于上海的经济总量很大，此赛事所产生的经济影响在总经济中所占比例较低，其敏感度不高。所以，人们对该赛事给举办地经济所带来的积极影响的预期也有限。

第三，2009 年上海 ATP1000 网球大师赛对举办地的社会影响属于“很好”评判级，其隶属于“很好”的程度为 0.6055，是所有 3 个二级指标中隶属值最高的一个。说明此赛事将会给举办地带来较大的社会影响，与经济影响比较，此赛事的社会影响的效果要略好于其经济影响的效果。

第四，由 2009 年上海 ATP1000 网球大师赛环境影响的评估结果可以看出，

此赛事属于“一般”评判级，其隶属于“一般”的程度为0.27。当然，其隶属于“很差”的程度也达到了0.262。这说明，此赛事对上海的环境具有一定的负面影响。这可能是由于此赛事举办期间大量的外地观众拥入，消耗大量的水资源并产生了大量的生活垃圾所致。因此，在赛事举办期间，赛事组织者一定要充分意识到赛事对上海环境方面所带来的负面影响，并采取有效措施积极应对。

主要参考文献

[1] 孙靖帮. 基于经济全球化下的城市营销理论与战略模式研究 [D]. 新疆大学，2007：1.

[2] 菲利普·科特勒，凯文·莱恩·凯勒. 营销管理 [M]. 12 版. 上海：上海人民出版社，2006：25-32.

[3] 杨建平. 加速推进政府决策的科学化 [J]. 中国行政管理，2000 (1)：14-17.

[4] 余曙光，邓浪. 我国政府决策科学化民主化的探索 [J]. 西南民族大学学报：人文社科版，2005 (8)：159-162.

[5] 经济日报，2004-05-12 (9).

[6] Project Management Institute. A Guide to Project Management Body Of Knowledge [M]. USA：PMI，2000：15.

[7] 陈金洪. 工程项目管理 [M]. 北京：中国电力出版社，2008.

[8] 戚安邦. 项目评估学 [M]. 天津：南开大学出版社，2006.

[9] 陈文晖. 项目管理的理论与实践 [M]. 北京：机械工业出版社，2008.

[10] 邓铁军. 工程建设项目管理 [M]. 2 版. 武汉：武汉理工大学出版社，2009.

[11] 陈志斌. 项目评估学 [M]. 南京：南京大学出版社，2007：86-101.

[12] 杜栋，庞庆华，吴炎. 现代综合评价方法与案例精选 [M]. 2 版. 北京：清华大学出版社，2008.

[13] 田麦久. 运动训练学词解 [M]. 北京体育大学运动训练学教研室，1999：2.

[14] 国家体委训练竞赛综合司. 运动竞赛学 [M]. 北京：北京体育大学出版社，1994：1.

[15] 许树渊. 运动赛会管理 [M]. 台北：师大书苑有限公司，2003：5.

[16] 刘建和. 运动竞技学 [M]. 成都：四川教育出版社，1990：3.

[17] 程绍同. 运动赛会管理：理论与实务 [M]. 台北：杨智文化，2004.

[18] Damd C. Watt. Event Management In Leisure and Tourism [M]. Addison Wesley Longman Limited，1998.

[19] Johnny Allen，等. 大型活动项目管理［M］. 王增东，杨磊，译. 北京：机械工业出版社，2002：11.

[20] Getz，Donld. Event Management and Event Tourism［M］. NewYork：Cognizant Commnunication Corporation，1997.

[21] 叶庆晖. 体育赛事运作研究［D］. 北京体育大学，2003.

[22] 黄海燕，张林，李南筑. 上海大型单项体育赛事运营中政府作用之研究［J］. 体育科学，2007（2）：17-25.

[23] 周进强，吴寿章. 北京体育赛事活动市场化发展道路的回顾与展望［J］. 改革与发展论坛，2000：10.

[24] 张江南，唐宏贵. 对我国未来竞技体育管理体制与赛制的研究［J］. 武汉体育学院学报，1999（2）：8-12.

[25] 陈锡尧. 对当今国际性重大体育赛事的价值认识及其发展趋势的研究［J］. 体育科研，2003（4）：25-27.

[26] 姚颂平，沈建华，刘志明，等. 国际体育大赛与大城市发展的关系之研究［R］. 国家社会科学研究基金项目，2003.

[27] 李南筑，袁刚. 体育赛事经济学［M］. 上海：复旦大学出版社，2006.

[28] 王守恒，叶庆晖. 体育赛事管理［M］. 北京：高等教育出版社，2007：34-44.

[29] 杨铁黎. 关于开发我国职业篮球市场的研究［D］. 北京体育大学，2001：33.

[30] 余守文. 体育赛事产业与城市竞争力：产业关联·影响机制·实证模型［M］. 上海：复旦大学出版社，2008.

[31] 李南筑，黄海燕，曲怡，等. 论体育赛事的公共产品性质［J］. 上海体育学院学报，2006（4）：10-17.

[32] An Evaluation of The Economic Impact，Place Marketing Effects and Peoples' Perceptions of Bristol［EB］www.uksport.gov.uk/assets/File/Generic_Template_Documents/Events Funding/Research/World_Half_MarathonImp_Study_Nov2002.pdf.2005-6-14.

[33] Jordan Rappaport & Chad Wilkerson. What Are the Benefits of Hosting a Major League Sports Franchise?［J］. Federal Reserve Bank of Kansas City-Economic Review. 2001（1）：46-53.

[34] Roland Scherer & Simone Strauf. How to measure the economic impacts of mega -events［EB］www.ideas.repec. org/p/wiw/wiwrsa/ersa03p154.htm1. 2006-07-08.

[35] Major Events Hosting/Support Policy [EB] www.gov.ns.ca/tpb/manuals/PDF/300/30705-02.pdf. 2006-09-18.

[36] 易剑东. 大型赛事对中国经济和社会发展的影响论纲 [J]. 山东体育学报，2005 (12)：1-7.

[37] W. Douglass Shaw, Review of Non-market Value Estimation for Festivals and Events - A Discussion Paper [R]. Alberta Economic Development, 2005.

[38] 黄海燕，陆前安，方春妮，等. 体育赛事的价值评估研究 [J]. 上海体育学院学报，2008 (1)：20-24.

[39] 刘江南，方达儿，黄德敏. 政府选择国际大型体育赛事的制约因素及对策研究：以广州为例 [J]. 广州体育学院学报，2006 (13)：1-5.

[40] 孙海燕. 耦合性：大型竞技运动赛事与城市经济良性互动的关键 [J]. 南京体育学院学报，2006 (4)：1-4.

[41] Alan Clarke, Evaluating Mega-events: A Critical Review [C]. The 3rd Dehaan Tourism Management Conference, 2005: 1-10.

[42] Juneyong Park Factors Contributing To Mega-event City Selection [D]. University of I 11inois 2003: 85-187.

[43] Jack Carlsen, Donald Getz & Geoff Soutar. Event Evaluation Research [J]. Event Management, 2001 (6).

[44] Dennis R. Howard, John L. Crompton. 体育财务 [M]. 张兆国，戚拥军，谈多娇，等. 译. 2 版. 北京：清华大学出版社，2007.

[45] Larry Dwyer & Peter Forsyth. Economic Evaluation of special Events: A Re-assessment [J]. Centre for Toursm Policy Studies University NSW, 2004, http: //www.business.vu.edu.att/ICTE.

[46] Hotchkiss J.L., Moore R.E. and Zobay S.M. "Impact of the 1996 Summer Olympic Games on Employment and wages in Georgia." [J]. Southern Economic Journal, 2003 (3): 691-704.

[47] Markus Kurscheidt. The World Cup. The Copenhagen Conference on the Economic and Social Impact of Hosting Mega Sports Events [N]. 2006, www.cbs.dk/megasportsevent.

[48] Humphreys, J.M. and Plummer, M.K. the economic Impact on the State of Georgia of Hosting the 1996 Olympic Games: 1955 Update [R]. USA: Atlanta Committee for the Olympic Games, Inc, 1995.

[49] Ference Weicker & Company Assessing the Economic Impact of the

2012 Olympic Games on the Economy of New York City and the Metropolitan Area: Preliminary Repor [R]. 2001.

[50] Inter VISTAS Consulting Inc. The Economic Impact of the 2010 winter Olympic and paralympic Games: An update [R]. 2002.

[51] Patrick Rishe. An Economic Impact and Market Research Analysis of the 2005 Men's Final Four upon the St. Louis MSA [R]. 2006.

[52] Bernthal & Regan. the Economic Impact of a NASCAR Racetrack on a Rural Community and Region [J]. Sport Marketing Quarterly, 2004 (1): 26–34.

[53] The Canadian Sport Tourism Alliance. 2002 MasterCard Skate Canada International Economic Impact Assessment [R]. 2002: 11.

[54] The Canadian Sport tourism Alliance. 2003 Canada Winter Games Economic Impact Assessment [R]. 2003: 7.

[55] Larry Dwyer, Peter Forsyth & Ray spur. Estimating the Impacts of Special Events on an Economy [J]. Journal of Travel Research, 2005, 43 (4): 351–359.

[56] Madden J., Crowe M. The Economic Impact of the Sydney Olympic Games. NSW Treasury and The Centre for Regional Economic Analysis [D]. University of Tasmanic, 1997.

[57] 顾海兵，等. 奥运会直接投资对北京经济的拉动作用 [M] //刘淇. 北京奥运经济研究. 北京：北京出版社，2003：105–130.

[58] 魏小真，等. 奥运投入与收益分析报告 [M] //刘淇. 北京奥运经济研究. 北京：北京出版社，2003：131–141.

[59] 黄荣清，等. 奥运对北京人口、就业的影响 [M] //刘淇. 北京奥运经济研究. 北京：北京出版社，2003：252–278.

[60] 廖明球，等. 中国北京奥运经济投入产出与计量模型研究 [M]. 北京：首都经济贸易大学出版社，2007.

[61] 庞军. 奥运投资对北京市的环境与经济影响：基于动态区域 CGE 模型的模拟分析 [D]. 中国人民大学，2005.

[62] Carlsen J, Getz D & Soutar G. Event Evaluation Research [J]. Event Management: An International Journal, 2000 (3): 247–257.

[63] Essex & Chalkley. Urban Development Through Hosting International Events: A History of the Olympic Games [J]. Planning Perspectives, 1999 (4): 369–394.

[64] Ritchie, J.R. & Lyons, Marica. Olympulse VI: A post-Event Assessment of Resident Reaction to the XV Olympic Winter Games [J]. Journal of Tavel Research, 1990 (3): 14-23.
[65] Ritehie, J & Rand Smith, BH. The Impact of a Mega-Event on Host Region Awareness: Alongitudinal Study [J]. Journal of Travel Research, 1991 (1): 3-10.
[66] 王春雷. 国外重大事件影响研究述评 [J]. 旅游科学, 2007 (4).
[67] Kim, H.J., Gursoy, D. & Loe, S. The Impact of the 2002 World Cup on South Korea: Comparisons of Pre and Post-games [J]. Journal of Tourism Management 2006 (3): 86-96.
[68] Mary, V "Environmental implications of the 1992 Winter Olympic Games" [J]. Tourism Management, 1995 (4): 269-275.
[69] Larry Dwyer, Robert Mellor Nina Mistilis & Trevor Mules. Forecasting the Economic Impacts of Events and Conventions [J]. Event Management, 2001 (6): 73-82.
[70] 肖林鹏, 叶庆晖. 体育赛事项目管理[M]. 北京: 北京体育大学出版社, 2005.
[71] 任海. 中国古代体育 [M]. 北京: 商务出版社, 1996: 9-23.
[72] 周建林. 球类运动体育教程 [M]. 南京: 南京师范大学出版社, 2005: 1-2.
[73] 王嵊海, 刘爱华. 球类竞赛理论与方法 [M]. 北京: 中国农业科学技术出版社, 2005: 1-2.
[74] 何雪勤. 形式逻辑学 [M]. 沈阳: 辽宁人民出版社, 1985: 34-35.
[75] Jago L & R Shaw. Categorisation of Special Events: A Market Perspective, Tourism Down Under: perceptions, Problems and Proposals [C]. Conference Proceedings, Massey University, Palmerston North, 1994: 682-708.
[76] Getz, D. Event Management and Event Tourism [M]. New York: Cognizant Commnunication Corporation, 1997: 4.
[77] Getz, D. Special Events: Defining the Product [J]. Tourism Management, 1989 (2).
[78] E.迪尔凯姆. 社会学方法的规则 [M]. 胡伟, 译. 2版. 上海: 华夏出版社, 1998: 64.
[79] 程乃胜. 论类型学研究范式在法制现代化研究中的应用 [J]. 法学评

论，2006（1）：14-18.

[80] Mules，T&B Faulkner. An Economic Perspective on Special Events [J]. Tourism Economics，1996（2）：107-117.

[81] Travis，A. & J. Croize. The Role and Impact of Mega-Events and Attractions on Tourism Development in Europe：A Micro Perspective [C]. Calgary：the 37th Congress of AIEST，1987：59-78.

[82] Marris，T. The Role and Impact of Mega-events and Attractions on Regional and National Tourism Development [C]. Resolutions of the 37th Congress of the AIEST，Calgary，1987：3-12.

[83] Spilling，O. Mega-Event as a Strategy for Regional Development：The Case of the 1994 Lillehammer Olympic Games [C]. Proceedings of Institute of Tourism and Service Economics，International Centre for Research and Education in Tourism，International Conference，Innsbruck，1996：128-154.

[84] Rooney，J. Mega-sports Events as Tourist Attractions：A Geographical Analysis [C] // In Tourism Research：Expanding Boundaries，the Travel and Tourism Research Association Nineteenth Annual Conference，Montreal，1988：93-99.

[85] Hall，C. The Effects of Hallmark Events on Cities [J]. Journal of Travel Research，1987（2）：44-45.

[86] Ritchie，B. How Special are Special Events? An Impact Study of the National Mutual New Zealand Masters Games on Dunedin's Economy [R] // in Kearsley，G.（ed）Tourism Down Under II：Towars a More Sustainable Tourism，Centre for Tourism，University of Otago，Dunedin，1996：73-79.

[87] Ritchie，J. & B. Smith The Impact of a Mega-Event on Host Region Awareness：A Longitudinal Study [J]. Journal of Travel Research，1991（1）：3-10.

[88] Hall，C. Hallmark Tourist Events：Analysis，Definition，Methodolgy and Review in syme，G.，B. shaw，D. Fenton，& W. Mueller（eds）the Planning and Evaluation of Hallmark Events [M]. London：Gower Publishing Company，1991.

[89] Ritchie，J. & J. Yangzhou. The Role and Impact of Mega-Events and Attractions on National and Regional Tourism：A Conceptual and

Methodological Overview [C]. Calgary: the 37th Congress of AIEST, 1987: 17-58.

[90] Ritchie, J. Promoting Calgary Through the Olympic: The Mega-Event as a Strategy for Community Development, In Fine, S. (ed), Social Marketing [M] // Boston: Allyn & Bacon, 1990: 258-274.

[91] Kang, Y. and R. Perdue. Long-term Impact of a Mega-Event on International Tourism to the Host Country: A Conceptual Model and the Case of the 1988 Seoul Olympics [M] // In Uysal, M. (ed), Globl Tourst Behaviour. New York: International Business Press, 1994: 205-225.

[92] Shultis, J., M. Johnston & D. Twynam. Social Impacts of a Hallmark Event: Development and Description of a Case Study in Thunder Bay Ontario [C] // In Murphy, P. (ed), Quality Management in Urban Tourism: Balancing Business and Environment, Proceedings, University of Victoria, Victoria, 1994: 166-177.

[93] Getz, D. Assessing the Economic Impacts of Festivals and Events: Research Issues [J]. Journal of Applied Recreation Research, 1991 (1): 61-77.

[94] Mount, J. & C. Leroux. Assessing the Effects of a Mega-event: A Retrospective Study of the Impact of the Olympic Games on the Calgary Business Sector [J]. Festival Management & Event Tourism, 1994 (1): 15-23.

[95] Getz, D. Festivals, Special Events, and Tourism [M]. New York: Van Nostrand Reinhold, 1991: 23-25.

[96] Jago, L. & R. Shaw, Special Event Calendars: Conceptual and Research Issues [C]. Melbourne: National Tourism and Hospitality Conference, 1995: 60-73.

[97] 达尔波特·贝克. 注意力经济 [M]. 2版. 北京: 中信出版社, 2004: 37-43.

[98] 樊震. 点燃奥运产业 [EB]. http: //business.Sohu.com/20080727/n258401531.shtml.2008-07-27.

[99] 约瑟夫·派恩, 詹姆斯·吉尔摩. 体验经济 [M]. 鲁炜, 夏业良, 译. 北京: 机械工业出版社, 2002: 135-137.

[100] 黄海燕, 张林. 大型体育赛事的正外部性及其内在化途径 [J]. 上海

体育学院学报，2007（1）：23-29.

[101] Bryson J. M. & Crosby B. C. Leadership for the Common Good: Tackling Public Problems in a shared-power World [M]. San Francisco: Jossey-Bass，1992: 85.

[102] 马斯特曼.G. 体育赛事的组织管理与营销［M］. 张小柯，吴立新，金鑫，译. 沈阳：辽宁科学技术出版社，2006：11-13.

[103] 黄恒学. 公共经济学［M］. 北京：北京大学出版社，2002：14-16.

[104] Dwyer，L，Forsyth，P & Spurr，R. Economic Impacts and Benefits of Sport Events: A CGE Perspective [C] // Third International Event Management Research Conterence，Sydney，2005: 109-121.

[105] Burgan B & Mules T. Event analysis: Understanding the Divide Between Cost Benefit and Economic Impast Assessment [C] // Events Beyond 2000: Setting the Agenda，2000: 278-295.

[106] 郑杭生. 社会学概论新修［M］. 3版. 北京：中国人民大学出版社，2004：272-273.

[107] Arthur，D & Andrew，J. Incorporating Community involvement in the Management of Sporting Mega-events: an Australian Case Study [J]. Festival Management and Event Tourism，1996 (4): 8-21.

[108] Molloy，J. Regional Festivals: a look at Community Support，the Isolation Factor and Funding Sources [J]. Journal of Tourism Studies，2002 (2): 2-16.

[109] Gursoy，D & Kendall，KW，Hosting Mega-events: Modeling Locals' Support [J]. Anndas of Tourism Research，2006 (3): 603-623.

[110] Fredline，E. & Faulkner，B. Residants' Reactions to the Staging of Major Motorsport Events Within Their Communities: A Cluster Analysis [J]. Event Management，2002 (2): 103-114.

[111] Burbank，M. Andranovich，G & Heying，C. Mega-events，urban development and public policy [J]. The Review of Policy Research，2002 (3): 179-202.

[112] Project Management Institute，A Guide to The Project Management Body of Knowledge [M]. USA: PMI，2000: 23.

[113] Royal Institute of Chartered Surveyor，Life Costing: A Work Example [M]. London: Surveyors Publication，1987: 32-44.

[114] 江传月. 评价活动本质上属于认识活动［J］. 兰州学刊，2004（6）：

15–18.

[115] 孙伟平. 论价值评价的主体性与客观性 [J]. 求索，2000 (6)：53–57.

[116] 王良铭. 论价值评价及其标准 [J]. 南京师范大学学报：社会科学版，2006 (7)：7–19.

[117] 秦越存. 价值评价的本质 [J]. 学术交流，2002 (3)：1–6.

[118] Jeffrey Gerla Owen. Why Cities Subsidize Sports: the Value of Teams, Stadiums and Events [D]. the University of Iowa, 2000.

[119] 许文惠，等. 行政决策学 [M]. 北京：中国人民大学出版社，1997.

[120] 莫岳云. 行政决策学 [M]. 北京：中国社会科学出版社，2004.

[121] 江辉勇. 论评价的一般过程 [J]. 怀化学院学报，2003 (1).

[122] 旷三平.评价尺度的本体论研究 [J]. 哲学动态，2004 (7)：10–13.

[123] 马克思. 1844 年经济学·哲学手稿 [M]. 北京：人民出版社，2000：25–28.

[124] 柴红年. 赛事品牌构建理论与实证研究 [D]. 上海体育学院博士论文，2007：45–46.

[125] 发改委，等. 建设项目经济评价方法与参数 [M]. 3 版. 北京：中国计划出版社，2006：113–117.

[126] 2008 年北京奥运会申办报告 [M]. 北京：人民体育出版社，2005.

[127] 张文. 旅游影响——理论与实践 [M]. 北京：社会科学文献出版社，2007：10.

[128] 方福前. 论研究奥运经济影响的思路与方法 [J]. 北京社会科学，2004 (2)：3–7.

[129] John L. Crompton & Seokho Lee. The Economic Impact of 30 Sports Tournaments, Festivals and Spectator Events in Seven U.S. Cities [J]. Journal of Park and Recreation Administration, 2000 (2)：107–126.

[130] AC 尼尔森市场研究公司. 2004 年上海一级方程式汽车大奖赛评估报告 [R]. 2005：3–8.

[131] Chris Gratton & Ian Henry, Sport in the city: The role of sport in economic and social regeneration [M]. London and New York, 2001: 78–90.

[132] Newman, P.W.G. The impact of the America's Cup on Freemantle–an insider's view [M] // In G.S. Syme, B.J. Shaw, D.M. Fenton, & W. S. Mueller (Eds.), the planning and evaluation of hallmark events Aldershot, England: Avebury, 1989: 46–58.

[133] Adam Blake. the Economic Impact of the London 2012 Olympics [R]. Christel Dellaan Tourism and Travel Research Institute, Nottingham University Business School, 2005.

[134] Robart A. Baade & Victor A. Matheson. Super Bowl or Super (Hyper) Bole? Assessing The Economic Impact of America's Premier Sports Event [R]. 2002: 5-12.

[135] 上海体育学院体育赛事研究中心. 2008 年上海网球大师杯赛综合评估报告 [R]. 2009: 7-23.

[136] 中华人民共和国国家统计局. 中国旅游统计年鉴 (2008) [R]. 2008: 51.

[137] Larry Dwyer, Robert Mellor, Nina Mistilis & Trevor Mules. Forecasting the economic impacts of events and conventions [J]. Event Management: An international journal, 2000 (6): 191-204.

[138] The Canadian Sport Tourism Alliance. Economic Impact Analysis of the 2002 North American Indigenous Games [R]. 2002.

[139] UK Sport. The Economic Impact of Six Major Sports Events Supported By the World Class Events Programme in 2005 & 2006 [R]. 2007.

[140] UK Sport. Measuring Success2: The Economic Impact of Major Sports Events [R]. 2004.

[141] Stephen S. Fuller. The Economic and Fiscal Impacts of Hosting the 2012 Olympic Games On the Washington-Baltimore Metropolitan Area [R]. 2000.

[142] Economics Research Group Greater CinCinnati Center for Economic Education. The Economic and Fiscal Impacts of the 2012 Olympic Games in Ohio and Kentucky [R]. 2000.

[143] The Canadion Sport Tourism Alliance. Economic Impact Assessment: 2005 Bell Capital Cup Ottawa [R]. 2005.

[144] Evangelia Kasimati. Economic Aspects and the Summer Olympics: a Review of Related Research [J]. International Journal of Tourism Research, 2003 (5): 433-444.

[145] John L. Grompton. Economic impact analysis of sports facilities and events: Eleven sources of misapplication [J]. Journal of Sport Management, 1999: 14-35.

[146] Greeley Colorado. The Assessment of Economic Impact Studies on

Sport-related Events in North America: A Content Analysis [D]. University of Northern Colorado. 1997: 85-110.

[147] Baim, D.V. Westport The Sports Stadium as a Municipal Investment [M]. CT: Greenwood Press, 1994.

[148] 付磊. 奥运会影响研究：经济和旅游 [D]. 北京：中国社会科学院研究生院，2002：92-138.

[149] 张国庆. 赛场上的经济阳光 [N]. 经济导报，2002-12-02 (5).

[150] 时声. F1 效应：拉动城市经济，带动相关产业，突破品牌传播 [J]. 市场观察，2006 (6)：38-43.

[151] Governor's Offce of Planning and Budget. 2002 Olympic Winter Games: Economic, Demographi and Fiscal Impacts [R]. State of Utah, 2000.

[152] Archer, B.H. Economic impact: Misleading multiplier [J]. Annals of Tourism Research, 1984 (11): 517-518.

[153] Christopher Peter Macpherson. Measuring the Economic Impact of Participants Involved in Community Sporting Events [D]. The University of New Brunswick, 1997.

[154] Schaffer, W.A. & Joffee, B.L. Beyond the games: the Economic Impact of Amateur Sport. Indianapolis [R]. Chamber of commerce. 1993.

[155] 戚永翎. 北京奥运会经济遗产及后奥运经济策略研究 [M]. 北京：对外经济贸易大学出版社，2007：79.

[156] Tourism New South Wales. Valuing Tourism: Methods and Techniques [R]. 1999.

[157] 唐晓彤，丛湖平. 大型体育赛事的产业关联和波及效应的理论研究 [J]. 成都体育学院学报，2006 (4)：11-15.

[158] 程大兴. 大型活动旅游效益最大化战略初探：2008 北京奥运会旅游效益最大化战略浅析 [J]. 北京第二外国语学院学报，2003 (1)：77-81.

[159] Van der Lee, P., & Williams J. The Grand Prix and tourism [R] // In J.P.A.Burns J.H.Hatch, & T.J.Mules, The Adelaide Grand Prix. Adelaide: The Center for South Australian Economic Studies. 1986.

[160] Richie, B.J.R.Mega Sporting Events and their Role in the Development and Promotion of International Tourism Destination [C]. Keynote

address to the 4th annual conference of the North American Society of Sports Management 1989 (3).

[161] Laurence Chalip & B. Christine Green. Effects of Sport Event Media on Destination Image and Intention to Visit [J]. Journal of Sport Management 2003 (3): 214-234.

[162] Gratton, C. & Taylor, P. Economics of Sport and Recreation [M]. London: Spon Press, 2000: 65.

[163] allace, S. Behind the headlines [N]. The Telegraph. London, Telegraph, 2001-06-05 (7).

[164] Donald Getz, Event Management & Event Tourism [M.New York: Cognizant Communication corporation, 1997: 121-124.

[165] Gary Armstrong & Hans Hognestad. "We' re Not From Norway": Football and Civic Pride in Bergen, Norway [J] .Global Studies in Culture and Power, 2003 (10): 451-475.

[166] 周长城. 社会发展与生活质量 [M]. 北京：社会科学文献出版社，2001: 1-10.

[167] 刘延年. 关于生活质量评价的若干问题 [J]. 统计与信息论坛，2008 (1): 11-15.

[168] Soutar, Geoffrey N. & Mcleod, Paul. The Impact of The America's Cup on Fremantle Residents: Some Empirical Evidence [M] // in The Planning and Evaluation of Hallmark Events, eds G.J. Syme, B. J. Shaw, D.M. Fenton & W.S. Mueller, Avesbury, Albershot. 2001.

[169] 刘淇.北京奥运经济研究 [M]. 北京：北京出版社，2003: 171-191.

[170] Collins, A., Flynn, A., Mundy M. and Roberts, A. Exploring the Environmental Consequences of Major Sporting Events: the 2003/04 FA Cup Fenal [J] Urban Studies. 2005 (3): 457-476.

[171] Goldblatt, J., and Nelson, K. The International Dictionary of Event Management [M]. 2nd edn New York: Wiley, 2001.

[172] Greenpeace, How Green the Games? Greenpeace's Environmental assessment of the Sydney 2000 Olympics [R]. Greenpeace International, 2000.

[173] Price Waterhouse Coopers. Olympic Games Impact Study: final report, Department of Culture, Media and Sport [EB]. London: Viewed 16 July 2006, http: //www.culture.gov.uk.

[174] Green, A. America's Cup 2000: the impact of the America's Cup Regatta on the Viaduct Basin [J]. New Zealand.

[175] 让环保与体育赛事"联姻"[EB] http: //www.vicw.sdu.edu.cn/news/gjxw/2007-08-30/1188469462.html.

[176] 以赛事普及环保理念：环湖赛细心呵护青海湖生态 [EB] http: //tieda.baidu.com/f?kz=230308361.

[177] http: //auto.china.com/zh_cn/mill/dfhonda/dongtai/11063686/2008-10-15/15136703.html.

[178] Rickard, A. Furthering the application of the ecological footprint: assessing the environmental flows of professional events [D]. Melbourne: university of Melbourne, 2004.

[179] Jones, Roy. Assessing the environmental impact of special events [M]. CRC for Sustainable Tourism Pty Lth, 2008.

[180] 高光贵. 多指标综合评价中指标权重确定及分值转换方法研究 [J]. 经济师, 2003 (3): 256-266.

[181] 张丽. 高速公路经济网社会影响评价研究 [D]. 中北大学, 2007 (6): 17-19.

[182] 阿尔诺·勃兰特, 等. 汉诺威世博会对区域经济的影响 [M]. 任树银, 等. 译. 上海: 上海科学技术文献出版社, 2003.

[183] 卞显红. 对2002年我国国际会展业经济影响的分析 [J]. 商业研究, 2006 (2).

[184] 卞显红. 2008年北京奥运会旅游经济影响评价 [J]. 华东经济管理, 2005 (3).

[185] 蔡春光, 陈功, 乔晓春. 条件价值评估方法应用于环境健康影响经济评估 [J]. 环境与健康杂志, 2007 (4).

[186] 陈琳, 欧阳志云, 王效科. 条件价值评估法在非市场价值评估中的应用 [J]. 生态学报, 2006 (2).

[187] 陈松. 体育赛事旅游研究 [D]. 华东师范大学, 2006.

[188] 陈云开. 赛事经营管理概论 [M]. 上海: 复旦大学出版社, 2003.

[189] 陈信康. 世博会作为社会经济发展助推器的思考 [J]. 上海: 上海财经大学学报, 2003 (4).

[190] 陈浩, 陆林. 北京奥运会和上海世博会旅游业效应及对比分析 [J]. 经济地理, 2003 (6).

[191] 戴光全, 等. 节庆、节事及事件旅游: 理论·案例·策划 [M]. 北京:

科学出版社，2005.
[192] 戴光全. 重大事件对城市发展及城市旅游的影响研究 [M]. 北京：中国旅游出版社，2005.
[193] 戴光全，保继刚. 西方事件及事件旅游研究的概念、内容、方法与启发（上）[J]. 旅游学刊，2003（5）.
[194] 戴光全，保继刚. 西方事件及事件旅游研究的概念、内容、方法与启发（下）[J]. 旅游学刊，2003（6）.
[195] 戴光全.重大事件对城市发展及城市旅游的影响研究：以99昆明世界园艺博览会为例 [M]. 北京：中国旅游出版社，2005.
[196] 董杰. 奥运会对北京可持续发展的影响 [J]. 体育与科学，2001（5）.
[197] 杜江. 奥运与旅游的互动与共赢关系 [J]. 旅游科学，2007（3）.
[198] 傅鸿鹏，刘民，梁万年，等. 2008年奥运会对主办城市健康环境影响评估指标体系 [J]. 首都公共卫生，2007（4）.
[199] 古志超. 德尔菲法的特点及应用 [J]. 中外企业文化，2005（8）.
[200] 郭英之，姜静娴，李雷.旅游发展对中国旅游成熟目的地居民生活质量影响的感知研究 [J]. 旅游科学，2007（2）.
[201] 顾颖.节庆与城市 [J]. 城市问题，2004（3）.
[202] 何振梁. 北京奥运会对我国发展的影响 [J]. 体育文化导刊，2004（3）.
[203] 何建民. 奥运与旅游相互促进的功能及方式：基于常规旅游价值链与全面营销导向的研究 [J]. 旅游科学，2007（3）.
[204] 金星政，罗乐宣. 软科学研究方法 [M]. 武汉：湖北科学技术出版社，2002.
[205] 金辉. 会展概论 [M]. 上海：上海人民出版社，2006.
[206] 纪宁，巫宁. 体育赛事的经营与管理 [M]. 北京：电子工业出版社，2004.
[207] 兰岚. 旅游经济影响评估体系研究 [D]. 吉林大学，2007.
[208] 刘亚禄，石玉凤. 地方经济文化节庆活动综合价值评价模型 [J]. 技术经济，2004（7）.
[209] 刘亚禄，徐铁夫. 节庆活动的综合评价 [J]. 中国统计，2004（8）.
[210] 刘民，梁万年，傅鸿鹏，等. 2008年奥运会对北京城市健康环境影响评估指标体系的建立 [J]. 首都公共卫生，2007（4）.
[211] 刘佳燕. 社会影响评价在我国的发展现状及展望 [J]. 国外城市规划，2006（4）.

[212] 刘淼，贾书峰. 单项体育赛事对城市旅游的影响分析 [J]. 科技信息，2007 (26).
[213] 李建设，童莹娟. 体育产业的关联效应与产业特性研究 [J]. 天津体育学院学报，2006 (5).
[214] 李莉. 旅游目的地经济影响评价体系的构建和实证研究 [D]. 浙江工商大学，2006.
[215] 李益群，丁玲娣，詹建国，等. 成功申办与举办第 29 届奥运会对中国社会环境的影响 [J]. 中国体育科技，2001 (7).
[216] 李本乾. 描述传播内容特征 检验传播研究假设：内容分析法简介(下) [J]. 当代传播，2000 (1).
[217] 李宝仁. 经济预测：理论、方法及应用 [M]. 北京：经济管理出版社，2005.
[218] 李开孟，张小利. 投资项目环境影响经济分析 [M]. 北京：机械工业出版社，2008 (1).
[219] 李红艳. 标志性事件对城市旅游的影响研究 [D]. 东北财经大学，2005.
[220] 李正欢，郑向敏.国外旅游研究领域利益相关者的研究综述 [J]. .旅游学刊，2006 (10).
[221] 李玉新. 节庆旅游对目的地经济影响的测算与管理 [J]. 桂林旅游高等专科学校学报，2003 (1).
[222] 李因果，李新春. 综合评价模型权重确定方法研究 [J]. 辽东学院学报 (社会科学版)，2007 (4).
[223] 李金平，王志石. 澳门噪音污染损害价值的条件估值研究 [J]. 地球科学进展，2006 (6).
[224] 李银兰. 关于旅游产出乘数效应预算方法的探讨 [J]. 统计与决策，2004 (3).
[225] 罗秋菊. 世界大型事件活动对旅游业的影响及对中国的启示：以历届奥运会和韩国世界杯为例 [J]. 商业研究，2003 (11).
[226] 罗秋菊，陶伟.会展与城市经济社会发展关系研究：以中国出口商品交易会 (广交会) 为例 [J]. 北京第二外国语学院学报，2004 (3).
[227] 罗秋菊.事件旅游研究初探 [J]. 江西社会科学，2002 (9).
[228] 马立平，等. 新编实用统计方法 [M]. 北京：北京经济学院出版社，1996.
[229] 马志忠，杨凤林. 中国北京举办奥运会的经济效应 [J]. 云南师范大

学学报，2003 (2).
[230] 迈克尔·利兹，彼得·冯·阿尔门. 体育经济学 [M]. 杨玉明，蒋建平，王琳予，译. 北京：清华大学出版社，2003.
[231] 戚拥军，张兆国. 体育项目补贴国际经验借鉴与启示 [J]. 地方财政研究，2006 (7).
[232] 乔·戈德布拉特. 国际性大型活动管理 [M]. 陈加丰，王新，译. 北京：机械工业出版社，2003.
[233] 邱小慧，骆玉峰. 主办奥运会对旅游的影响分析 [J]. 体育文化导刊，2003 (7).
[234] 任海. 论奥运会对举办城市和国家的影响 [J]. 体育与科学，2006 (1).
[235] 任海. 论 2008 年奥运会对中国政治的影响 [J]. 体育与科学，2005 (3).
[236] 芮明杰. 产业经济学 [M]. 上海：上海财经大学出版社，2005.
[237] 孙明贵. 会展经济学 [M]. 北京：机械工业出版社，2006.
[238] 孙允午. 统计学：数据的搜集、整理和分析 [M]. 上海：上海财经大学出版社，2006.
[239] 孙振球，徐勇勇. 医学统计学 [M]. 北京：人民卫生出版社，2002.
[240] 世界环境与发展委员会. 我们共同的未来 [M]. 世界知识出版社，1989.
[241] 宋荆，顾平，等. 企业可持续发展“三重盈余”绩效评价研究 [J]. 华东财经管理，2006 (9).
[242] 宋增文. 基于投入产出模型的中国旅游业产业关联度研究 [J]. 旅游科学，2007 (2).
[243] 申丽萍，王跃. 大型体育赛事经济效益评估体系的构建 [J]. 企业经济，2007 (3).
[244] 苏燕. 可持续发展背景下旅游对旅游目的地环境影响评价研究 [D]. 湖南大学，2006.
[245] 陶理. “头脑风暴法”在决策中的应用 [J]. 中国出版，1985 (5).
[246] 《投资项目可行性研究指南》编写组. 投资项目可行性研究指南（试用版）[M]. 北京：中国电力出版社，2002.
[247] 唐勇，徐玉红. 国外社会影响评价研究综述 [J]. 城市规划学刊，2007 (5).
[248] 王志宇，王富德. F1 赛事对上海区域旅游经济的影响浅析 [J]. 北京

第二外国语学院学报，2005（1）.
[249] 王守恒，叶庆晖. 体育赛事的界定及分类 [J]. 首都体育学院学报，2005（2）.
[250] 王瑞娜，唐德善. 黑河治水项目社会影响的多层次模糊综合评价 [J]. 人民长江，2006（7）.
[251] 王永嘉. 事件管理 [M]. 北京：清华大学出版社，2005.
[252] 温素彬. 基于可持续发展的企业绩效评价理论与方法研究 [D]. 南京理工大学，2005.
[253] 吴章文，刘民坤. 旅游活动的社会影响 [J]. 中国林学院学报，2004（3）.
[254] 吴华清. 基于DEA的奥运会相关效率评价研究 [D]. 中国科学技术大学，2007.
[255] 魏玖长，赵定涛. 危急事件社会影响的评估与分析 [J]. 中国软科学，2006（6）.
[256] 熊元斌，龚箭.旅游产业利益相关者分析 [J]. 中南财经政法大学学报，2007（1）.
[257] 肖锋，姚颂平，沈建华. 举办国际大赛对大城市的经济、文化综合效应之研究 [J]. 上海体育学院学报，2004（5）.
[258] 姚颂平，吴贻刚，沈佳. 欧洲发达城市举办国际体育赛事的实践对上海的启示 [J]. 上海体育学院学报，2007（6）.
[259] 姚颂平. 关于上海举办国际体育大赛的战略研究 [J]. 上海体育学院学报，2004（5）.
[260] 姚颂平，谢晨，沈建华. 上海举办国际体育大赛的外部及内部因素分析 [J]. 上海体育学院学报，2004（5）.
[261] 亚运会与广东体育产业发展研讨会论文集 [C]. 广东省体育局，2005（12）.
[262] 杨桦，等. 2008年奥运会提升中国国际地位和声望的研究 [M]. 北京：中国法制出版社，2007.
[263] 杨越，邓汉. 2008 年奥运会的税收经济影响分析 [J]. 体育科学，2007（1）.
[264] 杨越. 2008 年奥运会对北京经济的影响——基于投入产出的分析 [J]. 体育科学，2005（8）.
[265] 杨军. 北京奥运会对中国经济发展的影响 [J]. 经济界，2002（1）.
[266] 俞坚. 2008年北京奥运会对当代中国政治、经济、文化的综合效应

[J]. 山东体育学院学报，2002 (3).
[267] 约翰·艾伦，等. 大型活动项目管理 [M]. 王增东，杨磊，译. 北京：机械工业出版社，2002.
[268] 余道明. 体育现代化理论及其指标体系研究——以首都体育现代化研究为例 [D]. 福建师范大学，2002.
[269] 游松辉，孔庆涛. 从悉尼奥运会看奥运会对举办城市的影响 [J]. 上海体育学院学报，2003 (11).
[270] 周学云，陈林祥. 我国综合性体育赛事资源开发 [M]. 北京：人民体育出版社，2008.
[271] 曾光. 现代流行病学方法与应用 [M]. 北京：北京医科大学中国协和医科大学联合出版社，1994.
[272] 赵烜民. 竞技体育社会评价理论研究初探 [D]. 北京体育大学，2007.
[273] 张保华. 现代体育经济学 [M]. 广州：中山大学出版社，2004.
[274] 张保华. 2010 年亚运会对广州经济的影响 [J]. 中山大学学报论丛，2005 (2).
[275] 张赛飞. 2010 年亚运会对广州经济影响的定量分析 [J]. 集团经济研究，2007 (8).
[276] 张春萍. 中国都市体育竞争力研究 [D]. 北京体育大学，2006.
[277] 张艳. 2008 年北京奥运会与我国非主办城市的互动和影响——以上海、秦皇岛、大连、青岛、桂林为例 [D]. 广西师范大学，2007 (4).
[278] 张滢. 旅游经济效应的理论与实证研究：以乌鲁木齐市为例 [D]. 新疆大学，2006.
[279] 张文建，阚延磊. 上海市旅游产业关联和产业波及分析 [J]. 社会科学，2003 (8).
[280] 张鹏，孟凡强. 国际大型体育赛事的时代特征论析 [J]. 西安体育学院学报，2007 (5).
[281] 赵泽群. 论举办大型体育赛事对城市现代化的作用 [J]. 西南师范大学学报：自然科学版，2007 (4).
[282] 赵均，王朝军. 体育赛事运营与经济效益评价探究 [J]. 山东体育科技，2007 (3).
[283] 赵国杰. 投资项目可行性研究 [M]. 2 版. 天津：天津大学出版社，2005.
[284] 邹统钎. 奥运旅游效应：2008 年北京奥运会对中国旅游业的拉动

[M]. 北京：社会科学文献出版社，2007.

[285] 朱启贵. 可持续发展评估 [M]. 上海：上海财经大学出版社，1999.

[286] Andrea Collins，Andrew Flynn，Max Munday & Annette Roberts. Assessing the Environmental Consequences of Major Sporting Events: The 2003/04 FA Cup Final [J]. Urban Studies，2007 (3).

[287] Andrews，O. Getting started on sustainability reporting [J]. Environmental Quality Management，2002 (1).

[288] Atkinson，G. Measuring corporate sustainability [J]. Journal of Environmental Planning and Management，2000 (3).

[289] Brown. B. Dephi Process: A Methodology used for the elicitation of opinions of experts [M]. USA: The Rand Corporation，1969.

[290] Bramwell. B. A sport mega-event as a sustainable tourism development strategy [J]. Tourism Rccreation Research，1997 (3).

[291] Crossman，Hyslop，& Guthrie.A content analysis of the sports section of Canada's antional newspaper with respect to gender and professional/amateur status [J]. International Review for the Sociloogy of Sport，1994 (2).

[292] Christiansen， I. Strategic Approaches for Evaluation in Agricultural and Natural Resource Management Research Programs: A Literature Review [R]. Australian Cotton Cooperative Research Centre，Narrabri. 2004.

[293] Davidson，EJ. Evaluation methodology basics: the nuts and bolts of sound evaluation [M]. Sage Publications，Thousand Oaks，Calif.2005.

[294] Dwyer，L，Forsyth，P & Spurr，R. Assessing the Economic Impacts of Events: A Computable General Equilibrium Approach [J]. Journal of Travel Research，2006 (1).

[295] Elkington J. Partner ships from cannibals with forks: The Triple Bottom Line of 21st Century business.Environmental Quality Management，1998 (1).

[296] Eric Barget & Jean-Jacques Gouguet. The Total Economic Value of Sporting Events Theory and Practice [J] Journal of Sports Economics，2007 (8).

[297] Grafé-Buckens，A & Beloe，S，Auditing and communicating business sustainability [J]. Eco-Management and Auditing，1998 (5).

[298] Hall, C. Hallmark Tourist Events: Analysis, Definition, Methodology and Review, //In Syme, G., B. Shaw, D. Fenton, and W. Mueller (eds) The Planning and Evaluation of Hallmark Events [M]. London: Gower Publishing Company, 1991.

[299] Home John.The Global Game of Football: the 2002 World Cup and Regional Development in Japan [J]. Third World Quarterly, 2004 (7).

[300] Hall, Colin M. Hallmark Tourist Events—Impacts Management and Planning [M]. London: Belhaven Press, 1992.

[301] Hede, A-M, Jago, L & Deery, M. Special events research during 1990-2001: key trends and issues [C] // L Jag M Deery, R Harris, A-M Hede & J Hallen (eds), paper presented to Events and Place-making Conference. Event Research Conference, Sydney. 2002.

[302] John D.Home & Wolfram Manzenreiter.Forecast and Actual Impacts of the 2002 Football World Cup Finals on the Host Countries Japan/Korea [J]. International Review for the Sociology of Sport, 2004 (2).

[303] Jack Carlsen, Donald Getz & Geoff Soutar.Event Evaluation Research [J]. Event Management, 2001 (6).

[304] James Higham. Commentary — Sport as an Avenue of Tourism Development: An Analysis of the Positive and Negative Impacts of Sport Tourism [J]. Current Issues in Tourism, 1999 (1).

[305] Krippendorrf, K. Content analy sis [M]. 2nd ed. Newbury Park, CA: SAGE Publications, Inc.1980.

[306] Kong-Ting Yeh. The Assessment of Economic Impact Studies on Sport-related Events in North America: A Content Analysis [D]. University of Northern Colorado, 1997.

[307] Leo Van Den Berg & Erik Broun. Sports and City Marketing in European Cities [M]. Bodlin: MPG Books Ltd, 2002.

[308] Matheson, Victor A.Baade & Robert A., Mega-Sporting Events in Developing Nations: Playing the Way to Prosperity? [J]. SouthAfrican Journal of Economics, 2004 (5).

[309] Robson, C. Small-scale Evaluation: Principles and Practice [M]. London: Sage, 2000.

[310] Runyan, D & Wu, C-T Assessing tourism's more complex conse-

quences [J]. Annals of Tourism Research, 1979 (6).

[311] Stephen Essex & Brian Chalkley. Olympic Games: catalyst of urban change [J]. Leisure Studies, 1998 (6).

[312] Scriven, M. Evaluation Thesaurus [M]. (4th) Newbury Sage, 1991.

[313] The Canadian Sport Tourism Alliance. 2006 IIHF World Junior Championship Economic Impact Assessment [R]. 2006.

[314] Taplin, J, Bent, D & Aeron–Thomas, D.'Developing a Sustainability Accounting Framework To Inform Strategic Business Decisions: A Case Study From The Chemicals Industry [J]. Business Strategy and the Environment, 2006 (5).

图书在版编目（CIP）数据

体育赛事事前评估 / 张林，黄海燕著. -北京：人民体育出版社，2011
ISBN 978-7-5009-4032-6

Ⅰ.①体… Ⅱ.①张… ②黄… Ⅲ.①运动竞赛-组织管理-评估 Ⅳ. ①G808.22

中国版本图书馆 CIP 数据核字（2011）第 024297 号

*

人民体育出版社出版发行
三河兴达印务有限公司印刷
新 华 书 店 经 销

*

787×1092 16 开本 16 印张 300 千字
2011 年 7 月第 1 版 2011 年 7 月第 1 次印刷
印数：1—3,000 册

*

ISBN 978-7-5009-4032-6
定价：32.00 元

社址：北京市东城区体育馆路 8 号（天坛公园东门）
电话：67151482（发行部） 邮编：100061
传真：67151483 邮购：67118491
网址：www.sportspublish.com
（购买本社图书，如遇有缺损页可与发行部联系）